Marie-Louise von Franz
Die Erlösung des Weiblichen im Manne

Marie-Louise von Franz

Die Erlösung des Weiblichen im Manne

Der Goldene Esel des Apuleius in tiefenpsychologischer Sicht

WALTER VERLAG
ZÜRICH UND DÜSSELDORF

Aktualisierte Neuauflage
Das Buch erschien erstmals 1980 im Insel Verlag, Frankfurt a.M.

Übersetzt aus dem Englischen von Gisela Henney. Das Original, nach der Tonbandaufnahme einer Vorlesungsreihe, erschien 1970 unter dem Titel: *A Psychological Interpretation of the Golden Ass of Apuleius.* Spring Publications, The Analytical Psychology Club of New York, Inc. Suite 306, 130 East 39th St., New York City 10016. Der deutsche Text wurde ferner angeglichen an die überarbeitete französische Fassung, die unter dem Titel *Interprétation d'un Conte – L'Ane d'Or* 1978 bei La Fontaine de Pierre 25, bd Arago, Paris 13e, übersetzt von Francine Perrot, erschien, sowie von der Autorin noch weiterhin ergänzt.

Die Deutsche Bibliothek – CIP-Einheitsaufnahme

Franz, Marie-Louise von:
Die Erlösung des Weiblichen im Manne / Marie-Louise von Franz. – Überarb. Neuaufl. / hrsg. von Gotthilf Isler. – Zürich ; Düsseldorf : Walter, 1997
ISBN 3-530-40020-3

Alle Rechte vorbehalten
© 1997 Walter Verlag, Zürich und Düsseldorf
Satz: Utesch Satztechnik GmbH, Hamburg
Druck und Einband:
Clausen & Bosse, Leck
Printed in Germany
ISBN 3-530-40020-3

Inhalt

Einleitung 7
1. Das Leben des Apuleius und seine philosophischen
   Anschauungen 13
2. Die zwei Begleiter und die Erzählung des Aristomenes 24
3. Lucius trifft mit Byrrhena, Photis und den Ziegenhäuten
   zusammen 38
4. Der Esel 54
5. Amor und Psyche I 70
6. *Amor und Psyche II (Psyche-und-Eros-Märchen)* 91
7. Psyches Aufgaben 108
8. Charité, Tlepolemus und der chthonische Schatten 122
9. Der Esel im Dienst mehrerer Herren 138
10. Lucius findet zu sich selbst zurück 152
11. Die Göttin Isis 167
12. Die Materie und das Weibliche 187

Anhang
Bibliographie 209
Bildernachweis 214
Namen- und Sachregister 215

Isis, die Große Mutter der Götter, nach der Beschreibung des Apuleius.
Athanasius Kircher, *Oedipus aegyptiacus* (1652).

Einleitung

Der berühmte Roman des Apuleius von Madaura[1], von dem auf den folgenden Seiten die Rede sein soll, war zu allen Zeiten das Objekt widersprüchlicher Würdigungen. Es gibt dafür verschiedene Gründe: die einen hängen mit den Quellen und der Komposition, die anderen mit der Person des Autors zusammen.

Dieser lateinische Text aus dem 2. Jahrhundert n. Chr. kann tatsächlich die Kommentatoren verwirren, weil er wie auf zwei Ebenen geschrieben zu sein scheint. Er erzählt eine Hauptgeschichte, diejenige von Lucius und seinen Wandlungen, und dazu, in den Gang der Handlung eingeschaltet, einige Erzählungen, die, wenn man sie von einem oberflächlichen und rein rationalen Standpunkt aus betrachtet, nicht viel mit den Abenteuern des Helden gemein zu haben scheinen. Auch was wir von den Quellen des Romans wissen, erklärt und bestätigt den zwiespältigen Eindruck, da die Handlung sich nicht eindeutig als die Erfindung *eines* Autors ergibt. Apuleius wurde von einer verlorengegangenen Erzählung inspiriert, die Lucius von Patrai zugeschrieben wird. Dieser Text ging seinerseits auf ein verlorenes griechisches Original zurück, das ebenso als Modell für die Schrift eines Pseudo-Lucius *Der Esel* diente. Außerdem gab es eine heute nicht mehr existierende Sammlung von Erzählungen verschiedener Autoren, von denen man annehmen kann, daß sie der Art von Boccaccios *Decamerone* oder Chaucers *Canterbury Tales* entsprach. Diese früheren Werke enthielten weder das Märchen von «Amor und Psyche» noch den Bericht von der Initiation des Helden in die Isismysterien, mit welcher das Buch des Apuleius

---

1 Apuleius, *Der goldene Esel,* aus dem Lateinischen von August Rode, Insel Taschenbuch 146, Frankfurt [1]1975. – Rodes klassische Übersetzung von 1783 wurde durch Änderungen, Ergänzungen und Streichungen dem lateinischen Original in der Ausgabe von Rudolf Helm angeglichen: *Metamorphosen oder Der goldene Esel,* lateinisch und deutsch, 4. durchgesehene Aufl., Berlin 1956.

schließt.² Dieser hat aber nicht nur jene beiden bedeutenden Passagen hinzugefügt, sondern auch wahrscheinlich die von ihm eingefügten Erzählungen verändert, um sie dem neuen Kontext seiner Haupterzählung anzupassen und das Ganze wie aus einem Guß zu formen. Man kann deshalb die Konzeption und den Symbolgehalt des Buches im ganzen trotz allem als sein eigenes Werk ansehen.

Vom literarischen Standpunkt betrachtet, muß man zugeben, daß der Stil durch Manierismen und Wortspiele kompliziert erscheint. Wenn man keine Kenntnis vom historischen Hintergrund hätte, könnte man sogar denken, daß es die Sprache eines Neurotikers sei, aber sie entspricht eben der in jener Zeit üblichen Ausdrucksweise: es handelt sich um den sogenannten milesischen Stil, den Apuleius wahrscheinlich während seines Studiums gelernt hat.³ Desgleichen wurde vom literarischen Standpunkt aus die Komposition oft kritisiert, weil der Autor häufig eine Geschichte nur mit den Worten einführt «...das erinnert mich an eine sehr lustige Geschichte...», anstatt sich die Mühe zu geben, sie logisch einzufügen. Diese Art einer ziemlich lockeren Komposition vermittelt den Eindruck eines gewissen «abaissement du niveau mental» beim Autor. Man könnte sich denken, daß Apuleius, als erfolgreicher Schriftsteller und Redner, den Roman in großer Eile zusammenfügte und daß auf diese Weise sein Unbewußtes sich in einer bedeutungsvollen Art einmischen konnte. So ergab sich der Gesamtsinn mehr aus einem Prozeß unbewußter Assoziationen als aus logischer Reflexion.⁴ Dies scheint mir das Zwiespältige der Komposition des Werkes teilweise zu erklären.

Der Goldene Esel hat, wie bereits erwähnt, zu allen Zeiten Anlaß zu einer Menge beachtlicher Kommentare gegeben, deren Autoren zwischen größter Bewunderung und völliger Ablehnung schwanken. Nach Ansicht gewisser Autoren ist er nichts als eine schlechte, ungeschickt zusammen-

---

2 Für weitere Einzelheiten siehe Rudolf Helm, *Das Märchen von Amor und Psyche,* wiederaufgelegt in Gerhard Binder und Reinhold Merkelbach, *Amor und Psyche,* Wege der Forschung CXXVI, Darmstadt 1968, S. 188ff. Vgl. dort die weitere Bibliographie, außerdem Richard Reitzenstein, *Das Märchen von Amor und Psyche bei Apuleius,* ebenda, S. 87–158.

3 Zur literarischen Form vgl. Bruno Lacagnini, *Il significato ed il valore del Romanzo di Apuleio,* Pisa 1927, S. 19.

4 John Gwyn Griffiths hat dieselbe Hypothese unterlegt und eine sehr umfassende Bibliographie zusammengestellt: Apuleios of Madauros, *Metamorphoses, Book XI: The Isis Book* (lateinisch und englisch), Leiden 1975, S. 19.

gefügte Sammlung größtenteils bereits bekannter Anekdoten. Im ganzen betrachtet, sei nur Satire und oberflächliches Vergnügen darin zu finden. Unter denen, die eine höhere Meinung davon hatten, widmete Karl Kerényi den größten Teil seiner Studien dem wundervollen Märchen von Amor und Psyche, dessen religiöse Bedeutung er in verdienstvoller Weise erkannte.[5] Reinhold Merkelbach zeigte dann seinerseits auf, daß ein tieferer Sinn hinter dem symbolischen Gewebe dieses Märchens verborgen ist, dessen Fäden alle auf die Einweihung in die Isismysterien am Schluß des Buches hinweisen.[6] Auch verschiedene andere Geschichten hat Merkelbach richtig als versteckte Hinweise auf die Isismysterien verstanden[7], ohne jedoch das Buch als Ganzes zu analysieren. Nach allem aber, was ich von dieser Art Literatur kenne, scheint es mir weder möglich noch legitim, Teile des Werkes abgetrennt zu interpretieren und nur ihnen eine tiefe Bedeutung zuzumessen: der Roman ist ein Ganzes.

In manchen alten Übersetzungen wurde ein guter Teil der obszönen Anekdoten weggelassen. Verschiedene moderne Versionen haben hingegen die sexuellen Passagen beibehalten, aber dafür das Einweihungsmysterium unterschlagen, weil man es als unnützes mystisches Anhängsel betrachtete, das die Lektüre des Buches verwirre und nicht mit dem Geist des übrigen Werkes übereinstimme. Manche gelehrte Autoren haben sich bemüht zu beweisen, daß das letzte, das elfte, Kapitel, angefügt sein müsse, sei es durch einen anderen Autor, sei es durch Apuleius selbst zu einem späteren Zeitpunkt seines Lebens.[8]

Wir stoßen hier auf das Grundproblem dieses Textes, da die Neigung, den einen oder anderen Aspekt wegzulassen, durch eine sich in der Erzählung widerspiegelnde gewisse psychische Dissoziation entschuldigen läßt. Es scheint, als hätte man nur mühsam anerkennen können, daß der Konflikt zwischen den instinktiven Trieben und ihrem geistigen Aspekt für Menschen eines gewissen religiösen Temperamentes typisch ist. Darüber hinaus war dieser Konflikt auch ein allgemeines geistiges Problem, speziell zur Zeit des Apuleius. Einer der großen Verdienste des Autors ist gerade seine Fähigkeit, die beiden Seiten der psychischen Spaltung in diesem Werk ein-

---

5 Karl Kerényi, *Die griechisch-orientalische Romanliteratur in religionsgeschichtlicher Beleuchtung*, Tübingen 1927.
6 Reinhold Merkelbach, *Roman und Mysterium in der Antike*, München-Berlin 1962.
7 Siehe Kapitel IX der vorliegenden Arbeit.
8 J.G. Griffiths, *The Isis Book*, S. 13 f.

ander anzunähern, ohne die eine oder andere Seite des Konfliktes, weder die sexuelle noch die religiöse, zu opfern. Deshalb werden wir in unserer Interpretation seiner eigenen Durchführung folgen.

Eine weitere Quelle von Schwierigkeiten besteht für viele der Kommentatoren darin, daß sie mit der Psychologie des Unbewußten nicht vertraut sind und daher annehmen, Apuleius habe alle in seinem Roman vorkommenden symbolischen Anspielungen *bewußt* ausgesprochen, was mir – wie schon gesagt – wenig wahrscheinlich vorkommt. Ich bin zwar überzeugt, daß Apuleius über sein Thema nachgedacht hat und daß er absichtlich viele symbolische Ideen einfließen ließ, glaube aber, daß andere ihm vom Unbewußten her «eingefallen» sind, ohne daß er ganz realisierte, wie weit sie mit seinem bewußten Plan in Einklang standen. Die bewußt von Apuleius in seine Erzählung aufgenommenen symbolischen Episoden könnte man mit Recht als Allegorien bezeichnen im platonischen Sinn des Begriffes: eine tiefe philosophische Bedeutung, die sich unter einer oberflächlichen Phantasie verbirgt.[9] Gestützt auf diese These, macht Merkelbach darauf aufmerksam, daß Apuleius fast allen seinen Personen sehr bedeutungsvolle Namen gegeben hat. So ist es sicher seine volle Absicht, daß, wenn Lucius in einen Esel verwandelt wird, hierin eine Anspielung auf Seth, den Feind von Osiris und Isis, liegt: Seth wurde als ein eselartiges Tier dargestellt. Ein Leben als Esel auszuhalten, bedeutet deshalb – wie Merkelbach hervorhebt –, ein «Leben ohne Isis» zu erdulden. Aber aus der Tatsache, daß Apuleius einige symbolische Elemente bewußt eingefügt hat, braucht nicht zu folgen, er habe den Roman *nur* mit seinem bewußten Ich verfaßt. Ein Beitrag des Unbewußten zu diesem Werk ist um so wahrscheinlicher, als wir wissen, daß Apuleius wirklich eine tiefgehende religiöse Wandlung erlebte. Wie der Begriff «conversion» (Bekehrung) anzeigt, handelt es sich um eine plötzliche und radikale Wandlung, wie sie unter anderen auch Paulus und Augustinus widerfuhr.[10] Solche Wandlungen gehen zwar nicht so schnell vor sich, wie sie in Erscheinung treten: dank der Tiefenpsychologie können wir aber heute ihre Vorbereitung im Unbewußten verfolgen. Wir können täglich in unserer analytischen Praxis sehen, daß in Träumen symbolische Themen auftauchen, die eine psychische Entwicklung im voraus anzeigen,

---

9 Vgl. Georg Heinrici, *Zur Geschichte der Psyche,* in Binder und Merkelbach, *Amor und Psyche.*
10 Apostelgeschichte IX, 1–19 und Augustinus, *Bekenntnisse.*

welche sich manchmal erst nach Monaten, sogar nach Jahren realisieren wird. In Fällen gewisser neurotischer psychischer Störungen kann der Mensch längere Zeit sozusagen zwei Leben leben: ein bewußtes an der Oberfläche und ein anderes, das sich im Verborgenen auf einer viel tieferen Ebene, im Unbewußten vorbereitet. Die *Metamorphosen* oder *Der Goldene Esel* ist der Bericht einer solchen zweigleisigen Entwicklung des Apuleius-Lucius, die auf die Einswerdung seiner Bekehrung hinausläuft.

Vom Standpunkt der Jungschen Psychologie aus ist das Schicksal des Lucius dasjenige eines Mannes, der an einem negativen Mutterkomplex[11] leidet, ein Komplex, den er in seiner klassischen Form aufweist. Indessen erscheint auch der Aspekt des positiven Mutterkomplexes in der Geschichte, da die Kehrseite eines Komplexes immer unbewußt mitschwingt. Es scheint, als habe Apuleius selber eine positive Beziehung zu seiner Mutter gehabt und verarbeite in seiner Darstellung durch das ganze Buch die Kehrseite des Problems: wir wissen in der Tat, daß er als ungefähr Dreißigjähriger mit einer reifen Frau, die bereits einen Sohn von etwa 20 Jahren hatte, die Ehe einging und bis zu seinem Tod glücklich mit ihr zusammenlebte: er löste sich also sozusagen niemals ganz von der «Mutter».

Das alles bezieht sich aber nur auf den persönlichen Aspekt des Problems. Wie Jung gezeigt hat, symbolisiert die «Mutter» auch auf einer tieferen Ebene das *ganze* Unbewußte eines Mannes. Wenn es sich daher am Schluß des Romans in der archetypischen Form der großen Muttergöttin zeigt, ist dies eine Personifikation einer inneren Welt, die die Grenzen der bewußten Persönlichkeit weit überschreitet. Es ist die Welt, die C. G. Jung «die Wirklichkeit der Psyche» genannt hat. Von daher gesehen, hat der Roman des Apuleius seinen Platz neben den großen Werken der Weltliteratur wie *Faust* oder die *Göttliche Komödie*. Er ist eine Beschreibung tief im kollektiven Unbewußten vor sich gehender Prozesse, von denen einige sich erst in unserer Zeit im kollektiven Bewußtsein zu realisieren beginnen. Es handelt sich, um es vorwegzunehmen, um das Problem einer Inkarnation des weiblichen Prinzips[12] und um dessen Wieder-Anerkennung in der ge-

---

11 Die erste Beziehung des Kindes zu seiner Mutter beeinflußt seine psychische Struktur und sein Verhältnis zur Umwelt. Jung spricht von einem positiven Mutterkomplex, wenn das Kind eine harmonische Beziehung zu seiner Mutter hat, und von einem negativen Mutterkomplex im umgekehrten Fall. – Siehe Carl Gustav Jung, *Symbole der Wandlung*, GW 5, passim, und ders., *Die psychologischen Aspekte des Mutterarchetypus*, GW 9/I.

12 Siehe C. G. Jung, *Antwort auf Hiob*, GW 11, §§ 711, 748f.

samten patriarchalen westlichen Welt. Daher bin ich überzeugt, daß der Roman des Apuleius dem modernen Menschen noch immer eine wesentliche Botschaft zu vermitteln hat.

C.G. Jung hielt sehr viel vom *Goldenen Esel* des Apuleius und drängte mich mehrfach, eine Studie darüber zu schreiben. Ich muß sagen, daß ich zunächst überhaupt nicht wußte, wie ich vorgehen sollte. Ich sah sogleich, daß alle Elemente des Werkes wesentlich sind und sich nicht voneinander trennen lassen und daß mit dem Schlüssel der Jungschen Psychologie eine zusammenhängende Interpretation möglich sein würde. Aber irgendwie wußte ich nicht, wie mich dem Ganzen zu nähern. Um den Aufbau des Romans herauszufinden, schrieb ich zuerst auf, was der Held, Lucius, für Erfahrungen machte: das heißt sein Erlebnis, in einen Esel verwandelt zu werden, und all seine unglücklichen Abenteuer bis zu seiner Erlösung. Ich nahm für den Augenblick die eingefügten Erzählungen heraus, um eine zusammenhängende Linie zu erhalten. Dann machte ich die folgende Entdeckung: man kann eine horizontale Trennungslinie ziehen und über dieser Linie alle Erlebnisse des Lucius einzeichnen und darunter die eingefügten Geschichten. Zwischen diesen beiden Einteilungen zog ich Verbindungslinien und erhielt so das folgende Schema:

Danach stellte ich eine zweite Vermutung an und fragte mich, ob die Beziehung zwischen den eingefügten Geschichten und der Haupterzählung nicht wie diejenige zwischen den Träumen eines Menschen und seinem realen Leben sein könnte. Wir haben ein Tagleben mit jeder Art von Glück und Unglück, und nachts wird uns dann dazu eine Geschichte erzählt. Die Aufgabe ist es dann, beides zu verbinden. Warum sollte man hier nicht die eingefügten Geschichten so behandeln, als wären sie Träume innerhalb der anderen Erzählung? Das ist die Hypothese, von der ich im folgenden ausgehen möchte.

Kapitel I

Das Leben des Apuleius und seine philosophischen Anschauungen

Ehe wir näher auf den Inhalt des *Goldenen Esels* eingehen, sollten wir uns das wenige, was wir vom Leben des Autors Apuleius wissen, vergegenwärtigen. Nur weniges nämlich ist historisch verbürgt und kann als Tatsache behandelt werden, während der größte Teil der überlieferten Biographie legendär bleibt. Apuleius wurde um 124/125 in Madaura geboren[1], einer kleinen, in Algerien noch heute existierenden Stadt, als Sohn eines hohen römischen Beamten. Nach einer Beschreibung seines Äußeren, die angibt, daß er blond und von heller Hautfarbe war, kann man vermuten, daß er etwas germanisches Blut von Eindringlingen in Nordafrika besaß. Er lebte in Madaura bis zur Höhe seiner Karriere in der Mitte des zweiten Jahrhunderts n. Chr. Zur Zeit seiner Geburt waren die Briefe des Paulus bereits geschrieben, aber wahrscheinlich noch nicht die Evangelien. Das Christentum war ihm bekannt als eine von zahlreichen seltsamen lokalen Sekten, wie sie zu dieser Zeit in vielen Varianten im Römischen Reich existierten. Mit der christlichen Lehre jedoch war er sicherlich nicht in nähere Berührung gekommen.[2] Von der Seite seiner Mutter beanspruchte er Verwandtschaft mit Plutarch, dem großen neuplatonischen Philosophen, aber einige halten auch das für eine Legende und meinen, daß Apuleius diesen Anspruch nur deshalb erhob, weil er selbst ein großer Bewunderer und Anhänger von Plutarch und der neuplatonischen Schule war. In einer seiner philosophischen Schriften bekennt er sich dazu. Aber wie man weiß, handelt es sich hierbei nicht mehr um die rein platonische Lehre, sondern um eine Mischung von platonischen mit pythagoräischen, stoischen und anderen Elementen. Apuleius war ein geistreicher Intellektueller und sehr begabt auf verschiedenen Gebieten, bestrebt – entsprechend den führenden Intellektuellen im Römischen Reich und ganz im Stil der griechischen Sophisten

---

1 Vgl. John G. Griffiths, *The Isis Book*, S. 10.
2 Vgl. Serge Lancel, «Curiosités et préoccupations spirituelles chez Apulée», in *Revue de l'Histoire des Religions 160*, Rom 1961, S. 25 ff., und für weitere Einzelheiten Griffiths, *The Isis Book*, S. 5 und 408 ff. – Möglicherweise war er sogar eher antichristlich eingestellt.

–, sich in vielerlei Hinsicht hervorzutun. So schrieb er naturwissenschaftliche und philosophische Werke, Poesie, Erzählungen, Dramen und war zudem ein ausgezeichneter Jurist. Diese Fähigkeit, sich auf den verschiedensten Gebieten zu betätigen, war das Ideal der intellektuellen Männer dieser Zeit, und zum Teil erklärt sie die vielfältige Variation des Stils, den wir im *Goldenen Esel* vorfinden, von der dramatischen bis zur einfachen, ja naiven Erzählung, vom natürlichen Wortfluß bis zu extremen Manierismen und vom Vulgären bis zu höchster Geistigkeit.

Das einzige biographische Detail, das wir außerdem vom Leben des Lucius Apuleius noch wissen, stammt von einem berühmten Prozeß, in den er 158 n.Chr. verwickelt war. Wir erfahren dadurch, daß er relativ spät heiratete. Die einzigen erhaltenen Liebesgedichte sind homosexuelle, an junge Männer gerichtete. Wahrscheinlich hatte er, wie die meisten Römer dieser Zeit, einen gewissen bisexuellen Zug, wenn er nicht in seiner frühen Jugend sogar homosexuell war. Auf einer Reise mit einem Studienfreund Ponticianus wurde Apuleius in Oea in Tripolis krank. Wenn jemand damals auf einer Reise erkrankte, war das nicht so einfach. Man konnte nicht sofort zum nächsten Arzt oder Spital gehen; so schleppte Ponticianus ihn in das Haus einer reichen Witwe namens Aemilla Pudentilla. Apuleius und sie verliebten sich und heirateten. Sie war etwa fünfzig und er wahrscheinlich dreißig Jahre alt. Die Frau war seit vierzehn Jahren verwitwet, und ihr früherer Schwiegervater hatte sie ständig gedrängt, sich wieder zu verheiraten. Dennoch war sie die ganze Zeit über allein geblieben. Dann kreuzte Apuleius auf, der erkrankt war in ihrem Hause, und sie pflegte ihn; die Romanze begann, und er heiratete sie. Das verdroß einige ihrer Familienmitglieder, die bereits geplant hatten, was mit ihrem Vermögen nach ihrem Tod werden sollte. Zusammen mit dem zweiten Sohn aus ihrer ersten Ehe (ich überspringe Details, weil man nicht sicher weiß, ob sie authentisch sind) brachten sie eine Anklage vor, daß Apuleius sich der Magie bedient hätte, um die Dame zu gewinnen. Wie aus der Geschichte hervorgeht, hatte er einen starken Mutterkomplex, und so war es ganz und gar nicht unnatürlich, einer etwas älteren, aber noch schönen und reichen Dame zu verfallen. Der Gebrauch von Magie zog im Römischen Reich schwere Bestrafung nach sich. So schwebte Apuleius in einiger Gefahr, denn die Beschuldigung war nicht ganz aus der Luft gegriffen. Er war tatsächlich leidenschaftlich an dem interessiert, was wir heute parapsychologische Phänomene nennen, und konnte also nicht leugnen, mit Magie vertraut zu sein. Sich völlig gegen diese Beschuldigung zu verteidigen wäre ihm nicht möglich gewesen. Wir besitzen seine *Apologia*[3], seine Verteidigung vor dem Gericht, in der er mehr auf beredte, spöttisch aggressive Attacken und Verteidigung der Reinheit seiner Motive bei der Heirat aufbaute und elegant der wirklich gefährlichen Frage nach der Magie auswich. Auf Grund dieser brillanten Selbstverteidigung wurde er freigesprochen. Diese Episode liefert uns einige Information über sein Privatleben. Er hatte keine Kinder, aber seine Ehe scheint sehr glücklich gewesen zu sein: Seine Frau wurde seine geistige Mitarbeiterin, sie schrieb sogar Teile seiner zahlreichen Reden, reiste mit ihm umher und hielt selbst Vorlesungen. Er unterhielt seine Stiefsöhne, die Söhne seiner Frau aus ihrer ersten Ehe, sehr großzügig und hatte gerade, ehe die Anklage erhoben wurde, festgelegt, daß sie das Vermögen ihrer Mutter erhalten sollten. Das war ein wichtiger Punkt in seiner Verteidigung, da er beweisen konnte, daß er, ohne von einer drohenden Anklage zu wissen, niemals versucht hatte, ihr Vermögen in die Hand zu bekommen. Die ganze Beschuldigung fiel in sich zusammen.

In späteren Jahren hielt er verschiedene offizielle Positionen in der römischen Verwaltung inne, und eine Zeitlang war er Aeskulap-Priester – als sacerdos provinciae – in Karthago. Diese Posten waren zu jener Zeit rein administrativer Art. Sie wurden gut bezahlt, hatten aber wenig mit dem zu tun, was wir heute Religion nennen würden. Er wurde als erfolgreicher Redner bewundert und erhielt viele Auszeichnungen. Später kehrte er noch einmal nach Rom zurück und arbeitete dort als Jurist. In der Mitte seines Lebens schrieb er über seine Einweihung in den Isiskult; diese ist meines Erachtens ein absolut authentischer Teil seiner Biographie. Der Roman ist wahrscheinlich nach der Apologie um 170 verfaßt worden.[4]

Als ich den *Goldenen Esel* zuerst las, war ich von seinem scherzhaften, manierierten, ironischen, allzu blumigen Stil abgestoßen. Wenn wir uns aber fragen, was diese Art zu schreiben psychologisch verrät, so müssen wir sagen, daß es die typische Sprache einer gespaltenen Persönlichkeit ist. Immer wenn jemand von seinen primitiven, naiven, echteren Emotionen abgeschnitten ist, fehlt ihm die Möglichkeit einfacher Ausdrucksweise. Sie wird ersetzt durch alle Arten gekünstelter Ausdrücke.

---

3 Apuleius, *Verteidigungsrede (Apologia)*, lat. und deutsch von Rudolf Helm, Berlin 1977. Vgl. hierzu die ausführliche Bearbeitung von Adam Abt, *Die Apologie des Apuleius von Madaura und die antike Zauberei*, Giessen 1908.

4 Vgl. J.G.Griffiths, *The Isis Book*, S.10.

Wir müssen überdies berücksichtigen, daß Apuleius in einer Situation lebte, die wir noch bei modernen Europäern beobachten können: Er war Mitglied einer in Nordafrika ansässigen römischen Familie, die in der zweiten Generation gewisse typische Defekte gezeigt haben wird, die man heute mit dem englischen Ausdruck «to go black» beschreibt. Gehen Menschen aus einer Gegend weißer Zivilisation in solche Länder, in denen primitive Lebens- und Verhaltensformen besser in ihrem natürlichen Rahmen erhalten sind als bei uns, dann werden die Instinktschichten der Persönlichkeit und die originalen primitiven Impulse wieder neubelebt und verstärkt. Wenn dies nicht beachtet und in einer bestimmten Art assimiliert wird, entwickelt sich eine gespaltete Persönlichkeit. Man kann dies zum Beispiel bei Engländern beobachten, die lange Zeit in Afrika gelebt haben. Sie haben eine wundervolle Art, sich bewußt nicht in ihren Gewohnheiten stören zu lassen; selbst im Busch wechseln sie für den Abend ihre Kleidung, ziehen Smoking und ausgeschnittenes Kleid an und lesen heimische Zeitungen, während sie von Moskitos, Schlangen und Panthern umgeben sind. Aber es hilft nichts, weil die farbige Mentalität in jeden übergeht, der in Afrika lebt, und wenn man solche Familien besucht, zeigt sich, daß sie zwar im Stil des weißen Mannes leben, aber daß hier und da afrikanische Züge im negativen Sinne einbrechen: das Geschirr ist abgestoßen, die Vorhänge sind nicht sauber. Da gibt es vielerlei Einzelheiten, wo die Selbstdisziplin des zivilisierten weißen Mannes sich auflöst. Primitive Mentalität schleicht sich ein, aber, da sie nicht akzeptiert und bewußt gesehen wird, auf einer niedrigen Stufe, wo sie als sogenanntes «going black» bekannt ist. Tatsächlich ist dies ein Symptom für etwas Tieferliegendes, denn es besteht ein leichtes «abaissement du niveau mental»[5] und eine Verstärkung der primitiven Schichten der Persönlichkeit. Wenn es gesehen und bewußt akzeptiert wird, kann man es einen Wertzuwachs nennen, aber natürlich ist es für den weißen Menschen, der unter solchen Bedingungen lebt, eine schwere Aufgabe, wieder in Harmonie mit dem Primitiven in sich selbst zu kommen.

Dies ist nun ein Vorgang, der zu allen Zeiten beobachtet werden kann, und so geschah es wohl auch den Römern in der zweiten Generation nach ihrer Einwanderung in nordafrikanische Länder. Apuleius wuchs in einer kleinen algerischen Stadt auf, die in ihrer Atmosphäre absolut nicht euro-

---

5 Dieser Ausdruck stammt von Pierre Janet, der damit einen Zustand verminderten Bewußtseins bezeichnet, welcher Inhalten des Unbewußten erlaubt, sich bei Tag zu manifestieren.

päisch war; das erklärt wahrscheinlich den seltsamen Bruch in seiner Persönlichkeitsstruktur. Bei ihm zeigte sich das mehr als bei anderen Römern seiner Zeit, da er, wie wir sehen werden, gleichsam ein afrikanisches Unbewußtes hatte und ein römisches Bewußtsein. Während seiner Jugend sprach er vermutlich punisch.[6] In einem Teil von ihm lebte Nordafrika, hauptsächlich Ägypten, das der Repräsentant der höchsten Zivilisation Afrikas in jener Zeit war. Ein anderer Teil von ihm ist ein intellektueller Philosoph aus Rom. Sobald eine Person starke Emotionen nicht ausdrücken kann, verliert sie die Einfachheit der Sprache, denn Emotion ist die große Vereinfacherin, Vereinheitlicherin des Ausdrucks. Das erklärt den blumigen Stil von Apuleius, bei dem man das Gefühl hat, daß er von seinem Thema nicht berührt ist. In Wirklichkeit ist er es zwar, aber er versucht, sich herauszuhalten. Er nimmt eine ambivalente Haltung ein, als wäre er irgendwo berührt, aber würde dann bewußt versuchen, ironisch darüber zu schweben.

Man könnte sich hier fragen, ob zwischen der Haltung eines Mannes aus dem zweiten Jahrhundert n. Chr. und der des modernen Menschen eine Parallele besteht. In der Tat beobachtet man ein ähnliches Verhalten, das eine vergleichbare Dissoziation verrät, in den Zeitschriften und Veröffentlichungen über Parapsychologie, Magie und okkulte Stoffe unserer Zeit. Die Autoren sind fasziniert von ihrem Thema und auch irgendwo angerührt, aber gleichzeitig tragen sie – teils um sich als aufgeklärt zu zeigen, teils aus Furcht – eine herablassende Miene gegenüber dem von ihnen behandelten Material zur Schau, die andeutet, daß sie selbst solchen Dingen keinen Glauben schenken. Man kann sagen, daß es typisch für ein zu rationales Bewußtsein ist, okkulte Phänomene zu fürchten und sich deshalb ironisch oder «aufgeklärt» darüber zu erheben.

Zu meinem großen Erstaunen habe ich auch primitive Menschen getroffen, die völlig an Magie und die Gespenster, die sie sahen und mit denen sie sprachen, glaubten, aber trotzdem dieselbe Haltung einnahmen. Wir hatten in unserer Familie ein Mädchen, das aus einer sehr primitiven ländlichen Familie stammte, parapsychologische Gaben besaß und sich mit den Geistern unterhalten konnte. Drei Wochen im Monat sprach sie mit Geistern, trieb sie aus und tat alles mögliche mit ihnen. Aber dann plötzlich fühlte sie, daß es zu weit ginge, und sie sagte: «Sie wissen, Geister existieren nicht,

---

6 Vgl. J.G.Griffiths, *The Isis Book*, S.61.

und das ist alles Unsinn.» Am nächsten Tag sprach sie wieder mit ihnen. Ich war verblüfft, als ich das in meiner Kindheit entdeckte, bis ich lernte, daß die sibirischen Schamanen, die völlig von parapsychologischen Phänomenen umgeben sind, lebendige Erfahrung mit solchen okkulten Dingen haben und deshalb mehr davon wissen als sonst irgend jemand, sich genauso unter Kollegen verhalten. Wenn sie sich treffen, tun sie, als wäre ihr Werk nichts als Zauberei und Betrug.

Wir sehen hier zwei ambivalente Reaktionen: die eine ist Furcht, weil solche Dinge gefährlich sind, und man bemüht sich, sie zu verdrängen, damit das Ich unverletzt bewahrt bleibt, um den Kopf über Wasser zu halten. Die andere Haltung ist speziell die des zivilisierten Menschen und zeigt Neugierde, Anziehung und Faszination. Es wird sich zeigen, daß Apuleius dasselbe Problem hatte. Er war auf der einen Seite völlig fasziniert von okkulten parapsychologischen Problemen und zeigte andererseits diese Reaktion, die wir als intellektuelles Distanzhalten auf Grund einer verständlichen Furcht interpretieren können.

Versuchen wir tiefer zu sehen, was sich im Hintergrund der Zeit ereignete, in die hineingeboren zu sein Apuleius das Unglück hatte, so bemerken wir, daß es ein Zeitalter war, das in verschiedener Hinsicht dem unsrigen glich. Das Römische Reich war äußerlich politisch noch auf der Höhe seiner Macht, aber der ursprünglich religiös-moralische Impuls, das ganze moralische Gefüge des Imperiums war bereits völlig degeneriert. Um eine drastische Sprache zu gebrauchen: Apuleius war hineingeboren in den zerfallenden Leichnam einer sterbenden Zivilisation, soweit damit geistige Werte gemeint sind. In diesem degenerierten Reich hatte zwar in der am wenigsten zu erwartenden Ecke die Erneuerung bereits begonnen, an einem Ort, wo niemand es vermutet hätte: in Nazareth. Sie breitete sich aber langsam, heimlich und unterirdisch im einfachen Volk aus, vor allem in den Kreisen der Sklaven.

Wenn man einen Eindruck gewinnen will, was die kultivierten, privilegierten, gebildeten Schichten dieser Zeit im Römischen Reich der Zeit um die Geburt des Christentums dachten, muß man den Brief, den Plinius im Jahre 119 n.Chr. an den Kaiser Trajan schrieb, lesen, das ursprünglichste Dokument über die Christen, das wir aus dieser Epoche besitzen. Als Plinius Administrator von Bithynia wurde, legte man ihm eine anonyme Liste von Personen vor, die angeblich einer christlichen Sekte angehörten, welche beschuldigt wurde, für die Sicherheit des Staates gefährlich zu sein. Er schrieb im Jahr 119 n.Chr. an Trajan[7], daß er die Leute ausfindig gemacht und, da römische Bürger nicht gefoltert werden durften, zwei Sklavinnen gefoltert hätte, die der Sekte angehörten. Aber, wie er sagte, konnte er nicht mehr aus ihnen herausbekommen als einen verdrehten Aberglauben (prava superstitio), von dem er glaube, daß es sich dabei um politisch völlig harmlose Gewohnheiten handle. Diese Leute träfen sich am Sonntag, den sie den Tag des Herrn nennten. Sie sängen zusammen bestimmte Lieder und Gebete, und danach würden sie zusammen essen. Da dies immerhin die Brutstätte für politische Verschwörungen sein könnte, verbot er das sonntägliche Essen, entließ aber andererseits das «irregeführte, verrückte Volk». Die Untersuchung hatte jedoch den gewünschten Erfolg: die Viehhändler hatten sich wahrscheinlich vorher beklagt, daß weniger Vieh für Opferhandlungen gekauft würde, aber nun erholte der Markt sich wieder.

Die Worte «prava superstitio» (verdrehter Aberglaube) lassen erkennen, was die gebildeten Menschen jener Zeit von dieser neuen unterirdischen Bewegung dachten. Hier zeigt sich aber andererseits das wiedererwachende Interesse der Menschen, die auf der Suche nach religiöser Erneuerung waren. Noch attraktiver waren Mithras-, Dionysos- und ägyptische Kulte, die Serapis- und Isismysterien, in denen die Menschen jener Zeit innere Erfüllung fanden. Jedoch wurde nur ein kleiner Teil der Bevölkerung in diese Geheimkulte eingeweiht. Der größere Teil glaubte nichts mehr. Er hing einer Art nihilistischer oder nationalistischer Philosophie an, während die religiösen Interessen der niedrigen Bevölkerungsschichten zur ursprünglichen Stufe von Magie und Aberglauben, Astrologie, Wahrsagen, Handlesen und solchen archaischen Verbindungen zum Unbewußten zurückkehrten.

Apuleius ging zunächst in Karthago zur Schule, studierte dann später in Athen die klassischen Wissenschaften und wurde einer von Plutarchs Verehrern. Er bemühte sich um Aufnahmen in möglichst viele Mysterienkulte, was ihm auf Grund seiner Familienbeziehungen möglich war. Er wurde wahrscheinlich in die Eleusismysterien eingeweiht, stieg in die Trophoniushöhle herab und reiste später nach Kleinasien auf der Suche nach anderen Mysterienkulten, möglicherweise demjenigen des Mithras.

Von seinen Werken haben sich als Ganzes nur seine Apologie, einige philosophische Essays und der hier behandelte Roman völlig erhalten.[8] Auf

---

7 Plinius minor, *Epistulae 96 (97)*. Opera, hrsg. von R. Kukula, Leipzig 1957, S. 316f.

8 Es existieren auch noch einige Fragmente anderer Werke von Apuleius und Auszüge aus seinen berühmtesten Reden, die aber für uns hier nicht wichtig sind.

Grund seines pornographischen Inhaltes war *Der goldene Esel* die bevorzugte Lektüre der armen kleinen Mönche und Nonnen in den Klöstern durch das ganze Mittelalter hindurch. Sie machten Kopien und erhielten alle verbotenen Informationen daraus, so daß dadurch glücklicherweise das Buch bis heute erhalten blieb.

Um dem Romaninhalt näherzukommen, müssen wir nun aber auch kurz die philosophischen Ideen des Autors, vor allem soweit sie sich auf seine Theorie von der menschlichen Seele beziehen, ansehen. Entsprechend den Ansichten von Plutarchs *De genio Socratis* gab er die seinigen unter dem Titel *De deo Socratis* heraus. Bei dieser Schrift über das Daimonion des Sokrates handelt es sich um eine höchst interessante Theorie mit folgender Essenz: er sagt, daß die olympischen Götter, an die die Menschen dieser Zeit glaubten, zu weit entfernt seien, um sich in irgendeiner Weise gefühlsmäßig menschlicher Wesen anzunehmen. Gelegentlich schauen sie sozusagen vom Olymp herunter, und nur wenn die Dinge zu schlecht standen, schickten sie einen Blitzschlag, aber sonst kümmerten sie sich emotional in keiner Weise um menschliche Angelegenheiten. Der Mensch konnte deshalb nicht seine kleinen Sorgen und das, was man persönliche Gefühle und Empfindungen nennen könnte, vor die Götter bringen. Das übermittelten die «daimones», Geister im positiven Sinne des Wortes. Diese daimones waren die archetypischen Modelle für das, was später, im Christentum, die Engel wurden. Sie brachten die Gebete menschlicher Wesen zu den Göttern hinauf und vermittelten als Boten hin und her.

Im Gegensatz zu den olympischen Göttern konnten die daimones gefühlsmäßig berührt sein. Sie konnten Mitleid oder Zorn empfinden und beeinflußt werden. Durch Magie oder Gebete konnte man ihnen einen positiven oder negativen Impuls geben. Aber darüber hinaus hatte jedes Individuum seinen «idios daimon», seinen eigenen speziellen Daimon. Ich sage nicht «Dämon», da das negative Assoziationen auslöst – falsch in unserem Kontext, da es sich um eine spätere Zeit handelt –, sondern daimon, das Wort, das Apuleius adäquat mit Genius ins Lateinische übersetzt. Vom Jungschen Standpunkt aus könnte man den genius als vorbewußte Form der Individualität – als vorbewußtes Ich und vorbewußtes Selbst in einem –, das heißt als Kern der totalen Persönlichkeit bezeichnen. In Rom zum Beispiel brachte jemand an seinem Geburtstag seinem eigenen Genius ein Opfer, damit er ihm ein fruchtbares neues Jahr bringen möchte. Der Genius machte jemand «genialis» – von Geist und Leben sprühend. Natürlich hat der Stamm des Wortes auch etwas zu tun mit genus – Sexualität, er verhalf einem Mann oder einer Frau zu sexueller Potenz, machte ihn beruflich fähig und geistig schöpferisch. Er konnte jemanden auch witzig-geistreich machen, in gute Stimmung versetzen, ihn befähigen, Lebenskraft zu verströmen und sich in allen Bereichen glücklich lebendig zu fühlen, schöpferisch «genial» zu sein. (Unser heutiger spezieller Gebrauch des Wortes Genius ist demgegenüber sehr eingeschränkt.) Frauen hatten anstelle eines Genius einen speziellen weiblichen Seelenkern, eine Juno.[9]

Wenn jemand seinen eigenen daimon durch die richtige Art der moralischen und religiösen Lebensführung veredelte, dann entwickelte er sich – wie Apuleius sagt – nach dem Tod in eine positive Gestalt, die er Lar nennt. Die Lares sind Hausgötter. In Rom sprach man von Penates und Lares. Sie sind die Geister von Verstorbenen. Was vom menschlichen Wesen nach dem Tod übrigbleibt, wird ein Lar, ein positiver, beschützender Genius des Hauses. In einem römischen Hause wurde das Andenken eines Verstorbenen weiterhin verehrt. Der Sohn goß Wein aus für die Laren, die in kleinen Statuen von Hausgöttern wohnten, üblicherweise auf dem Herd standen und den Geist der Toten verkörperten. Von ihnen nahm man an, daß sie die Fruchtbarkeit der Familie vermehrten und das Haus vor Unglück durch Feuer und Wasser bewahrten. Sie wachten über den Nachkommen als eine Art von positivem beschützendem Ahnengeist. Nach Apuleius wurde derjenige, der den idios daimon (eigenen daimon) vernachlässigte, nach dem Tod eine Larva, ein böser Geist, der einen nachts aufweckte und störte. Er machte die Leute besessen und brachte Krankheit, die ausgetrieben werden mußte.

In solchen Glaubensvorstellungen sind noch die ältesten archetypischen Menschheitsideen erhalten. Die Vorstellung vom Ahnengeist, der ein Hausgeist wird, findet sich bei vielen afrikanischen Stämmen, die Schädel ihrer Vorfahren in der Hütte aufbewahren als eine Art beschützender Geister. Die Idee, daß es von der Lebensführung eines Menschen abhängt, ob er nach dem Tod ein positiver oder negativer Geist wird, ist mehr auf Rom beschränkt, obgleich sie auch bei gewissen primitiven Stämmen existiert. In Westnigerien zum Beispiel haben die Menschen die gleichen Vorstellun-

---

9 Jane Chance Nitzsche, *The Genius Figur in Antiquity and the Middle Ages,* New York-London 1975, Kapitel I, und Frank Regen, *Apuleius Philosophus Platonicus,* Berlin-New York 1971. Der Autor legt das gesamte Material vor, ohne Apuleius ganz ernst zu nehmen.

gen, glauben aber, daß das positive oder negative Verhalten eines Ahnengeistes nicht nur davon abhängt, ob jemand sich während des Lebens nach ihren Maßstäben recht verhalten hat (sie meinen ganz allgemein, daß ein guter Mensch ein guter Geist wird und ein schlechter ein böser Geist). Zugleich aber haben sie auch gewisse Tabugesetze. Wenn eine Katze oder ein anderes unreines Tier über den Leichnam eines guten Menschen springt, ehe er verbrannt wird, kann es sein, daß er ein böser Geist wird. Nach Apuleius jedoch hängt die Qualität des den daimon bildenden Lar oder der Larva ab von der religiösen und moralischen Haltung. Er sagt, daß gewisse überragende religiöse Persönlichkeiten, zum Beispiel Sokrates und Aeskulap, ihren inneren daimon in einem solchen Maß während ihres Lebens ausbildeten, daß er als autonomer Teil von ihnen sichtbar wurde. Sokrates besaß während seines Lebens diesen engen inneren Kontakt zu seiner größeren Persönlichkeit, zu dem, was nach seinem Tod als seine Seele weiterleben würde. Hervorragende religiöse Persönlichkeiten entwickelten ihren daimon zu etwas Höherem als die durchschnittliche Person. Sie steigerten das Potential ihrer unbewußten größeren Persönlichkeit oder luden es in einem solchen Umfang auf, daß ihr daimon nach dem Tod zu einer Art kollektiver oder örtlicher Gottheit wurde. Nicht nur die wenigen Nachkommen beteten zu diesem Lar in Ahnenverehrung, sondern viele Menschen beteten ihn an oder wandten sich mit der Bitte um Hilfe an ihn, so daß er ein beschützender Geist einer ganzen Gemeinde wurde.

Hierzu gibt es unzählige Parallelen. So sieht man noch heute in Ägypten überall die wunderschönen kleinen Grabmäler der Scheichs, denn solche frommen Menschen wurden nicht auf den Friedhof verbannt, sondern hatten kleine Grabkapellen in der Wüste, wohin auch andere als die Verwandten zum Beten gehen. Auch der Keim oder Anfang des Heiligenkultes in der katholischen Kirche ist ähnlich, da er seinen Ursprung zum Teil in dieser Verehrung des Genius einer verstorbenen überragenden religiösen Persönlichkeit hat. In der katholischen Kirche begann dies mit den Grabmälern der Märtyrer und entwickelte sich später zu dem, was wir heute den Heiligenkult nennen. Teil des Dogmas wurde dieser Kult jedoch nicht vor dem 11. und 12. Jahrhundert.

Es ist wichtig, diese Genius-Theorie des Apuleius näher zu betrachten, da sie mit wenigen Ausnahmen bisher noch nicht ernsthaft untersucht wurde: In literarischen Werken spielt man höchstens in verächtlicher Form als auf eine Wiederholung der Ideen des Neuplatonismus oder des Plutarch an.

Es scheint mir aber, daß die Art seiner Darstellung doch mehr bedeutet. Nach meiner Ansicht ist es nicht nur Glaubensvorstellung oder Theorie, sondern es enthält mehr oder weniger das, was Apuleius bewußt *glaubte*. Für diejenigen, die dies mit Hilfe der Jungschen Tiefenpsychologie entschlüsseln können, ergibt es ein sehr aufschlußreiches Bild.[10] Man könnte sagen, daß es die Beziehung eines Menschen dieser Epoche zu seinem Selbst repräsentiert. Unter dem «Selbst» versteht Jung bekanntlich die bewußte und unbewußte Ganzheit der Psyche – eine Art nucleus, einen die psychischen Vorgänge zentral regulierenden Kern, der in keiner Weise mit dem bewußten Ich identisch ist. Die Hindus, wie einige unserer Mystiker, haben unter anderen direkte Erfahrungen mit diesem Kern (atmān) gesucht und in ihm eine innere Realität erkannt, häufiger aber war er auf eine äußere Figur oder einen schützenden daimon projiziert. Am Schluß des *Goldenen Esels* erscheint dieser daimon oder das Symbol des Selbst in der Form des Gottes Osiris; vorher ist er schon durch den Gott Eros verkörpert. Osiris war für die Ägypter ein kollektiver Gott, aber man nahm an, daß er auch in jedem Individuum lebte und die nach dem Tod überlebende Seele darstellte. Nach Plutarch ist Osiris ein «daimon». In allen primitiven Zivilisationen wird das Unbewußte zuerst als ein äußeres Wesen angesehen, sei es in der Form eines unsichtbaren Geistes, der uns begleitet, sei es durch Projektion auf einen Talisman, einen Arzneibeutel oder einen anderen Träger ähnlicher Art. Die Gnostiker sahen in diesem Geist eine «prosphyēs psychē», eine darangewachsene Seele. Daß es sich aber um ein inneres Element des Individuums von rein psychischer Natur handelte, begann man vor allem in den Mysterienkulten der späten Antike allmählich immer deutlicher zu erkennen. Und das hat Apuleius zutiefst erlebt.

---

10 Eine psychoanalytische Deutung des Romans, die das religiöse Element ignoriert, aber sonst sehr gründlich vorgeht, findet sich in Fritz Erik Hoevels, *Märchen und Magie in den Metamorphosen des Apuleius von Madaura,* Amsterdam 1979.

Kapitel II

Die zwei Begleiter und die Erzählung des Aristomenes

Am Anfang entscheidet sich der Held des Buches, der junge Mann, Lucius, nach Thessalien zu reisen, von wo die Familie seiner Mutter stammen soll. Er reitet ein weißes Pferd und begibt sich einzig mit dem Vorsatz dorthin, Zauberkräfte zu erforschen, da Thessalien in der ganzen antiken Tradition als *die* Gegend galt, in der die großen Zauberinnen lebten und schwarze Magie und okkulte Phänomene sich besonders häufig zeigten. Unterwegs trifft er zwei, in heftige Diskussion über eine Erzählung verwickelte, Reisende, die der eine von ihnen, Aristomenes, ein Käse- und Honigkaufmann, berichtet hatte. Hier folgt die erste eingefügte Geschichte von den seltsamen Vorfällen, die Aristomenes mit seinem Freund Sokrates erlebte. Der andere Reisende scheint ein hartgesottener Rationalist zu sein, der das Erzählte als abergläubischen Altweiberunsinn ablehnt. Unser Held, Lucius, der sich in die Diskussion einmischt, bittet um Wiederholung der Geschichte und vertritt einen dritten neutralen Standpunkt: Aristomenes selbst glaubt an die Realität der geschilderten Ereignisse, da er sie wirklich erlebt hat, der Widersacher spöttelt mit rationalen Argumenten, Lucius freut sich ästhetisch an der amüsanten Geschichte und weicht der Frage aus, ob sie wahr sei oder nicht.

Apuleius selbst besaß in sich alle drei Aspekte, die diese Personen verkörpern. Er hat den Primitiven in sich, der solche Dinge glaubt und in naiver Form erlebt, aber auf Grund seiner philosophischen Vorbildung ist er zugleich Rationalist und sagt deshalb, es sei alles Unsinn. Außerdem repräsentiert Lucius wahrscheinlich mehr oder weniger die Bewußtseinshaltung von Apuleius selbst, der alles einfach vergnüglich findet, was eine Möglichkeit bietet, sich aus dem Problem herauszuhalten. Wir werden ferner sehen, daß durch die ganze Erzählung hindurch Namen in einer bedeutungsvollen Weise benutzt werden. Der Namen Aristomenes – der beste, der mutigste Mann – ist natürlich ironisch gemeint, da dieser sich gar nicht wie ein Held benimmt. Aber auch nicht zufällig ist ein so positiver Name einem Mann gegeben, der diesen okkulten Dingen Glauben schenkt.

Der Roman ist in der ersten Person geschrieben, und der Held nennt sich Lucius[1], der Lichte, was das verzwickte Problem der Verwandtschaft zwischen dem Helden der Geschichte und dem Autor aufwirft. Welche Verwandtschaft hat Goethe mit Faust? Naive Menschen, die allzu schnell Rückschlüsse ziehen, nehmen an, daß der Held den Ichkomplex und mehr oder weniger den Autor repräsentiert: Goethe wäre dann Faust; sein Schatten[2] wäre Wagner, und Mephisto wäre sein noch nicht verwirklichtes Selbst. Das ist nur in gewisser Weise richtig, in anderer aber nicht. Der Held eines Romans oder einer Erzählung repräsentiert ja nur einen *Teil* der bewußten Persönlichkeit des Autors. Was auch immer Goethe war, er war kein in akademischem Staub vergrabener Wissenschaftler wie Faust am Anfang der Tragödie. Daher kann Faust nur einen Teil von Goethe repräsentieren, aber nicht sein ganzes Ich. Und so verhält es sich mit Apuleius-Lucius: Lucius stellt wahrscheinlich einen extravertierten Ich-Aspekt des Autors dar, der sich auf der Suche nach Wahrheit in Abenteuer einläßt.

Am Anfang des Romans ist Lucius also unterwegs nach Thessalien, dem Geburtsland seiner Mutter. Er ist ein munterer, unbeschwerter junger Mann, an Frauen normal interessiert, eher der Don-Juan-Typ. Er hegt zwar eine intellektuelle Neugier für Magie, hat aber kein tieferes Interesse daran. Wir wissen, daß Apuleius Philosoph war, daß er sich wünschte, in religiöse Mysterien eingeweiht zu werden, daß er einen Mutterkomplex hatte und eine intellektuelle geistige Persönlichkeit war. Deshalb kann Lucius nicht seinen Schatten, sondern eher die junge extravertierte Seite von Apuleius darstellen, der Teil in ihm, der zu leben sucht. Mit unserem Ich können wir einen imaginären Teil von uns abspalten. Wir machen das bei Tagträumen, indem wir uns sagen: «Wenn ich jetzt Urlaub hätte, würde ich nach Griechenland und Istanbul fahren usw.» Das ist nicht wirklich der Schatten, der sich da äußert, da man einen bewußten Teil des Ich benutzt hat, um sich Möglichkeiten vorzustellen, die im Augenblick nicht realisiert werden können. Introvertierte verlegen gewöhnlich ihren extravertierten Teil in solche Phantasien. Ein älterer Mann stellt sich vielleicht all das vor, was er gern tun würde, wenn er noch einmal jung wäre. Er schafft sich eine imaginäre Persönlichkeit, die gewisse Teile des Ichkomplexes personifiziert, da der

---

1 Die Frage, ob Apuleius den Vornamen Lucius hatte, wie nach der Tradition angenommen wird, werfen verschiedene moderne Kritiker erneut auf.
2 Jung bezeichnet mit dem Terminus «Schatten» die unbewußten, verdrängten und wenig differenzierten Aspekte der Persönlichkeit, siehe C. G. Jung, *Aion*, GW 9/II, §§ 13–19.

noch immer in ihm vorhandene junge Mann den Wunsch hat, sich ins Leben zu stürzen.

Apuleius lebte wohl im Schoße seiner Mutter eingebettet und blieb es in gewissem Maße, da sein Wunsch nach Abenteuern nicht genug ausgelebt wurde. Wahrscheinlich ist es das, was er nun in Lucius hineinlegt. So, erfüllt von Abenteuergeist, auf dem weißen Roß des mythischen Sonnenhelden, nicht von chthonischen aber von lichten Kräften geführt, zieht Lucius in das Land der «Mütter». Wie Faust geht er dahin, wohin sein Mutterkomplex projiziert ist, an den Ort, an dem sich, wie er ahnt, verborgene Dinge ereignen. Er ist fasziniert von Schwarzer Magie und vom chthonischen dunklen Aspekt der Realität, den er bisher fast ganz ignoriert hat.

Lucius ist ein bedeutungsvoller Name. Die lateinische Wurzel ist lucere – leuchten, lux – Licht (was gut zusammenpaßt mit Photis, seiner Freundin, die wir später kennenlernen und deren Namen vom griechischen Wort phôs = Licht abgeleitet ist). Er repräsentiert das Prinzip des Bewußtseins oder die Möglichkeit, durch gelebte Lebenserfahrung bewußt zu werden.

Im Intellektuellen, der sich meistens wie Apuleius durch seine abstrakten Theorien von der unmittelbaren Lebenserfahrung abschneidet, bleibt zuweilen eine leise Ahnung erhalten, daß gewisse Dinge nur bewußt werden können, indem man sie erleidet oder erlebt, und nicht allein durch die intellektuelle philosophische Betrachtung. Daher repräsentiert Lucius auch einen Aspekt, den man das Selbst[3] des Apuleius nennen könnte, weil er den elementaren Kern seiner Persönlichkeit ausmacht, der den Autor zu einer Bewußtwerdung durch Lebenserfahrung führen wird. Er stellt ein vorbewußtes Modell seines zukünftigen Ich dar, all das, was vorläufig noch nicht mehr als ein Phantasiebild ist, das sich realisieren möchte. Im allgemeinen drückt diese Gestalt der Imagination einen Wunsch, eine naive heroische Sehnsucht aus: man würde ja fast wünschen, mutiger und edler zu sein, als man ist. Zusammenfassend vermute ich, daß Lucius bei Apuleius ein Modell für sein Ich darstellt, das in der richtigen Weise handelt, um ein höheres Niveau des Bewußtseins zu erlangen, und zugleich all das auslebt, was Apuleius gern erlebt hätte und niemals in solchem Umfang tun konnte. Lucius hat durch die ganze Geschichte hindurch nur ein Ziel: er möchte die

---

3 Das *Selbst,* in Jungscher Terminologie, ist das Zentrum der psychischen Ganzheit der Persönlichkeit, deren Verwirklichung Ziel des Individuationsprozesses ist. Es ist dem Ich übergeordnet und von ihm verschieden, siehe C.G.Jung, *Die Beziehungen zwischen dem Ich und dem Unbewußten,* GW 7, §§404f., und ders., *Psychologie und Alchemie,* GW 12, §§ 126ff.

Mysterien der dunklen Seite des weiblichen Prinzips, Zauberei, Magie usw. erfahren. Das ist sein Hauptinteresse, welches unterstreicht, wie überaus stark der Mutterkomplex des Apuleius war. Dieser nahm bei ihm die häufig vorkommende Form an: die erdrückende Macht des weiblichen Prinzips droht die Person zu verschlingen. Wenn ein Mann zu stark von seiner Mutter geprägt ist, sei es durch ihre Schuld oder durch seine eigene Disposition, stört ihr Bild seinen Kontakt mit der Realität, das heißt hier mit Frauen, gewöhnlich dadurch, daß es seine chthonische sexuelle Persönlichkeit hemmt. Ist er ein sensibler Mann, kann es sein, daß er nicht genug virile Brutalität hat, um der Mutter zu entkommen und sich den Weg in die Freiheit zu erkämpfen. So weicht er in den Intellekt aus, wohin ihm die Mutter gewöhnlich nicht folgen kann. In der Poesie oder in komplizierten philosophischen Systemen baut er sich eine männliche Welt auf, in der er sein eigenes Leben frei mit männlichen Freunden leben kann. Ich nenne das «die Flucht in die Stratosphäre»: man verläßt die Erde, nimmt ein Flugzeug, steigt auf 12000 m hinauf, wo die alte Dame einen nicht erreichen kann, und fühlt sich dort als Mann und frei. Dies entspricht dem weitverbreiteten Typus des jungen Mannes, bei dem sich eine Form der Identifikation mit dem «puer aeternus»[4], dem jungen Gott und ewigen Jüngling manifestiert. Sobald er wieder auf die Erde zurückkommen möchte, sei es, um sexuell zu leben oder zu heiraten oder irgend etwas zu tun, was man mit einer Rückkehr in die irdische Wirklichkeit bezeichnen könnte, steht die alte Dame natürlich von neuem da und erwartet ihn auf dem «Flughafen». Das braucht nicht so negativ zu sein, wie es aussieht, weil er bei diesem Ausflug in die Höhenwelt, wo die Mutter nichts zu sagen hat, meistens ein gewisses Maß an Einsicht, Freiheit und Mut gewinnt, welches ihn später befähigen kann, seinen Mutterkomplex auch auf der Ebene der Realität zu integrieren. So ist dieser Umweg keine Zeitvergeudung und kein Unsinn, denn wenn ein Mann weiß, wie im geeigneten Moment auf die Erde zurückzukommen, kann die Erfahrung sogar positiv sein.

Nach dem wenigen, was wir aus dem Leben von Apuleius wissen, scheint er einer von diesen Männern gewesen zu sein, die der für eine endgültige Befreiung der Männlichkeit notwendigen Auseinandersetzung mit der Mutter aus dem Wege ging. Indem er in die Homosexualität und ein intel-

---

4 Marie-Louise von Franz, *The Problem of the Puer aeternus* (1970), Santa Monica 1981. – Dt. Übersetzung: *Der Ewige Jüngling. Der Puer aeternus und der kreative Geist im Erwachsenen*, München ²1992.

lektuelles Leben auswich, also das weibliche Prinzip ausschaltete, stellte sich der Mann des Wagemutes in ihm nicht, kämpfte er den Kampf gegen das mütterliche Prinzip nicht aus. In seinem Roman nun versuchte Apuleius dieses Fehlende zu kompensieren. Lucius verkörpert den Teil in ihm, der den realen Kampf mit dem Mutterkomplex in all seinen positiven und negativen Aspekten bis zum Ende ausficht. Apuleius schafft sich auf diese Weise in der Phantasie einen Mann, der nicht mehr intellektuell, sondern auf der Ebene konkreter Realität in das Reich der dunklen Mutter und all ihrer die Männlichkeit hemmenden Tricks eindringt. Er gibt diesem Aspekt seiner Persönlichkeit, den er im Leben ausgeklammert hatte, Gestalt. Leider wissen wir nicht genau, wann er die Geschichte schrieb, möglicherweise nach seiner Heirat. Vom Bewußtsein her gesehen muß Apuleius ein Mann gewesen sein, der den irrationalen, chthonischen Aspekt des weiblichen Prinzips fürchtete, denn wir wissen, daß er eine Frau heiratete, die im schriftstellerischen und intellektuellen Bereich seine Mitarbeiterin wurde. Sensible Männer erschrecken oft über die ursprüngliche unbewußte Weiblichkeit der Frau und sind deshalb glücklich, wenn sie eine Gefährtin finden, die ihre geistigen Interessen mit ihnen teilt, weil ihnen das einen gewissen Schutz bietet. Nach der Frau, die er heiratete, zu urteilen, muß Apuleius ein solcher Mann gewesen sein mit einer starken geistigen Neigung und einer gewissen Furcht vor dem chthonischen weiblichen Prinzip. Dem steht die Faszination dieser dunklen Welt gegenüber, in die Lucius, sein Phantasieheld, nun eindringt.

Von Apuleius übernimmt Lucius eine besondere Einstellung: er möchte diese ganze Dunkelheit *unverbindlich* erforschen. Dieser Grundzug, den Lucius bereits in der ersten Szene zeigt, ist sein Hauptproblem: sein absolut feststehender Entschluß, sich bei den Abenteuern nicht persönlich zu engagieren, was natürlich gerade falsch ist. Entweder hält man sich heraus, dann erfährt man aber auch nichts, oder man studiert alles aufrichtig, und dann wird man hineingezogen. Man kann nichts erforschen, ohne innerlich beteiligt zu sein.

Die Wirkung der Geschichte des Aristomenes, der gegenüber Lucius eine literarisch ästhetisierende Haltung einnimmt, hilft diesem gar nicht, und man sieht ganz klar, was sich in ähnlichen Fällen immer ereignet: was man nicht bewußt erkennen will, schleicht sich aus dem Hinterhalt an einen heran.

Auf seinem Weg nach Thessalien ruht Lucius sich aus und läßt sein

Pferd weiden. Dann trifft er zwei Männer, von denen der eine Aristomenes, der erwähnte reisende Verkäufer von Honig und Käse, ist. Er hat sich gerade mit einem anderen Kaufmann zusammengetan, der denselben Weg nimmt. Man muß sich vorstellen, was Reisen damals bedeutete, als es weder Eisenbahn noch Polizei gab. Räuber konnten alles Hab und Gut stehlen, den Bestohlenen auf dem nächsten Markt als Sklaven verkaufen und ihm keine Möglichkeit mehr geben, sich selbst zu befreien. Selbst Plato mußte einst vom Sklavenmarkt durch Freunde zurückgekauft werden. Reisen war also sehr gefahrvoll. Jedoch gab es einen weitverbreiteten Glauben, daß Reisende unter dem Schutz von Zeus und Hermes standen und daß sie zu ermorden dem Mörder Unglück bringen würde. Unter solchen Umständen tat man sich gern zusammen, um sich notfalls gemeinsam zu verteidigen. So stößt Lucius auf die beiden Männer und findet sie bald in einer hitzigen Diskussion; Aristomenes hatte seinem Gefährten erzählt, was ihm passiert war, und letzterer weigerte sich, ihm zu glauben. Darauf folgt die erste eingeschobene Geschichte in diesem Buch. Aus den in der Einleitung von mir vorgebrachten Gründen sollten wir sie als einen Traum, als einen Einfall des Unbewußten, entsprechend dem folgenden Schema interpretieren:

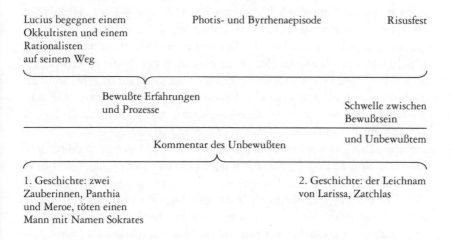

Der Mann, der an Wunder und Zauberei glaubt, ist nicht zufällig ein mit Honig und Käse handelnder Kaufmann, denn beides galt als heilige Nahrung in vielen Mysterienkulten der Großen Mutter: in den dionysischen, eleusinischen und orphischen Mysterien. Man trank dabei Milch und aß Honig, oder man bestrich seine Zunge mit etwas Honig, um inspiriert zu werden.[5] Von Dichtern nahm man an, daß sie als Kinder Honig gegessen hatten, die heilige Nahrung der Götter, die ihnen Vollkommenheit und einen feinsinnigen Geist gab. Als verdeckte Milch hat der Käse ebenfalls mit dem Mutterkult zu tun.

Die Geschichte nun hat folgenden Inhalt: Aristomenes, der Käsekaufmann, geht auf den Markt und findet einen alten Mann in Lumpen und ohne Geld in armseligem heruntergekommenem Zustand. Es ist sein langjähriger Freund, Sokrates. Er begrüßt ihn: «Hallo, mein Sokrates, was bedeutet das? Wie kam das? Welchem Verbrechen seid Ihr zum Opfer gefallen?» und fügt hinzu, daß über das Verschwinden des Freundes Wehklagen und Jammern in seinem Hause herrsche und daß sein Weib gezwungen sei, einen neuen Ehemann zu nehmen. Darauf erfährt er, daß Sokrates auf einer seiner Reisen von Räubern überfallen worden war, aber mit dem Leben davonkam und als Sklave verkauft werden sollte. Da er hierfür zu alt gewesen sei, habe man ihn freigelassen, woraufhin er zum Haus einer alten Frau, die Wein verkaufte und Meroe hieß, gegangen sei.

Das Wort «Meroe» wird allgemein mit dem lateinischen Wort «merum» in Verbindung gebracht, was reinen, nicht mit Wasser vermischten Wein bedeutet. Ein Mann, der Wein ohne Wasser trank, galt als Trinker, und so ist auch diese alte Frau die Besitzerin eines Gasthauses und spricht selbst gerne der Flasche zu. Meroe ist aber auch der Name einer Insel im oberen Nil, die zu jener Zeit wenig bekannt war; sie galt als geheimnisvolles Land wie Thule, das keltische Avalon oder die weitentfernte Märcheninsel. Vielleicht lebte die Idee dieser Insel auch irgendwo in den Gedanken des Apuleius, um so mehr als man auf ihr dem Pan und der Isis[6] begegnete. Die alte Schankwirtin Meroe ist sexbesessen, wie nur je eine alte Frau sein kann, sie ergreift Besitz vom armen alten Sokrates, der sie Tag und Nacht befriedigen muß. Er versucht ihr zu entkommen, entdeckt aber, daß sie eine sehr mächtige Zauberin ist. Dem Freund erklärt er: «Eine Zauberin ist sie, eine Hexe! Sie kann dir den Himmel herniederlassen, die Erde emporhängen, die Quellen versteinern, die Felsen zerfließen lassen, die Ma-

---

[5] Karl Wyss, *Die Milch im Kultus der Griechen und Römer* (Religionsgeschichtliche Versuche und Vorarbeiten, 15,2), Giessen 1914, Kapitel 7 und 8.
[6] John G. Griffiths, *The Isis Book*, S. 154.

nen hinauf-, die Götter hinabbannen, die Gestirne verdunkeln, den Tartarus selbst erleuchten...»[7]

Das ist die klassische antike Beschreibung einer Zauberin[8]. Interessant ist daran das Zusammenbringen der Gegensätze. Himmel und Erde, Wasser und Berge; Erdgeister werden in die Luft versetzt und Götter aus dem Himmel heruntergezogen, Planeten werden ausgelöscht, und die tiefe Dunkelheit der Hölle wird erhellt. Diese Hexe kann somit das Spiel der Gegensätze in der Natur aufhalten und neue Gegensätze schaffen; sie ist so mächtig, wie es nur eine kosmische Göttin sein kann. All ihre Liebhaber müssen so lange bei ihr verbleiben, wie sie es wünscht. Sie kastriert ihre Geliebten oder verwandelt sie wie Circe oder Ishtar in Tiere. Sie tut all das, was die «Große Mutter» in ihrer schrecklichen Form dem Mann in allen Mythen antut.

Aristomenes will nun Sokrates helfen, der Hexe zu entkommen. Er nimmt ihn mit zu den Bädern und in einen Gasthof, damit er essen und schlafen kann. In ihrem Zimmer stehen zwei Betten. Sokrates schläft schnell ein. Aristomenes verriegelt die Tür und stellt sein Bett dagegen, aber er ist zu beunruhigt, um einschlafen zu können. Um Mitternacht öffnet sich trotz seiner Vorkehrungen die Tür, und sein Bett wird so über ihn gestülpt, daß er darunterliegt wie eine Schnecke in ihrem Haus. Er erkennt die zwei eintretenden Frauen: eine ist Meroe, die andere Panthia, ihre Schwester (Panthia: allmächtige Göttin). Nachdem sie in vulgären, für Hexen typischen Ausdrücken einiges gesprochen haben, überlegen sie, was sie Aristomenes antun könnten, sagen aber dann, daß sie sich erst mit Sokrates beschäftigen wollen. Meroe nimmt ein Messer und stößt es Sokrates in die Gurgel, danach reißt sie ihm das Herz heraus. Sie stopfen einen Schwamm in die große Halswunde und halten die Blutung mit einem Zauberspruch auf. Dann wenden sie sich Aristomenes zu, drehen sein Bett um, urinieren ihm ins Gesicht und verlassen den Raum. Als Aristomenes sich von dem Schock erholt hat, wird ihm klar, daß jeder ihn anklagen werde, Sokrates ermordet zu haben, und daß er nicht in der Lage sein werde, seine Unschuld zu beweisen: dies war es also, warum die Hexen ihn nicht töteten, sondern sagten, er würde bereuen, ihnen Widerstand geleistet zu haben. In seiner Verzweiflung versucht er, sich zu erhängen, doch der alte und mürbe Strick

---

7 Apuleius, *Der goldene Esel,* aus dem Lateinischen von August Rode, Frankfurt 1975, S. 14.
8 Georg Luck, *Hexen und Zauberei in der römischen Dichtung,* Zürich 1962.

reißt in der Mitte, und im Fallen purzelt Aristomenes über Sokrates, der aufwacht und ihn verwünscht: auf diese Weise entdeckt Aristomenes, daß sein Freund noch gar nicht tot ist. Früh am Morgen brechen sie beide auf, und Sokrates scheint es zunächst recht gut zu gehen. Aber nach dem Frühstück wird er durstig und geht an den Fluß, um zu trinken, wobei der Schwamm herausfällt. In diesem Augenblick stirbt er wirklich, und Aristomenes ist wieder in derselben verdächtigen Situation. Er verschwindet deshalb so schnell wie möglich, nachdem er den Leichnam vergraben hat. Hier endet die Geschichte.

Man könnte auf den Gedanken kommen, es sei vielleicht nur ein Scherz, daß Apuleius einem armen alten Wicht, der in die Klauen einer nymphomanen Hexe geraten war, den für uns so ehrwürdigen Namen Sokrates gegeben hat. Aber wenn wir uns mit dem Scherz nicht zufriedengeben und fragen: warum gerade Sokrates? geraten wir mit einem Mal ins tiefe Wasser. Bekanntlich war es das Bemühen des platonischen Sokrates, «apathes» zu sein, das heißt keine starken Emotionen zu haben oder zu zeigen. Absolut unberührt zu bleiben von Emotionen war eines der Ziele von Sokrates auf seiner Suche nach Weisheit. Er stellte diese «apatheia» am Ende seines Lebens vollendet zur Schau, als er im Gefängnis den Schierlingsbecher trank, zu dem er verurteilt war. Aber es ist ihm passiert, was sich bei jedem Mann ereignet, der seine Gefühle und damit seine Anima[9], seinen weiblichen Seelenaspekt, unterdrückt: Nach der Legende hatte er eine Frau, Xanthippe, die emotionalste Frau, die man sich vorstellen kann. Wenn der Mann seine Emotionen nicht auslebt, sind es im allgemeinen die Frau und die Kinder, die sie demonstrieren müssen. In seinem Fall war es offenbar die Frau. Wir haben in Xanthippe eine archetypische Modellgestalt der überemotionalen Frau, die von einer lauten Szene in die andere fällt. Da ich mich als Frau mit der Frau in der Geschichte identifiziere, muß ich aufrichtig zugeben, daß ich Sokrates wahrscheinlich noch viel schlimmere Szenen gemacht hätte. Xanthippe ging bekanntlich zu ihm ins Gefängnis, und obwohl er ein so scheußlicher Ehemann gewesen war, zeigte sie ihm Gefühl und sagte der Überlieferung nach: «Oh, Sokrates, wir sehen uns zum letzten Mal!» Er aber sprach nicht ein Wort mit ihr, sondern befahl einem Sklaven:

---

9 *Anima* = Personifikation der weiblichen Natur im Unbewußten des Mannes, siehe C.G.Jung, *Erinnerungen, Träume, Gedanken* (1962), Olten und Freiburg i.Br. 1988, Glossar S.408f., auch ders., *Psychologische Typen*, GW 6, Definitionen unter «Seelenbild», und ders., *Über den Archetypus mit besonderer Berücksichtigung des Animabegriffes*, GW 9/I.

«Bring sie nach Hause!» Man kann das alles entschuldigen und sagen, es war der Zug jener Zeit, es galt damals als große kulturelle Leistung, sich als Mann von seiner primitiven Gefühlswelt freizumachen und zu einer geistigen Haltung der «apatheia», zu einer philosophischen Isolierung vom Leben zu gelangen. Wir wissen, daß diese Entwicklung, ein überlegenes Bewußtsein aufzubauen, sich von primitiver animalischer Verstrickung und Emotionalität zu befreien und vom beständigen «abaissement du niveau mental» sogar eine kulturelle Notwendigkeit war. Aber wir müssen doch hinzufügen, daß es sich hier beim Mann um eine Ablehnung des weiblichen Prinzips handelte, die unter anderem zur homosexuellen Entwicklung des platonischen sokratischen Kreises führte. Es zeigte sich in dieser Zeit eine Ablehnung der Anima (weiblichen Seele) wie des positiven Wertes der Emotionen und der weiblichen Sensibilität.

Die volkstümliche Tradition griff die bekannten Episoden auf und spann die Gestalt der Xanthippe weiter, die in ihrer verzweifelten Anstrengung unentwegt Szenen machte, weil sie die Rechte von ursprünglichem warmem Gefühl und effektivem Beteiligtsein hochhalten wollte. Das weibliche Prinzip wurde von der Schule der griechischen Philosophen gar nicht beachtet, mit Ausnahme ihres sublimen Diotima-Aspekts. Die Frau, wie sie in der Realität ist (also nicht bloß in ihrem sublimen Animaaspekt), wurde nicht nur ignoriert, sondern als inferior beiseite geschoben. Die berühmte Diskussion von Alkibiades mit Sokrates illustriert dies: «Wie kannst du diese Szenen von Xanthippe ertragen?» Sokrates antwortet: «Oh, sie stören mich nicht mehr als dich Geschnatter der Enten und Gänse auf deinem Hof.» Alkibiades darauf: «Ja, gut, aber die Enten und Gänse auf meinem Hof legen Eier, sie sind also nützlich.» Sokrates erwidert: «Xanthippe gebar mir Söhne.» Bei einer solchen geistigen Einstellung kann man erwarten, daß das weibliche Prinzip negativ und destruktiv wird. Das geschieht hier. Die Geschichte von Panthia «der allmächtigen Göttin» und Meroe «der Weingöttin» (die Gefühl und Sexbesessenheit verkörpern, welche der Sokrates des Plato völlig zurückdrängt) schildert genau diese Entwicklung. Die Wahl der Namen deutet auf ein abgrundtiefes Problem der Epoche hin, ein Problem, das erst mehrere Jahrhunderte später ins Bewußtsein rücken sollte und das in gewisser Weise noch heute nicht gelöst ist.

Wie man weiß, bestanden in den griechischen Stadtstaaten die wesentlichen Gemeinschaften wie die platonischen, neuplatonischen und stoischen Philosophenschulen ausschließlich aus Männergruppen. Sie waren patriarchal, anerkannten weder das weibliche Element noch den weiblichen Aspekt des Eros und folglich auch nicht die Anima.[10] Erst in der späteren Antike kam eine gewisse Rehabilitierung des weiblichen Bildes zustande. Man hätte dann entweder die Rückkehr auf eine matriarchale Bewußtseinsstufe oder einen Versuch zur Entwicklung des weiblichen Aspektes erwarten können. Aber statt dessen brach die ganze Zivilisation zusammen und wurde einmal mehr von einer patriarchalen Bewegung ergriffen, der jüdisch-christlichen Religion, die den bereits vorhanden patriarchalen Trend verstärkte. Die frühe christliche Theologie assimilierte viel von der griechischen Philosophie und ihrem anthropologischen Modell, in der Ablehnung des Weiblichen war sie ihr wesensverwandt.

Die sexuelle Moral der katholischen Kirche, zum Beispiel, basiert weitgehend *nicht* auf den Evangelien. Man kann die Evangelien auspressen, soviel man will: man wird nirgends die Regulierung der Sexualität, wie sie die katholische Kirche aufgestellt hat, darin finden. Griechische Tradition und theosophische Gnostik und andere philosophische Traditionen der Zeit waren die Haupteinflüsse. Die Art, in der die Kirche mit dem Weiblichen, mit der Sexualität usw. umging – grosso modo –, war teilweise geprägt durch das jüdische Patriarchat, das sich im Christentum fortsetzte, und teilweise auch vom griechischen Geist beeinflußt. (Das ist Schwarzweißmalerei, es gibt da natürlich viele Schattierungen.) Die Hinwendung zum Weiblichen dagegen, seine so hoffnungsvoll begonnene Reintegration, ist die Quintessenz von Apuleius' Buch. Alles, was unterschwellig in dem Roman ausgedrückt ist, wurde bei seinem Wiedererscheinen im Keim erstickt und von dieser neuen patriarchalen Entwicklung, die das Christentum darstellte, verdrängt. Es scheint, als wäre damals die Zeit noch nicht reif gewesen, als hätten noch mehr patriarchale Bedingungen, mehr Entwicklung des Logosprinzips und Geringschätzung des Irrationalen gelebt werden müssen, bevor das weibliche Prinzip und das Weiblich-Göttliche anerkannt werden konnten.

Die mediterrane Zivilisation, in die die Griechen einwanderten, war – nicht soziologisch, aber wesentlich im Religiösen – eine matriarchale Zivilisation. In diese ältere Kultur brachen die Griechen mit ihrer streng patri-

---

10 Die *Anima* ist ein Begriff, den C. G. Jung schuf, um das unbewußte weibliche Element im Manne zu bezeichnen; sie personifiziert seinen Eros, seine unbewußten Stimmungen, seine irrationalen Gefühle, all das im Mann, was die patriarchalen Gesellschaften zu unterdrücken suchen.

archalen Kollektivhaltung ein. Die klassische griechische Zivilisation ist charakterisiert durch den Antagonismus dieser beiden Traditionen und die Bemühung, sie zusammenzubringen, was (nach der guten Formulierung des Philologen Charles Seltmann)[11] symbolisch ausgedrückt ist durch die unglückliche Ehe zwischen Zeus und Hera. Es ist nämlich kein Zufall, daß der höchste Gott der griechischen Religion eine von Streit erfüllte Ehe führte! Zeus und Hera waren immer zusammen, aber sie stritten von morgens bis abends und zogen, wie es in solchen Fällen die meisten Paare tun, die Kinder in ihre Streitigkeiten mit hinein. In einer Weise spiegelt das den tiefsten Konflikt der griechischen Seele. Dieser Grundkonflikt gab der griechischen Zivilisation vielleicht ihren dynamischen Antrieb und ist teilweise verantwortlich für die Geburt des wissenschaftlichen Denkens und der geistigen Entwicklung, die für uns noch heute maßgebend ist. Aber andererseits hat dieser Prozeß auch einen Konflikt gebracht, unter dem wir heute immer noch leiden.

Zur Zeit des Apuleius meldeten sich Impulse, die das Weibliche ans Licht zu bringen strebten. Wir werden diese in Psyches Schicksal, bei der Isis-Einweihung und in mehreren anderen eingeschobenen Episoden später finden. Sie erscheinen nicht nur in diesem Roman, sondern beispielsweise auch in der wundervollen mythologischen Erzählung von *Dido und Aeneas* bei Virgil: dort versucht Venus in der Gestalt der Dido dem weiblichen Prinzip zur Wirkung zu verhelfen, aber die politische Vernunft läßt alles fehlschlagen, was Didos Selbstmord zur Folge hat. Weil die Götter entschieden hatten, daß Rom gegründet werden müsse, konnte Aeneas nicht für immer im glücklichen Land Karthago bleiben: die Liebesbeziehung, die die Götter selbst gestiftet hatten, konnte nicht weiterbestehen. Das zerstörte Weibliche irrt umher als der Geist einer unerlösten Selbstmörderin, in der wundervollen Szene, in der Aeneas in die Unterwelt geht und dort von ferne Dido sieht. Sie wendet sich noch immer vorwurfsvoll von ihm ab. Das Problem erscheint also nicht nur in unserem Roman, sondern in vielen Zeugnissen, endet aber immer tragisch.

Da die christliche Zivilisation in die antike Welt einbrach, wurde das weibliche Prinzip wieder ganz in den Hintergrund gedrängt. Im dritten Jahrhundert erfolgt zwar ein Versuch der Anerkennung einer Göttin-Mutter vor allem in Ephesus, wo der Kult der Jungfrau Maria seinen Höhepunkt

---

11 Charles Seltman, *The Olympians and their Guests,* Paris-London 1952.

erreichte. Diese Bewegung verstärkt sich im Mittelalter, als die Männer sich der höfischen Minne hingaben, die sich in eine Anbetung der Jungfrau Maria umwandelte. Aber dieser Kult und die höfische Minne akzeptierten das weibliche Prinzip nur in einer sublimierten gereinigten Form. Eine Gegenbewegung setzte völlig negativ in Form der Hexenverfolgungen ein. Die letzte Hexe wurde in der Schweiz erst vor zweihundert Jahren verbrannt – wir sind immer ein wenig zurück! So geht der Konflikt noch heute weiter, und wir sehen, daß die Erzählung des Apuleius immer noch eines der bedeutendsten Probleme der modernen Seele anspricht.

Die erste eingeschobene Geschichte erzählt von betrunkenen, chthonischen, destruktiven weiblichen Wesen, die einen idiotischen alten Kerl, Sokrates genannt, ruinieren. Sie spielt eine durchaus komplementäre Rolle zu den Berichten, die wir vom Philosophen Sokrates besitzen, und entspricht völlig den psychologischen Gesetzen der Kompensation. Die Gegensätze sind hier so weit voneinander entfernt, daß keine Lösung mehr möglich ist; sie erscheinen in einer ganz grotesken, aber psychologisch bezeichnenden Form. Man sieht schon hier, daß diese eingefügte Geschichte nach meiner Hypothese verständlich ist, wenn man sie als «Traum» betrachtet. Tatsächlich könnte die ganze Szene der typische Komplementärtraum eines neuplatonischen Philosophen sein: eine betrunkene Zauberin vernichtet Sokrates, weil er sich gegenüber den Frauen wie ein Idiot verhält.

Der elende Sokrates, nackt, später betrogen und getötet von den Zauberinnen, verkörpert aber auch einen unbewußten Aspekt von Apuleius selbst: indem er seiner eigenen emotionalen Seite zu entgehen sucht, wird er zum Opfer der Hexen. Aber obwohl diese in der Erzählung des Aristomenes nichts anderes sind als häßliche und geizige alte Frauen, sagen uns ihre Namen, daß sie zugleich *Göttinnen* sind. Sokrates wird deshalb eigentlich von Göttinnen getötet. Es ist nicht nur menschlicher Schmutz, der ihn überwältigt, sondern das weibliche Prinzip selbst in seiner destruktiven Form, das gleiche, das später mit den Zügen der Isis erscheinen wird. Die Erlösung des Lucius wird sich am Schluß, nach seinem Zusammentreffen mit der großen Göttin, vollenden, die ihm hier zuerst in ihrem untermenschlichen Aspekt erscheint. Dies stimmt mit einer sehr tiefen allgemeinen psychologischen Wahrheit überein: man begegnet dem Göttlichen oft zunächst im Pathologischen und Krankhaften; gerade dort ist der «Gott», die göttliche Erfahrung, und das macht es so schwierig, sie anzunehmen. Ein Freudianer würde Lucius-Apuleius über seinen Ödipuskomplex aufgeklärt und wahrscheinlich von älteren Frauen ferngehalten haben. Aber dann wäre er auch der Göttin Isis nie begegnet. Das ist der Grund, warum die Neurotiker sich oft so an ihre Krankheit klammern; sie ahnen im Grunde selber, daß gerade hier ihr «Gott» ist. Auf alle Fälle wird ersichtlich, daß der höchste Wert in dieser krankhaften Form nicht integriert werden kann, und wenn man ihn auf dieser Stufe assimilieren würde, wäre nichts erreicht als ein Rückfall in den Morast und ins Chaos.

Lucius findet die erzählte Geschichte sehr interessant und dankt dem reisenden Kaufmann dafür. Als dann die drei Männer in die Stadt Hypate kommen, trennen sie sich. Lucius hat die Anschrift eines sehr reichen und geizigen alten Mannes namens Milo erhalten. Milo hat eine Gattin Pamphile – die all-liebende (pan – all, philein – lieben). Diese Frau verfolgt, wie Meroe, alle Männer mit ihren sexuellen Wünschen, scheint aber andererseits Lucius eine gute Möglichkeit zum Studium der Magie zu bieten. Außerdem lebt im Haus noch eine junge und attraktive Dienerin, Photis (von Phôs = Licht: die Lichte). Dieses hübsche Küchenmädchen erhellt die Düsterkeit des Hauses. Mit ihr, dem Bild der Anima, taucht zum ersten Mal für Lucius das positive weibliche Element auf, welches zunächst einzig als sexuelle Attraktion wirkt.

Kapitel III

Lucius trifft mit Byrrhena, Photis und den Ziegenhäuten zusammen

Lucius erwacht am nächsten Morgen, begierig, einiges von den wunderbaren Dingen kennenzulernen, die in Thessalien zu finden sein sollen, wo nach allgemeinen Berichten Zauberei am meisten praktiziert wird. Er erinnert sich an die Erzählung des Aristomenes von der Stadt, und alles scheint dort «in andere Gestalt umgewandelt und verändert durch die gottlose Kraft von Hexerei und Zauber». Steine, Statuen, Bildwerke und Mauern werden lebendig, und er denkt, auch Tiere könnten hier sprechen und seltsame Geschichten erzählen.

«Von Verlangen erfüllt», steht Lucius «unvermutet auf dem Marktplatz».

«Es war in Hypata nichts, das ich für das, was es war, angesehen hätte. Alles und jedes mußte durch Hexerei in eine andere Gestalt verwandelt worden sein. Die Steine sogar, an die ich stieß, hielt ich für vormalige Menschen. Die Vögel, die ich singen hörte, die Bäume, die im Zwinger standen, die Brunnen in den Gassen schienen mir alle ebensoviel befiederte, belaubte, zu Wasser zerflossene Menschen. Ja, ich erwartete, daß Bilder und Statuen einherspazieren, Wände reden, Ochsen und Vieh weissagen und vom Himmel herab mit einem Mal aus der Sonnenscheibe Göttersprüche erschallen sollten.»[1]

Es ist offensichtlich, daß die im Bewußtsein nicht sehr ernstgenommene Erzählung von Aristomenes Lucius irgendwo doch berührt hat. Unbewußt hat sich etwas in ihm konstelliert, denn diese Vorstellung von Hypata ist die klassische Beschreibung eines «abaissement du niveau mental»: nichts scheint dann noch ganz wirklich zu sein. Er befindet sich in einer Traumwelt, und die äußere und die innere Welt rücken nah zusammen. Jeder kennt dies aus eigener Erfahrung, wenn er sich verzaubert oder entzückt fühlt. Autobiographien von schizophrenen Menschen geben klassische Beschreibungen davon, wie die reale Welt plötzlich verfremdet wird. Es ist

---

1 Apuleius, *Der goldene Esel,* Übersetzung von August Rode, S. 30.

dies beides, ein normaler wie auch anormaler Zustand, der zeigt, daß das Unbewußte und Bewußtsein dicht einander angenähert sind. Ebenso ist hier das Motiv der Verwandlung des Menschen enthalten. Alles, was dem Helden später zustoßen wird, bis zu seiner Verwandlung in einen Esel, ist hier schon vorbereitet.

Ziemlich bestürzt hat Lucius bald herausgefunden, daß sein Gastgeber Milo ein alter, geiziger, beschränkter Spießbürger und Pamphile offensichtlich eine unheimliche Zauberin war. Aber in demselben Haus entdeckte er auch Photis, mit der sich sogleich ein normaler jugendlicher Kontakt herstellte. Im Gegensatz zu der Tatsache, daß seine Beziehung zu Photis den für einen jungen Römer dieser Zeit, und für die Jugend überhaupt, normalen Verlauf nimmt, erweist sich diese Beziehung später doch als seltsam gefühlsarm. Nach seiner Verwandlung in einen Esel und nach dem Einbruch der Räuber in das Haus von Milo und Pamphile macht sich Lucius niemals Gedanken, was aus Photis geworden sei. Er beunruhigt sich wegen seines Geldes und seines Pferdes, aber nicht ihretwegen, was einen erstaunlichen Mangel an Gefühl beweist. Schließlich hatte er eine sehr schöne Zeit mit diesem hübschen Mädchen verlebt, und sie hatte ihm großzügig ihre Liebe geschenkt (wie auch er sie beglückt hatte). Wir sehen aus anderen Geschichten und dem soziologischen Einblick, den sie geben, daß Photis nach ihrer Festnahme durch Räuber kein gutes Leben erwarten konnte. Entweder würden die Räuber sie töten oder sie zur Sklavin machen, und was es hieß, Sklave zu sein, können wir später aus dem Buch ersehen. Aber Lucius fragt niemals nach ihr, was klar zeigt, daß er nicht ganz normal reagiert. Modern ausgedrückt, würden wir sagen, daß er ein Gefühlsdefizit hat, was zunächst durch die Liebesszene elegant verdeckt wird.

Wir wissen, daß Lucius *irrtümlich* in einen Esel verwandelt wurde, denn tatsächlich wünschte er, ein Vogel oder geflügeltes Wesen zu werden, aber Photis verwendete den falschen Salbentopf. Das muß eine unbewußte Rache ihrerseits gewesen sein! Wahrscheinlich fühlte sie, daß etwas fehlte, daß er sich nicht in der einfachsten menschlichen Weise um sie bekümmerte. Sie spielte ihm auch noch einen anderen Streich, als sie vom Haarschneider heimlich die Haare des Liebhabers der Pamphile holen sollte. Der Friseur erwischte sie und nahm sie ihr fort. Als Photis nun auf dem Rückweg einem Mann begegnete, der dabei war, Ziegenfelle zu scheren, um die zu Schläuchen zu verarbeiten, ergriff sie als Ersatz einige Büschel davon. Nachdem Pamphile dann ihre magischen Riten mit diesen statt mit den Haaren ihres

Liebhabers ausgeführt hatte, kamen – nicht der Geliebte, sondern nur Ziegenhäute an das Tor. Lucius griff diese in der Nacht heldenhaft an, da er im Dunkeln glaubte, in das Haus eindringende Räuber vor sich zu haben, und machte sich damit vor der gesamten Stadt lächerlich.

So begeht Photis zweimal unfreiwillig – sozusagen mit der linken Hand – einen kleinen Fehler, der Lucius in Schwierigkeiten bringt. Eine Frau, die so handelt, ist nicht glücklich. Irgendwo ist sie vom Mann nicht befriedigt, sonst würde sie ihm nicht diese beiden ungewollten Streiche spielen. Er ist kalt, und sie rächt sich mit diesen kleinen Zaubertricks. Sie steht irgendwie ein wenig auf der Seite der Hexe, ihrer Herrin, was zeigt, daß auch sie ein wenig kühl ist. Eine Frau, die mit Zaubertricks spielt, beweist, daß sie nicht wirklich liebt. So ist, trotz der ersten positiven Szene, bei der man glaubt, daß Lucius in die Geheimnisse des Lebens eindringt, glücklich ist und sich durch die Liebesbeziehung mit Photis vor den Tricks der Pamphile schützen kann, etwas in subtiler Weise falsch. Wahrscheinlich hängt damit das «abaissement du niveau mental» zusammen, in das er nach seinem ersten Besuch im Haus von Milo und Pamphile verfällt.

Überschwemmungen vom Unbewußten, wie sie am Anfang des Kapitels beschrieben werden, ereignen sich immer dann, wenn irgendwo im Bewußtsein eine normale Reaktion ausfällt, weil das eine Einbruchstelle für das Unbewußte schafft. Wenn jemand nicht vom Unbewußten überflutet werden will, muß er all die kleinen Einzelheiten beachten, wie Trägheit, Fehlverhalten im Gefühlsleben und mangelnde Anpassung an die Realität, denn sie öffnen der Überflutung das Tor, obwohl sie an sich unwichtig erscheinen.[2]

Da diese kleinen Unterlassungen also sehr gefährlich sind, weise ich hier auf einiges hin, was der Leser kaum bemerkt: nämlich die geheime, unbefriedigende menschliche Beziehung zwischen Lucius und Photis, die Lucius ins Unbewußte, in Tagträume versinken läßt, so daß er der Realität nicht mehr ganz gewachsen ist.

Auf dem Marktplatz trifft er «zufällig» Byrrhena, die Schwester seiner Mutter. Sie ist zwar keine echte Schwester, wurde aber ins Haus genommen und mit seiner Mutter zusammen erzogen, so daß Lucius sie Tante nennt. Es erscheint uns merkwürdig, daß er nicht zu ihr ging, um bei ihr zu

---

2 C.G. Jung formulierte sogar einmal in einem Seminar: *concupiscentia*, unkontrolliertes Verlangen, bewirke die Öffnung für eine Psychose. Und in den Psychosefällen, die ich gesehen habe, war es sicher so.

wohnen. Statt dessen treffen sie sich zufällig, und sie lädt ihn in ihr schönes reiches Haus ein. Hier folgt die Beschreibung eines eindrucksvollen Halbreliefs im Atrium dieses Hauses, das die Muttergöttin Diana beim Bad in den Wäldern darstellt und Aktaion, der versucht, einen Blick auf sie zu werfen, aber von ihr in einen Hirsch verwandelt und von seinen eigenen Hunden zerrissen wird. Der Augenblick, in dem die Hunde sich auf den Hirsch stürzen wollen, um ihn in Stücke zu reißen, ist die auf dem Halbrelief dargestellte Szene. In dieser von Apuleius Lucius gebotenen gefühlsvollen und realistischen Beschreibung des Reliefs erkennen wir die typisch hellenistische Kunst. Das Halbrelief stellt ein sehr bedeutungsvolles Motiv dar, so daß man seinen Inhalt wie eine eingeschobene Geschichte behandeln kann. Es nimmt nämlich in symbolischer Form das ganze Schicksal des Lucius vorweg: denn auch *er* versündigte sich in seinem Verhältnis zu Photis gegen die Gesetze der Keuschheit, auch *er* wird von den dunklen Leidenschaften der Unterwelt gepackt und in ein Tier verwandelt – in einen Esel anstelle eines Hirsches. Sein eigenes Problem ist ihm auf dem Halbrelief schon frühzeitig vor Augen gestellt.

Artemis und die römische Diana sind Göttinnen, die verschiedene Gegensätze in sich vereinen. Artemis behütet die Keuschheit von Jünglingen und Mädchen, sie ist Herrin der wilden Tiere. Sie gilt als die Schutzgöttin der Gebärenden, chthonische Mutter und Jungfrau zugleich. Wie ihr Bruder Apollo ist sie andererseits aber auch Todesgottheit, da sie unsichtbare todbringende Pfeile aussenden kann. Später wurde sie mit dem Mond in Verbindung gebracht und zur Göttin der Unterwelt (wie Hekate), da in der späten Antike die Vorstellungen der verschiedenen Götter und Göttinnen verschmolzen wurden.

Die späte jüdisch-christliche Idee, daß nur wir die einzig wahre Religion besitzen und daß alle anderen Religionen dunkler, abergläubischer Unsinn seien, existierte in der Antike nicht. Die Eroberer eines Landes pflegten den Namen des Haupt-Vatergottes und der Muttergöttin zu erforschen und dann zu verkünden, daß diese ihrem Zeus oder der Artemis oder Demeter entsprächen. Man entdeckte, daß überall dieselben Göttertypen vorkamen, die väterliche Kraft und die Fruchtbarkeitsmacht der Mutter, weshalb man ihnen gemischte Namen oder den Namen der eigenen Gottheit gab. So erwuchs eine Art toleranter Haltung, mit dem Erfolg, daß in jedem Land eine seltsame Göttermischung lebendig war und Gebete etwa so begannen: «Oh Du Muttergöttin, die die Ägypter Isis und die Griechen Demeter nennen...» Das heißt, dieselbe göttliche Macht wurde unter verschiedenen Namen in den verschiedenen Ländern verehrt. In diesem Sinn stellt wohl Artemis hier die ganze Mutterwelt dar.

Die Muttergöttin der kunstvollen Reliefszene nimmt ein Bad, und Aktaion, ein sterblicher Mann, der sie aus sexueller Neugier nackt baden sehen möchte, wird von seinen eigenen Hunden in Stücke gerissen – den dunklen Kräften der Unterwelt. Die Hunde würden für den dissoziierenden Aspekt animalischer Leidenschaft stehen. Dieses Motiv weist tatsächlich sehr in die Tiefe, denn wenn der Mensch seine Grenzen überschreitet, sich hinauf zu den Göttern oder hinab ins Reich der Tiere begibt, so handelt es sich letztlich um ein und dasselbe. Indem Aktaion in einen Hirsch verwandelt wird, wird er das, was er zu sein wünschte: göttlich und das Objekt des Interesses der Artemis, denn der Hirsch ist es, den sie jagt. Selbst eine Gottheit, erleidet er aber auch das Schicksal der Jünglingsgeliebten der Großen Muttergöttin, das heißt er wird zerstückelt und muß erdulden, was der göttliche Jünglingsgeliebte der Großen Mutter mythisch immer duldet. Wir können also sehen, daß das Bild, dem Lucius beim Eintritt in das Haus der Byrrhena gegenübersteht, sein ganzes Problem vorwegnimmt: du maßt dir eine göttliche Rolle an; du überschreitest den menschlichen Bereich; du betrittst das Reich der Großen Mutter und das Reich animalischen Lebens; du wirst in der klassischen Form dafür zahlen müssen.[3]

In Lucius' Reaktion auf das Relief fehlt etwas: er freut sich nur ästhetisch an dem wundervollen Kunstwerk und entziffert seine Botschaft nicht. Daß es sich nur um eine Skulptur, ein Halbrelief, und keine lebende Darstellung handelt, hat seinen Sinn. Wenn heutzutage jemand von einer Skulptur oder einem Bild träumt, bedeutet dies, daß das sich Darstellende nicht lebendig in ihm ist: er sieht es nur intellektuell oder ästhetisch, erlebt es aber nicht. So können wir sagen, daß Lucius hier sieht, was sich ereignen und in welch erschütterndes Problem er hineingeraten wird, daß es aber noch nicht wirklich für ihn ist. Er sieht es nur als künstlerische Darstellung. Das ist typisch für den Mann mit einem Mutterkomplex, denn durch ein solches Verhalten hält der Mann sich von der unmittelbaren Berührung mit der Realität fern. Man könnte den Sachverhalt auch durch ein häßliches Gleichnis beschreiben: ein solcher Mann geht in einer durchsichtigen Plastikhülle umher, die

---

3 Vgl. hier auch John G. Griffiths, *The Isis Book*, S. 29 f. – Riefstahl und Scobie haben den Zusammenhang zwischen der dargestellten Szene und dem Isis-Thema schon hervorgehoben, ohne jedoch die Beziehungen ganz zu verstehen (ebenda).

ihm das Heraussehen gestattet, aber keine Reibungsflächen mit der Realität, keine wirkliche Berührung mit dem Leben zuläßt; das ist die geheime, verhexende Macht, die der Mutterkomplex auf den Mann ausübt. Er ist immer irgendwie vom Leben abgeschnitten. Mit der Ästhetik und dem Intellekt haben wir zwei glänzende Möglichkeiten, diese Plastik-Isolierschicht zwischen uns und die Wirklichkeit zu schieben, unmittelbare Erfahrung und dadurch unmittelbares Leiden zu verhüten, aber auch jede Erlangung einer höheren Bewußtwerdung zu verpassen. Wenn man als Analytiker diesen Sack, die schützende Hülle, öffnet und den Mann aus seinem künstlichen Uterus hinausbefördern muß, jammert er gewöhnlich verzweifelt, weil nun die Phase heißer und kalter Realität und aller Art anderer Leiden beginnt, vor denen er sich bisher so elegant geschützt hatte.

Lucius betrachtet also die Dinge immer noch, ohne von dem, was sich ereignet, unmittelbar betroffen zu werden. Er fragt sich zum Beispiel nicht, warum er «zufällig» im Haus seiner Tante auf die Darstellung eines Mannes stößt, der als Folge seines neugierigen Eindringens in das Reich der Großen Mutter in Stücke gerissen wird. Er hält es für ein schönes Kunstwerk, das er in literarischer Manier beschreibt.

Die Tante Byrrhena ist offensichtlich ein Gegenpol zu Pamphile und Milo, eine echte Dame. Sie warnt ihn sofort und meint, er solle nicht in dem ziemlich zweifelhaften Haus, sondern bei ihr wohnen. Aber sie ist ebenfalls eine Muttergestalt. Auch sie wünscht Lucius in ihrem Haus gefangen zu halten; so steht ein Mutteraspekt gegen den anderen. Byrrhena ist geachtet, gebildet, korrekt, so daß sie eine positive Mutter zu sein scheint, aber mit der negativen Folge, daß sie Lucius natürlich davor bewahren möchte, ins Unheil und damit ins wirkliche Leben hineinzugeraten. Wenn Lucius Pamphile verlassen hätte und bei Byrrhena geblieben wäre, hätte der ganze Roman sich nicht ereignet. Daher ist der Rat Byrrhenas nicht richtig, obwohl sie wie eine weise Frau erscheint, die den jungen Mann davor warnt, nicht in die Falle zu tappen. Gott sei Dank gewinnt sie nicht! Es ist auch typisch für sie, daß sie in ihrem Haus nur ein steinernes Halbrelief besitzt, was darauf hinweist, daß ihr Wissen zwar weise, aber nicht lebensnah ist. So befindet sich Lucius wirklich «zwischen dem Teufel und dem tiefen blauen Meer»: die bürgerliche Weisheit rät ihm, nicht in alle Arten von zweifelhaften schmutzigen Affären hineinzutappen, aber dann würde er auch nie aus dem Plastiksack herauskommen, würde anständig, aber nicht lebendig sein. Glücklicherweise nimmt Lucius diesen Rat nicht an und begibt sich zu Photis nach Hause, die er in Milos Küche beim Zubereiten einer Polenta antrifft. Es spinnt sich eine Beziehung zwischen den beiden an. Photis erobert Lucius, oder umgekehrt. Die Tatsache, daß dabei kein warmes Gefühl herrscht, zeigt sich erst später.

Die nächste eingeschobene Geschichte, von Milo erzählt, handelt von einem Wahrsager namens Diophanes: dieser hat einem Kaufmann günstige Voraussagen gemacht über eine bevorstehende Reise, als plötzlich ein junger Edelmann, Freund des Diophanes, auftaucht und in Hörweite den Umstehenden von dem großen Unglück berichtet, das ihm auf seiner letzten Reise zugestoßen ist und ihn beinah das Leben gekostet hat. Die Zuhörer lachen, der Kaufmann verlangt sein Geld zurück, und Diophanes ist als Betrüger entlarvt.

Natürlich wäre es falsch zu sagen, daß ein Hellseher nichts taugt, wenn er für sich selbst nichts vorhersehen und sich, seine Familie oder Freunde nicht vor Unglück bewahren kann. Wir wissen nämlich, daß die telepathischen Fähigkeiten nicht durch den Willen zu aktivieren sind, und deshalb kann jemand, der in dieser Hinsicht durchaus begabt ist, sich nicht davor bewahren, selber hereinzufallen.

Wenn wir versuchen, die Diophanesepisode im Kontext der Geschichte zu sehen, erkennen wir, daß ein Mann, der sich anmaßt, in die Zukunft sehen zu können, gerade selber hereinfällt, und das trifft wieder auf Lucius zu. Er glaubt ja, Zauberkraft nur studieren zu können, ohne hineingezogen zu werden; dabei steckt er bereits mit einem Bein drin! Gerade dann, wenn er seine wissenschaftliche Genauigkeit und Beobachtungsgabe brauchen würde, fehlen sie ihm. Parapsychologische Phänomene kann man nicht kühl distanziert und in sachlicher Konzentration beobachten, weil sich dann nämlich nichts ereignet.[4]

Synchronistische und parapsychologische Phänomene sind eben Grenzphänomene. Damit sie sichtbar werden können, muß die Intensität unseres Ichbewußtseins herabgemindert sein. Denn die Phänomene brauchen diese Energie, um überhaupt in Erscheinung treten zu können. Man kann nicht

---

4 Zum Beispiel: als C.G. Jung in Afrika reiste, schwor er, was auch an seltsamen Dingen sich ereignen würde, er würde alles in sein kleines Tagebuch schreiben und einen absolut genauen Bericht festhalten. Gelegentlich ereigneten sich typisch afrikanische Dinge, und jedesmal, wenn er in sein Diarium schaute, hatte er nichts darüber aufgeschrieben! Warum? Er war emotional zu stark beteiligt, schaute und beobachtete und erlebte, was sich ereignete, so daß er zum Schluß natürlich vergaß, irgend etwas aufzuschreiben.

das Geld und den Kuchen haben; man kann solche Experimente nicht mit einem normalen, rationalen eingestellten, wissenschaftlich beobachtenden Ich machen. Mit diesem Problem ist die Parapsychologie immer noch konfrontiert, aber in unserem Fall ist es anders. Lucius gleitet in das «abaissement du niveau mental» ab, ohne es im geringsten zu merken. Die Diophanesgeschichte zeigt, daß der Mann, der glaubt, Bescheid zu wissen, gerade der ist, der in die Falle tappt.

Ein andermal erzählen bei Byrrhena zum Essen geladene Gäste noch einige Episoden. Einer von ihnen, namens Thelyphron, gibt die nächste eingeschobene Geschichte zum besten (thelys – weiblich, phronein – denken, sinnen). Sein Name würde darauf hindeuten, daß diese Person eine feminine geistige Haltung hat oder in Gedanken immer mit Frauen und dem Weiblichen beschäftigt ist. Der Mann mit diesem aufschlußreichen Namen erzählt die folgende Geschichte:

Als Minderjähriger kam er nach einer Reise quer durch Thessalien in einer schlechten Stunde nach Larissa und befand sich in großer Geldnot. Dort wurde zu dieser Zeit soviel Zauberei getrieben, daß der Leichnam eines eben Verstorbenen von einem Wächter bewacht werden mußte, um ihn vor den Hexen zu schützen, die sich sonst einschleichen und Leichenteile zum Gebrauch für ihre Zaubereien stehlen würden. Zauberregeln konnten zum Beispiel beginnen: nimm die Nägel von einem gerade getöteten Mann – oder die Nase oder die Ohren usw. –, mische sie mit dem Blut, um dies und das Zauberwerk auszuführen. Die Hexen mußten sich natürlich mit diesen «Zutaten» versorgen, und so wurden auf den Friedhöfen Leichen aus frischen Gräbern gestohlen. Zudem versuchten die Hexen, Leichen vor deren Verbrennung zu bekommen. Um Geld zu verdienen, nahm der junge Thelyphron das Amt an, nachts bei einem Toten zu wachen. Es wurde ihm eingeschärft, sehr aufmerksam zu sein, da die Hexen sich in Tiere, Vögel und manchmal sogar in Fliegen verwandeln könnten. Er wird zu einem Haus gebracht, um dort den Leichnam eines Mannes zu bewachen, den die Witwe ihm als völlig unversehrt in all seinen Teilen zeigt. Wenn er auch am nächsten Morgen so aussähe, sagt sie dem jungen Wächter, so werde er sein Geld erhalten, falls nicht, werde er durch dieselbe Verstümmelung, wie sie die Leiche aufweise, bestraft werden.

Der junge Mann reibt seine Augen und singt, um sich die ganze Nacht wachzuhalten. Es wird immer später, bis um Mitternacht plötzlich ein Wiesel ins Zimmer huscht und ihn so sehr erschreckt, daß er «sich wundert über die Frechheit eines so kleinen Tieres». Er jagt es weg, und es huscht wieder fort. Sobald es jedoch verschwunden ist, «aber auch nicht einen Augenblick darauf, befällt mich ein so tiefer Schlaf, daß der delphische Gott selbst nicht hätte unterscheiden mögen, wer, von der Leiche und mir, dem Scheine nach am meisten tot sei».[5] Am Morgen wachte er auf und «rannte voller Befürchtungen zu dem Leichnam, um ihn von allen Seiten anzusehen». Die Hausmutter und die Zeugen erscheinen und finden den Körper «in allen Teilen unversehrt».

So erhält der junge Thelyphron sein Geld. Da er aber einige taktlose Bemerkungen macht, jagt man ihn aus dem Haus. Bei der Leichenfeier taucht plötzlich ein weinender und jammernder alter Mann aus der Menge auf und sagt, daß der Mann, der nun verbrannt werden sollte, von seiner Frau durch Gift umgebracht wurde. Das erzeugt einen großen Aufruhr, und die Menge schreit, die Frau solle ihrerseits verbrannt werden. Doch beteuert sie ihre Unschuld. Um die Wahrheit herauszufinden, führt der alte Mann hierauf Zatchlas, einen Ägypter, vor, einen großen Magier und Zauberer, der die Kraft hat, Tote zum Leben zu erwecken.

In der Antike glaubte man an diese Möglichkeit; die Hexe von Endor[6] war ja auch befähigt, Tote zum Leben zu erwecken, Geister aus der Unterwelt heraufzubeschwören, damit sie die Wahrheit ans Licht brächten.[7] Wie Alexandra David-Neel beschreibt, sind die Lamas in Tibet ebenfalls dazu in der Lage. Ein Lama, der zu spät kam, um seinen Freund noch lebend zu sehen, legte sich auf den Leichnam und wärmte ihn mit seinem eigenen Atem, so daß der Verstorbene wieder lebendig wurde. Die beiden tanzten eine Weile zusammen und hatten so ihren letzten Kontakt miteinander. Solches wird auch noch in Afrika praktiziert. In unserer Geschichte gelingt es dem Ägypter, den Toten wieder zum Leben zu erwecken, und der Totgewesene bestätigt, daß seine Frau ihn vergiftet hatte. Als Beweis für die Glaubwürdigkeit seiner Worte versichert er, alte Hexen hätten dem jungen Thelyphron, den sie mit dem Toten verwechselten, Nase und Ohren abgeschnitten und durch Wachs ersetzt, während er bei dem Leichnam wachte. Thelyphron faßt sich daraufhin mit der Hand an seine Nase und Ohren, und sie fallen ab. Da wird ihm klar, daß er verstümmelt wurde und nichts davon bemerkt hatte.

5 Apuleius, *Der goldene Esel*, Übersetzung Rode, S. 49.
6 Siehe Samuel XXVIII, 7–10.
7 Vgl. Theodor Hopfner, *Griechisch-ägyptischer Offenbarungszauber*, Amsterdam 1974.

An dieser Stelle müssen wir uns kurz mit der antiken Magie beschäftigen. Afrikanische, kubanische oder südamerikanische Voodoomagie ist noch heute lebendig. Um jemand zu bezaubern, braucht man aber etwas von ihm, Fingernägel, Haare usw. Man erhält damit kräftigste «Medizin» im afrikanischen Sinn des Wortes. Ein Teil von einem Leichnam ist für die primitive Mentalität eine Art furchterregendes numinoses Objekt, das schreckliche unreine und zugleich göttliche Kraft besitzt. Alles, was man mit Flüssigkeit von einer Leiche oder von Leichenteilen vermischt, ergibt deshalb ein wirksames Heil- oder Zaubermittel. In einer sehr guten Veröffentlichung von K. Preisendanz[8], den *Papyri Graecae Magicae*, findet sich eine Anzahl von Rezepten dieser Art. Zum Beispiel ein Rezept, mit dem man die leidenschaftliche Liebe einer Frau erreichen kann. Darin steht: Nimm 2 Lorbeerblätter, eine im Mondlicht gepflückte Rose und den kleinen Finger eines eben begrabenen Knaben, und mische dies in der und der Art, und sage dies und das, dann wirst du erleben, daß die Frau diese Nacht brennend vor Verlangen vor der Tür deines Hauses steht. Oder: Brau den Trank und gieß ihn auf ihren Rücken, wenn sie durch die Straße geht, und am nächsten Abend wird sie wie eine verliebte Katze vor der Tür oder dem Fenster deines Hauses miauen. Es gibt unzählige solcher Rezepte, die auch Ratschläge geben, wie man Glück im Spiel haben oder sich von einem Feind befreien kann.

So ist also die Geschichte ziemlich durchsichtig: Thelyphron ist wohl derjenige Aspekt von Lucius, der Zauberei erforschen will, und – ohne ein Forscher zu sein – direkt, aber unbewußt, in das ganze Problem eindringt. Er hat die Frauen im Kopf und ist sozusagen der Schatten von Lucius. Er ist wirklich engagiert, im Gegensatz zu Lucius, der nur mit intellektueller Neugier zu beobachten wünscht, aber beide fallen den Machenschaften der Hexen zum Opfer.

Diese kleinen eingefügten Erzählungen können also tatsächlich wie Träume oder Phantasien behandelt werden. Sie illustrieren und ergänzen die Abenteuer von Lucius-Apuleius. Während Lucius noch fortfährt mit intellektuellen Erkundungen, wird sein Schatten, der unbewußtere Teil seiner Persönlichkeit, bereits vom magischen Aspekt des weiblichen Prinzips überwältigt. Das Abenteuer des Thelyphron spielt somit die Rolle eines

---

8 Karl Preisendanz, *Papyri Graecae Magicae* – Die griechischen Zauberpapyri, 2 Bände, Stuttgart 1973/74.

Traumes, der den Helden vor dem warnt, was bei mangelnder Vorsicht auch auf ihn zukommen könnte.

Die Zuhörer sind entzückt über die Geschichte, und Byrrhena berichtet Lucius vom Fest des Gottes Risus (Gott des Lachens), das am nächsten Tag gefeiert wird, wobei sie ihm sagt, daß sie sich wünsche, er könne etwas «finden oder sich einfallen lassen», das der Ehrung eines so großen Gottes angemessen wäre. Lucius antwortet, daß er sich glücklich schätzen würde, wenn ihm das gelänge, und verabschiedet sich. Auf der Straße erlischt seine Fackel, und er hat Mühe, in der Dunkelheit den Heimweg zu finden. Er sieht «drei Männer», Gestalten von großer Statur, die an Milos Tor heben und stoßen und hineinzukommen versuchen. In der Annahme, daß es Diebe sind, zieht er sein Schwert und erschlägt sie. Dann klopft er an die Tür, Photis läßt ihn ein, und er sinkt völlig betrunken ins Bett.

Das ist das Ende eines Abschnitts, und wir müssen diese eingeschobene Geschichte noch genauer ansehen. Im Vorangehenden haben wir bereits Sokrates als einen Teil von Apuleius/Lucius, dem platonischen Philosophen, betrachtet, der dem Animaproblem aus dem Wege geht und im Unbewußten von der dunklen Muttergöttin überwältigt wird. Jetzt rückt die Gefahr näher, denn Thelyphron ist ein Mann, der dem Problem der Frauen ausgesetzt war. Lucius dagegen hegt bis jetzt nur intellektuelle Neugier für Zauberei und ein sinnliches Interesse an Photis, während das Problem der Anima ihm noch nicht gegenwärtig ist außer im intellektuellen Bereich. Thelyphron wäre deshalb eine stärker dem Mutterkomplex verfallene Schattengestalt.

Das Wiesel, wie Maus, Eule, Hase und viele andere kleine Tiere, gilt als Hexentier. Es ist grausam und katzenähnlich im Verhalten und repräsentiert die kalte Verschlagenheit der Hexe.[9] Offenbar hat eine der Hexen selbst sich in ein Wiesel verwandelt, und als sie ihn so eigentümlich anschaute, daß er in Schlaf fiel, biß sie ihm Nase und Ohren ab. Wegen seiner Grausamkeit einerseits und seiner verblüffenden verschmitzten Intelligenz andererseits gleicht das Wiesel in gewisser Hinsicht dem Fuchs. Es ist ein Tier, dem übermenschlich angeborene List zugeschrieben wird. Diese wiederum ist eine dunkle Seite des weiblichen Prinzips an sich, bei Frauen sowohl wie beim Animaprinzip im Mann. Das Weibliche hat zwar keinen

---

9 Vgl. Matti Hako, «Das Wiesel in der europäischen Volksüberlieferung», in *Folklore Fellows Communications,* Vol. LXVI, No. 167, Helsinki 1956, vor allem S. 33 ff.

Logos, aber, im allgemeinen im Mann und in der Frau von Natur aus, eine Art natürlicher Intelligenz, die hintenherum mit Intrigen etwas erreicht. Es ist dies ein Aspekt, den Jung als «natural mind» bezeichnete, eine Art instinktiver Klugheit, die aber auch mitleidlos und unmenschlich sein kann. Man denke an die Frau, die mit ihrem Mann in Karlsbad eine Kur macht und, die wundervolle Landschaft und den Sonnenuntergang betrachtend, ausruft: «Oh, Heinrich, wenn einer von uns stirbt, zieh ich nach Karlsbad.» Sie macht sich nicht klar, was sie sagt. Das ist die Veranlagung des Wiesels! Manche Frauen wissen genau, wann der Mann, an dem sie interessiert sind, wahrscheinlich abends allein zu Haus ist, und dann erinnern sie sich, daß sie ihm unbedingt an diesem Abend ein Buch zurückgeben müssen! Manche sind ehrlich genug zu wissen, was sich im Hintergrund abspielt, aber einige sind in ihrem Bewußtsein tatsächlich absolut unbefangen. Jedoch ihr Wiesel-Schatten weiß genau, daß dies der richtige Abend sein wird, um zu kommen und ganz überrascht zu sagen: «Ist Ihre Frau nicht zu Haus?» So ist das Wiesel. Die Anima des Mannes vermag dasselbe zu tun, nur ist dies den Männern noch weniger bewußt.

Wenn wir Thelyphrons Erfahrung auf Lucius anwenden, können wir sagen, daß er hier eine weitere ernste Warnung erhält. Innerlich ist er nur mit Photis beschäftigt, der Abend mit der üblichen «dinner party» ist ihm sehr langweilig, und er wartet nur auf den richtigen Moment, um verschwinden und zu ihr zurückkehren zu können. Er ist also Thelyphron – er hat die Weiber im Kopf. Die Geschichte zeigt, daß er, ohne es zu merken, im Begriff steht, der Schwarzen Magie zu verfallen.

Die Thelyphron-Geschichte ist auch deshalb interessant, weil die Wahrheit von einem ägyptischen Priester namens Zatchlas aufgedeckt wird. Dies scheint ein zweitrangiges Motiv zu sein, das der Leser leicht übersehen könnte. Aber es weist bereits auf die Ereignisse am Schluß des Buches hin, wo diese ganze Unterwelt, die jetzt nur in der dunklen, unheimlichen und grausamen Geschichte vorkommt, für Lucius die Brücke zur Einweihung in die ägyptische Religion wird. Man kann sehen, daß bereits hier etwas wie Schicksalsfäden gesponnen werden. Thelyphron wäre in einer sehr schlechten Lage gewesen, wenn nicht Zatchlas, der ägyptische Priester, in der letzten Minute wie ein «deus ex machina» die Situation für ihn geklärt hätte. Man hat den Namen Zatchlas mit dem Wort Sôlalas verbunden, das im alten Ägypten als Name gebräuchlich war oder als Begriff für «Thot ist der, der ihn kennt». Nach anderen weist der Name auf «Saclas», einen mit dem ägyptischen «Wissen» verbundenen Dämon.[10] Geisterbeschwörung war weit verbreitet im antiken Ägypten. Zur Zeit des römischen Weltreiches stand dieses im Ruf, das Land der Magie par excellence und zugleich das der größten Religiosität zu sein. Aber man könnte sagen, daß die griechische und die römische Religion im Begriff standen, sich zu einem nur noch philosophischen System zu entwickeln, und daß sie teilweise zu seelenlosen Institutionen degeneriert waren, die keine primitive Emotion mehr enthielten. Der Kult war so sauber und gereinigt wie viele unserer modernen christlichen Kirchen. Tanzende Derwische konnte man sich darin nicht vorstellen. Das Wesentliche der Religion auf der ursprünglichen Stufe besteht jedoch gerade darin, emotional ergriffen, auch mit dem primitiven emotionalen Teil der Persönlichkeit völlig hingegeben zu sein.

Religion ist eine totale Erfahrung, welche auch die primitiven, affektiven und instinktiven Aspekte des Menschen umfaßt; sie darf uns nicht nur oberhalb des Gürtels betreffen. Da zu jener Zeit in diesen europäischen Religionen ein bestimmtes Element bereits verlorengegangen war, wurde es meist auf Ägypten und weiterhin auf Äthiopien projiziert. In der antiken Literatur (seit Herodot) wird von den die Sonne verehrenden Äthiopiern gesagt, daß sie die Menschen mit der größten Frömmigkeit und der echtesten Religion waren. Später wurde dasselbe auf die indischen Brahmanen projiziert, nachdem die Griechen durch die Eroberungen Alexanders des Großen mit den Indern in Berührung gekommen und von der Ursprünglichkeit und Totalität der Religion dieses Volkes beeindruckt worden waren. Diese Projektion erhielt sich bis ins 16. und 17. Jahrhundert. Giordano Bruno schreibt zum Beispiel noch, daß die alten Ägypter das einzig wirklich fromme und religiöse Volk gewesen seien. Dieselbe Projektion zeigt sich auch in unserer Geschichte, denn der ägyptische Priester ist es, der die unbekannte Wahrheit kennt und sie ans Licht bringt. Er taucht hier nur sporadisch auf und verschwindet wieder aus dem Bericht. Die Geschichte von Thelyphron wäre somit ein zweiter Traum. Stellen wir einen Vergleich mit dem von Sokrates an, dem unemotionalen, überlegenen Philosophen, der der Zauberin ganz verfällt, so haben wir hier einen jungen Mann, der nur teilweise ein Opfer der Zauberei wird: Sokrates wird getötet, Thelyphron nur verstümmelt. Man kann also einen winzigen Fortschritt in den «Träumen» des Lucius bemerken.

10 Diese Deutungen sind mehr als unsicher. Vgl. John G. Griffiths, *The Isis Book,* S. 351.

Als Lucius aus seiner Betrunkenheit erwacht, kommt die Polizei, um ihn abzuholen, und er erinnert sich, am Vorabend drei Personen getötet zu haben. Er fürchtet daher, sein Ende sei gekommen, zumal ihm einfällt, gehört zu haben, daß die in der Nacht herumbummelnden Leute, die er getötet hatte, reich und einflußreich gewesen seien. So denkt er, keinerlei Chance zu haben. Der Fall kommt vor das Gericht, Lucius wird angeklagt und verteidigt sich. Aber als er sich im kritischen Moment, in Tränen ausbrechend, verloren glaubt, brechen alle Leute in homerisches Gelächter aus. Die Witwen der angeblich von ihm Ermordeten treten weinend und Rache fordernd auf und verlangen, daß Lucius die Leichen der Männer aufdeckt.[11] Als er dies gezwungenermaßen tut, entdeckt er, daß er gar keine menschlichen Körper vor sich hat, sondern aufgeblasene Schläuche, die an mehreren Stellen zerfetzt sind. Es waren zu Wasserbehältern bestimmte Ziegenfellsäcke, die er erstochen hatte! Für die Menge ist dies ein zu Ehren des großen Gottes Risus aufgeführter Riesenspaß, aber Lucius hat seinen Sinn für Humor verloren und vermag nicht in das Gelächter einzustimmen.

Später kommt Photis zu ihm aufs Zimmer und erklärt ihm genau, was sich ereignete, und daß eigentlich sie die Ursache all seiner ärgerlichen Erlebnisse war. Sie fleht um Verzeihung und erzählt den bereits erwähnten Vorfall mit den Ziegenhaaren, die sie Pamphile anstelle der Haare ihres Geliebten gebracht hatte.

Eine zu dem Kampf des Lucius mit den Tierhäuten sich aufdrängende Analogie ist die von Don Quichotte, der mit wahrem Heroismus gegen die Windmühlenflügel kämpfte. Auch hier focht ein Mann mit übertriebener Anstrengung und Emotion gegen eine Halluzination, ohne die echte Gefahr zu bemerken, die sich hinter seinem Rücken anschleicht.

Das alles hat wieder mit der Perversion des Instinktes in Zusammenhang mit dem Mutterkomplex zu tun. Solch ein Mann wird überzeugt sein, daß alle alten Frauen Hexen seien, und daher aufpassen, nicht in die Fallen der verschlingenden Mutter zu geraten, aber vielleicht um so schneller an eine junge «Superhexe» geraten, ohne es zu bemerken. Es ist die Tragödie des pervertierten Instinkts, denn die zerstörte Gefühlsfunktion läßt den Helden dem falschen Objekt verfallen. Wenn man einen solchen Mann fragt, worin die große Anziehungskraft seiner Geliebten besteht, wird er im allgemeinen sagen, daß sie «so viel Wärme hat», was aber bedeutet, daß sie im Bett

---

11 Apuleius, *Der goldene Esel,* Übersetzung Rode, S. 69.

gut ist. Er hat kein Unterscheidungsvermögen und verwechselt körperliche Leidenschaft mit Gefühl. Deshalb muß die Tragödie ihren Lauf nehmen. Es hat keinen Zweck, dagegen zu predigen, denn die Ursache liegt zu tief.

Männer mit einem solchen negativen Mutterkomplex nun sind häufig engagiert in der Bekämpfung intellektuell faßbarer Gefahren, philosophischer oder ideologischer Gegner, seien es Kommunisten oder Juden. Solche Kämpfe sind Schattenprojektionen, da die Betroffenen ihren eigenen wirklichen Schatten nicht sehen, der vom Mutterproblem gefesselt ist.

Die Gerichts-Farce gegen Lucius wurde im Kontext zu Ehren des Gottes des Lachens aufgeführt. Ich habe nicht feststellen können, ob noch in anderen Städten ähnliche Feste gefeiert wurden. Es ist wahrscheinlich ein Frühlingsfest, das mit der Fruchtbarkeit der Felder zu tun hat. In der Athener Gesellschaft pflegten sich die Damen aus diesem Anlaß zu treffen und sich die unpassendsten Geschichten zu erzählen, da man annahm, daß dadurch die Fruchtbarkeit der Menschen und der Felder gefördert werde.

Wo kein Sinn für Humor vorhanden ist, muß man in der Psychiatrie von einem ernsten «Fall» sprechen. Gerade bei einer schlimmen Psychose ist es sehr hilfreich, wenn man den Patienten dazu bringen kann, über sich selbst zu lachen und sich nicht zu ernst zu nehmen. Wenn man einem von einem Affekt Besessenen durch einen Spaß dazu verhelfen kann, zu sehen, wie lächerlich er ist, gibt ihm das einen Funken von Objektivität, da er sich einen Augenblick lang sachlich, wie von außen, sehen kann. Ich würde sogar sagen, das ist die Erscheinung des Selbst[12] in einem solchen Moment. Das Ich versucht immer das «Richtige» zu tun, aber es führt sich manchmal auf wie der Clown, der sich in den Teppich einrollt, den er auslegen will! Wenn man seinen eigenen Ich-Clown sehen kann und wie unglaublich komisch er in diesem Moment für einen anderen ist, wenn man sich im objektiven Zentrum seiner selbst befindet, entsteht ein Gefühl der Verbindung mit dem Archetyp des Selbst. Aber im allgemeinen verlieren wir unseren Sinn für Humor, sobald ein Komplex berührt wird, und werden dramatisch und ernst, unfähig, unser Problem realistisch zu sehen.

Jedoch wie bei allen psychologischen Faktoren kann es auch anders herum gehen. Dann scheinen wir es mit dem *negativen* Gott des Gelächters zu tun zu haben, wenn das Lachen – wie für Lucius – einen zerstörenden, nicht einen befreienden Effekt hat. Sobald die Gefühlsfunktion beschädigt ist,

---

12 Des überpersönlichen Kerns der Persönlichkeit.

nimmt der Mensch sich nicht mehr ernst. Er spielt intellektuell mit seinem eigenen Leben und mißt sich keinen persönlichen Wert bei. Einige Intellektuelle sind durch das moderne statistische Denken so vergiftet, daß sie überzeugt sind, auf sie komme es nicht an, sie seien ganz zufällige Existenzen, es gäbe ja Millionen Menschen wie sie. Solche Menschen kommen zur Analyse und erzählen ihre tragische Lebensgeschichte in völlig unverbindlicher Form. Ein Mann sagte mir sogar: «Aber Sie müssen ja solche Geschichten jeden Tag anhören!» Er glaubte, seine Tragödie würde mich nicht berühren, und nahm an, daß ich mich damit nur intellektuell befassen würde. Er erlaubte mir nicht, von seinem Unglück stark betroffen zu sein, und schätzte es nicht, wenn ich sein Leben ernst nahm, weil auch er es dann ernst nehmen mußte. Daher machen die Menschen in solchen Fällen einen Scherz und lachen über sich selbst. Das passiert Lucius hier, falls wir die Lachenden als in ihm selbst befindlich ansehen. Er leidet an intellektueller Ironie, mit der er all seine Gefühlsreaktionen wegschieben kann. Daher kann die Zauberei ihn in versteckter Form erreichen und gerade in das hineinfallen lassen, was er am meisten auf der Welt fürchtet.

Kapitel IV

Der Esel

Nun müssen wir uns noch weiter mit dem Kult des Gottes des Lachens beschäftigen, dessen Fest offensichtlich eine Parallelform von dem ist, was wir heute noch als Karneval besitzen. Es ist hauptsächlich ein Fest, bei dem jeder sich auf Kosten des anderen amüsiert und sich jede Freiheit herausnehmen kann. In der bürgerlichen Gesellschaftsschicht von Basel zum Beispiel, wo jeder über jeden alles weiß, einschließlich wieviel Steuern er zahlt – strenge, steifleinene Leute –, gibt es eine Art gentleman's agreement, daß, was immer sich während der Basler Fasnacht ereignet, nicht wirklich passiert sei. Selbst wenn man seinen Nachbarn nackt auf der Straße, völlig betrunken treffen sollte, erwähnt man es später niemals. Es ist ein Tag für sich, an dem die andere Seite sich ausleben kann und die wunderlichsten Dinge sich ereignen.

Ursprünglich hatten all diese Feste, die jetzt leichter genommen werden, einen tiefen religiösen Sinn. In der frühen christlichen Zivilisation wußte man noch, daß ein Karneval in der Antike mit dem Totenkult zusammenhing. Diese maskierten Leute, Clowns und Columbinen und was immer man in den Straßen treffen kann, sind in Wirklichkeit Geister. Die Verstorbenen kommen in dieser Gestalt, und sie zu verkörpern heißt, ihnen auf halbem Weg entgegenzukommen. Es ist tatsächlich ein Fest, bei dem die Unterwelt, die Ahnengeister zurückkommen und wir uns mit ihnen vereinigen. In der Innerschweiz gehen die maskierten Leute bei den Karnevalsfesten, die kurz vor Weihnachten gefeiert werden, peitschenknallend über die Felder und Obstbaumwiesen, da man glaubt, daß dies Fruchtbarkeit bringt: die Geister der verstorbenen Ahnen sichern die Fruchtbarkeit von Vieh, Feldern und Frauen. So entsteht eine mystische Einheit zwischen dem Jenseits und dem Hier und Jetzt. Mundus infernus patet, die Unterwelt ist weit geöffnet, die maskierten Geister gehen um, und das Gelächter hat deshalb einen merkwürdigen Doppelaspekt in der Nähe zum Schauder der Geisterwelt und des Todes. Hier könnte man wohl das berühmte Wort von Heraklit anführen über die Feste zu Ehren des Dionysos: «Wenn es nicht Hades wäre, der Gott des Todes und der Unterwelt, für den diese obszönen Lieder gesungen und Feste gefeiert werden, wäre es ein übles Treiben, aber Hades und Dionysos sind eins.»[1]

So berühren wir hier das Mysterium des Schattens und des «abaissement du niveau mental»: Sexualität in ihrer ganz unpersönlichen, beziehungslosen Natur – der Fruchtbarkeit, des Schattens, der Auflösung und des Fruchtbarmachens aller Dinge. Wenn wir das im *Goldenen Esel* erwähnte Fest des Gottes Risus so verstehen, wird uns klar, daß wir hier mit dem im ganzen Buch dargestellten Prozeß in Berührung kommen, nämlich dem Abstieg in die Unterwelt, und daß der Gott Risus, das Gelächter, einen sehr gefährlichen doppelgesichtigen Aspekt hat.

Wir können dieses Thema hier nicht erschöpfend behandeln, aber man sieht, wie bei Apuleius das Lachen, sein Sinn für Humor, den er offensichtlich besitzt, zweideutig ist. Er benutzt ihn, wie viele Menschen, manchmal, um sich vom Leben fernzuhalten. Für neurotische Persönlichkeiten ist es typisch, daß dann, wenn sie sich betroffen fühlen, wenn das Schicksal sich in Form emotionaler Verstrickung nähert, von ihnen schnell ein eleganter Spaß gemacht, alles ins Leichte und Amüsante gedreht wird und sie damit wieder draußen sind. Ich habe Analysanden gehabt, die nicht ernsthaft sein konnten. Wann immer man an etwas rührte, das gefühlsvoll hätte werden können, machten sie einen Witz, um zu entwischen. Das ist eine Form des Lachens, die als mörderische Waffe gebraucht wird, um das Leben zu töten. Es ist ein intellektueller Trick, ein falsches Alt-Sein: es ist der Herbst des Lebens und nicht seine Jugend. Jugend muß innerlich beteiligt sein. Diese ironische Haltung zeigt Distanzierung im falschen Moment und ist gänzlich neurotisch. Das Gegenteil wäre das befreiende Lachen. Schopenhauer ging sogar so weit zu sagen, daß der Sinn für Humor die einzig göttliche Qualität des Menschen sei.

Hier wird die psychische Haltung des primitiven Karnevalfestes aktiviert, und die Situation ist schlimm, da sie eine definitiv negative Wirkung auf das Bewußtsein von Lucius ausübt. Die üble Fopperei und der Streich, den die Allgemeinheit ihm spielt, verstört ihn völlig, und er bleibt in einem Zustand von Minderwertigkeitsgefühlen, Tränen und äußerster Verzweiflung zurück, so daß das «abaissement du niveau mental» und die Desintegration seiner Bewußtseinshaltung beschleunigt wird. Er verliert den letz-

---

1 Vgl. Hermann Diels, *Doxographi Graeci*, Berlin 1879, Fragment 15.

ten Rest von Snobismus, aber auch von Selbstachtung und wird in eine absolut hilflose Verfassung versetzt. Sieht man es aber distanzierter, so kann man feststellen, daß er nun gleichzeitig beginnt, auf eine menschlichere Ebene seiner Persönlichkeit herabzusteigen.

Als er zu Photis zurückkehrt, berichtet sie ihm in äußerster Verzweiflung, wie groß ihr Anteil an dieser Farce ist und daß sie den Leuten so die Möglichkeit gab, Lucius auszulachen. Um es wieder gutzumachen, bietet sie ihm an, ihn endlich mit den geheimen magischen Handlungen ihrer Meisterin, Pamphile, vertraut zu machen. Wie der Fortgang der Geschichte zeigen wird, begeht sie dann einen weiteren Fehler, durch den Lucius nur noch tiefer in die Klemme gerät. Wie ich schon hervorhob, mußte sie unbewußte Widerstände wegen seines unmenschlichen Verhaltens gehabt haben, so daß sie mit der gleichen Münze heimzahlt. Sie ermöglicht ihm, nachts in der Dachkammer zu sehen, wie Pamphile sich mit einer bestimmten Salbe einreibt und mit Hilfe von Beschwörungsformeln in einen Vogel verwandelt, um fortzufliegen und ihren Liebhaber zu besuchen. Lucius wird sofort von dem Wunsch ergriffen, dies ebenfalls auszuprobieren, und veranlaßt Photis, die Salbe für ihn zu stehlen, damit er sich auch in einen Vogel verwandeln könnte. Sie aber fürchtet, daß er niemals zurückkommen werde, wenn ihm das glückte. Er schwört, daß er nicht versuchen wird zu entkommen, sondern nur als «ein geflügelter Cupido ihr, der Venus, gegenüber stehen möchte». Diese kleine Bemerkung, die man kaum beachtet, deutet auf etwas hin, was später von Bedeutung wird: das Märchen von Amor und Psyche. Es ist die erste Anspielung auf diesen Zusammenhang. Lucius spricht hier aus, daß er die magischen Kräfte benutzen möchte, um sich mit dem Gott Eros zu identifizieren.

Er bekommt, was er wünscht: daß er ein Gott wird aber in der Gestalt eines Tieres. Denn Photis macht bei der Auswahl der Salbe einen Fehler, so daß sich bei Lucius ein langer Schwanz bildet, während er das Wachsen der Federn erwartet und endlich feststellen muß, in einen Esel verwandelt dazustehen. Obwohl er innerlich wie ein menschliches Wesen fühlt, kann er äußerlich nur noch «I-aah» von sich geben. Mit tränenfeuchten Augen schaut er Photis an, die ihm sagt, daß der Gegenzauber glücklicherweise sehr einfach sei, daß er nur einige Rosen zu essen brauche, um wieder in seine menschliche Gestalt zurückzufahren, und daß sie ihm am nächsten Morgen einige bringen werde.

Hier muß man sich daran erinnern, daß fast alle ägyptischen Götter –

die mächtigsten zu dieser Zeit verehrten Mächte, die Apuleius selbst am Ende anbetet – Tierköpfe trugen. Heilkundige Tiere, geistige, göttliche Tiere sind die Götter in allen ursprünglich primitiven Religionen. So ist die groteske Verwandlung des Lucius eine unfreiwillige Vergöttlichung, zu der er auf dem falschen Weg gelangte.

Der Esel allerdings wurde in der Antike oft nicht als echtes Symbol interpretiert, sondern als eine Art Allegorie der Wollust. Die Verwandlung des Lucius ist folglich bezeichnend, denn die Art, in der Lucius mit Photis umging, war das Verhalten eines Esels. Der Esel ist auch eines der zur Gruppe um Dionysos gehörenden Tiere und wurde deshalb mit dionysischer Ekstase, Sexualität und Trunkenheit assoziiert. Noch einleuchtender, und bei Apuleius sicher bewußt, zeigt sich eine andere Verbindung oder Symbolik, da der Esel in der ägyptischen Religion das Symbol des Gottes Seth ist, der den Osiris tötete.[2] Im Mythos des Osiris forderte Seth Osiris auf, sich in einen Sarg zu legen, und als dieser das bei einem Fest tat, als Scherz oder um die Maße auszuprobieren, schloß Seth schnell den Deckel, goß Blei darüber und warf den Sarg in das Meer. Seth wird in den Hieroglyphen-Texten als Tier mit seltsam langohrigem Haupt dargestellt. Es ist nicht bekannt, ob damit wirklich ein Esel gemeint war, aber in der späten Antike wurde die Darstellung jedenfalls als Bild eines Esels gedeutet. Seth personifiziert in Ägypten das Prinzip von Mord, Lüge, Brutalität, des Bösen par excellence, den Gegensatz zum Gott-Menschen Osiris. Daß Apuleius bewußt an diese Verbindung dachte, wird am Ende deutlich bei der Erlösungsszene, wenn Isis zu dem Esel Lucius sagt: «Fahre aus dieser Gestalt des Esels aus, des Tieres, das ich immer verabscheue.» Dadurch spielt sie auf den Esel als das Tier des Seth an, das Isis natürlich haßte.

In der Bibel hat der Esel noch eine weitere Bedeutung, wenn man an den Esel denkt, durch den Gott zu Bileam sprach und ihm Weisungen gab, oder an den Esel, der Christus trug. (In der christlichen Symbolik erhielt der Esel daher eine etwas andere Bedeutung.) Zur Zeit des Apuleius wurde er im wesentlichen mit dem Gott des Alten Testamentes, Jahwe, assoziiert. Wir haben Zeichnungen eines Collegestudenten, der, um seine Kameraden zu verspotten, die Gestalt des Gekreuzigten als Mann mit einem Eselskopf zeichnete. Offensichtlich wollte der Student aus antisemitischen Gründen

---

2 Siehe Plutarch, *Über Isis und Osiris*. Text, Übersetzung und Kommentar von Theodor Hopfner, Bd. 2, Darmstadt 1967, S. 218 f.

seine jüdisch-christlichen Kommilitonen mit dieser Anspielung verspotten. – Der positive Aspekt der Esel-Symbolik entwickelte sich aber erst im Mittelalter. Der Esel repräsentierte dort eine gerechte Haltung, und er erhielt sogar gewisse göttliche Züge: er sei anspruchslos, beharrlich, genügsam und geduldig, er sei Träger des Wortes, ein Symbol für all die im Alten Testament beschriebenen geistigen Prozesse, die langsam auf verborgenen Wegen das Heraufkommen des Christentums vorbereiteten. Daß gerade ein Ochs und ein Esel bei der Christusgeburt Zeuge in Bethlehem waren, wurde dahin interpretiert, daß der Esel den Gott des Alten Testamentes und der Ochs den des Neuen Testamentes repräsentieren. Das sind spätere Entwicklungen, aber seit der uns interessierenden Zeit wurde der Esel eng mit Juden und Christen assoziiert. Andererseits ist der Esel aber auch das Tier des Dionysos geblieben. In der Astrologie wurde er Saturn zugeordnet und mit den Qualitäten dieses Planeten im astrologischen Sinn des Wortes behaftet, was bedeutet: Triebhaftigkeit, kreative Depression, Verzweiflung, Schwermut, Leiden, Eingesperrtsein, Hilflosigkeit, Entmenschlichung.

Diese Amplifikationen illustrieren die psychologischen Projektionen, die in jener Zeit auf den Esel fielen, nämlich jene sonderbare komplexe Mischung, die uns heute durch die Behandlung von Neurosen, kreativer Depression und Triebhaftigkeit so vertraut ist: Bei gewissen Depressionen zeigt sich nämlich, daß hinter Obstipation, Lähmungen, Kopfschmerzen und andauernder Verstimmung ein starkes Verlangen oder ein Trieb verborgen sind, den die Person nicht leben zu können glaubt. Sie ist überzeugt, daß ein Wunsch oder ein Macht- oder Sexualtrieb oder irgendein anderer starker Instinkt nicht durchgesetzt werden kann, so daß er durch Resignation verdrängt wird und sich dadurch oft der Kern einer tiefen Depression im Unbewußten konstituiert. Deshalb verwandeln sich Menschen, die man aus einem solchen Zustand herausholen konnte, zunächst in einen hungrigen Löwen, der alles verschlingen möchte, da die Depression nur eine Kompensation oder ein Verdrängungsmechanismus war, weil man mit dem übergroßen Verlangen nicht fertigwerden konnte. Dasselbe gilt für die echte Kreativität, die auch die Wünsche des Ich zu durchkreuzen pflegt. Sie zieht alle Energien der Seele für ihre eigenen Zwecke an sich, so daß im Bewußtsein nur eine tiefe Melancholie verbleibt, die sich dann gewöhnlich durch einen großen schöpferischen Elan selbst heilt. Dieser Mechanismus war im Mittelalter und in der Renaissance bereits bekannt. In der Theorie des Marsilio Ficino über die Melancholie findet man genau dieselben Probleme beschrieben. Ficino litt selber unter schweren Depressionen und nannte sich deshalb ein «Kind des Saturn». Er beschreibt die Stadien von Depression, Leere, «abaissement du niveau mental» und Gleichgültigkeit, die bei ihm immer großen kreativen Phasen vorangingen. Dasselbe gilt für den Maler Albrecht Dürer. Die präkreative Depression, wenn sie richtig verstanden wird, ist eigentlich hilfreich, weil sie den Menschen in Isolierung, in seine eigene Tiefe und in die Introversion treibt und dadurch günstige Vorbedingungen schafft, unter denen schöpferische Ideen aus dem Unbewußten aufsteigen können.

Wir können somit die Verwandlung des Lucius in einen Esel entweder etwas oberflächlich interpretieren, daß sie geschah, indem er sozusagen ein «abaissement du niveau mental» erleidet, weil er sich völlig mit dem Sexualtrieb identifiziert und dadurch ganz unbewußt in einen Esel verwandelt wird, oder wir können tiefer gehen und fragen, was Lucius *eigentlich* verdrängte. Sicherlich verdrängte er nicht seine sexuellen Triebe, aber bis zu einem gewissen Grad seinen Machttrieb. Vom Verhaltensaspekt aus findet sich bei ihm viel Macht- und Selbsterhaltungstrieb, und wir werden später sehen, was dies und seine Aggression bedeuten. Aber ich bin nicht der Meinung, daß er nur deshalb zum Esel wird. Was Lucius tatsächlich am meisten verdrängte, ohne auch nur eine blasse Ahnung davon zu haben, war seine religiöse Emotionalität. Er hatte keine Vorstellung von dem, was man Ergriffenheit durch religiöse Inhalte nennen könnte, und das überschattet natürlich sein Leben und erniedrigt ihn buchstäblich zu einem Esel.

Hier müssen wir uns erinnern, daß Lucius zuerst auf einem weißen Pferd ritt, ehe er zu Photis und Milo kam und all die beschriebenen Erfahrungen machte. Als nächstes folgten die Geschichten von Sokrates und die von Thelyphron, dem Manne, der sich den Frauen widmet und von den Hexen verstümmelt wurde. Wenn wir unserer Skizze folgen, ergibt dies eine schwache Verbesserung unter der Linie und eine gewisse Verschlechterung auf der oberen Ebene. Die Depression hält an, weil Lucius in einen immer niedrigeren Geisteszustand verfällt. Dann wird er in einen Esel verwandelt, die Dinge gehen rapide abwärts, aber auf der unteren Linie ist eine leichte Verbesserung zu verzeichnen.

Wir haben hier vor uns, was man immer bei der Behandlung einer neurotischen Spaltung in der menschlichen Persönlichkeit sehen kann: das Be-

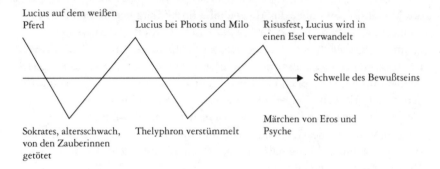

wußtsein wird immer schwächer, und das Unbewußte kommt herauf. Langsam, aber erst ganz zum Schluß, am Ende des Buches geschieht der plötzliche Zusammenprall der beiden Hälften der Persönlichkeit und die Herstellung der Einheit. Aber bis dahin ereignen sich mehrere kleinere Höhen und Tiefen, deren Hauptrichtung eine Verschlechterung des Bewußtseinszustandes und eine langsame Verbesserung des Zustandes im Unbewußten anzeigt:

Der Esel macht das schreckliche und hilflose Gefangensein des Ich in der Depression sichtbar. Als Esel kann Lucius sich nicht mehr verständlich machen; er ist unfähig, sich Photis gegenüber in irgendeiner Weise auszudrücken; auch ist es ihm unmöglich, in seinem eigenen Bett zu schlafen oder mit Photis weiter seine Spiele zu treiben.

Der Esel-Lucius geht darauf hinunter in den Stall, stellt sich selber dorthin, wo er nun hinzugehören glaubt, zu seinem eigenen Pferd und einem anderen Esel, worauf er völlig entsetzt damit konfrontiert wird, daß statt der erwarteten freundlichen Begrüßung beide Tiere sich wütend gegen ihn wenden. Das ist sein erster großer Schock.

Hier zeigt sich ein subtiler Grundgedanke des Buches. Man fühlt, daß Apuleius ihn nicht bewußt hineingebracht haben kann. Vom modernen psychologischen Standpunkt aus gesehen würde dieses Ereignis heißen, daß ein menschliches Wesen, das sich wie ein Tier verhält, nicht in Harmonie mit seinen Instinkten lebt. Ein Tier, das sich wie ein Tier verhält, ist in Harmonie mit sich selbst. Ein Tiger, der sich wie ein Tiger verhält, hat sozusagen seine Individuation erreicht. Er ist, was er ist, im wahrsten Sinne des Wortes. Das ist der Grund, weshalb Jung oft sagte, das Tier sei das einzig wirklich fromme Wesen auf diesem Planeten, weil es sein eigenes

Lebensmuster und seine Selbsterfüllung völlig lebt. Nur der Mensch ist ein gespaltenes Wesen, das gegen sich selbst kämpft. Wenn wir auf die Stufe eines Tieres herabsinken, entfernen wir uns genausoweit von uns selbst, wie wenn wir uns zu weit zur intellektuellen oder bewußten Seite hin bewegen. Wie ein Schwein oder ein Esel zu leben ist für einen Menschen neurotisch. Deshalb lehnen die echten Tiere Lucius ab, weil er nicht im Einklang mit sich selbst ist. Die Tragödie für Lucius-Apuleius liegt darin, daß er in der Eselshaut immer noch wie ein menschliches Wesen fühlt. Er wird zwar wie ein Tier behandelt, aber in seinem subjektiven Innenleben ist er keines. Symbolisch gesehen zeigt dies, daß er äußerlich unter seinem eigenen Niveau lebt, tiefer, als es ihm seine innere Persönlichkeit erlauben würde.

Danach beginnt eine ganze Reihe von «Beinah»-Erlösungen, die er immer wieder verfehlt. Im Stall sieht er die Statue der Göttin Epona. Diese keltische Schutzgöttin der Pferde war durch die Sklaven im ganzen Römischen Reich eingeführt worden, und da die Pferde im allgemeinen von Sklaven versorgt wurden, fand sich die kleine Statue der Epona in den meisten Ställen. Bei Apuleius ist sie von einem Rosenkranz umwunden, und Lucius streckt sich nach diesem aus, aber der Sklave sieht ihn, schlägt ihn zurück und nimmt ihm damit die Möglichkeit der Erlösung. Das ist ein kleiner Zwischenfall von tiefer Bedeutung, weil nämlich in der spätantiken synkretistischen Religion Epona mit Isis identifiziert wurde. Lucius erreicht also schon hier beinahe die Göttin, die ihn erlösen könnte.

In diesem entscheidenden Augenblick brechen Räuber in den Stall ein. Sie hatten das Haus überfallen, dessen Bewohner geflohen waren oder getötet wurden, und nahmen alle Sachen mit. Wahrscheinlich hatte sich das Gerücht verbreitet, daß Milo reich war. Deshalb kamen die Räuber, nahmen alles, was sie finden konnten, und beluden die Tiere aus dem Stall mit den gestohlenen Sachen. Wegen dieses Zwischenfalls hatte Lucius die Rosen nicht essen können. Er versucht noch, den Namen des römischen Kaisers auszusprechen, bringt aber nur tierische Laute vor und wird zudem geschlagen. Später ist er gezwungen, an einem Rosenbusch vorbeizugehen, den zu essen er nicht wagt; denn wenn er zu diesem Zeitpunkt in einen Menschen zurückverwandelt worden wäre, hätten ihn die Räuber sofort getötet. So muß er mit seiner Last weitergehen. Nach dieser zweiten Vereitelung seiner Erlösung folgt eine lange Geschichte, wie Lucius als Esel unter den Händen der Räuber leidet und auf seine Rückverwandlung in ein menschliches Wesen warten muß.

Die Räuber führen Lucius in einen Wald und berauben ihn jeglichen menschlichen Kontaktes. Unter Räubern dieser Zeit müssen wir uns andere Leute vorstellen, als wir sie heute mit dem Wort bezeichnen würden. Die damalige Polizei war den Bedürfnissen und Wünschen des Volkes in weitem Umfang nicht gewachsen und konnte die Menschen nicht schützen; auch bestand der größte Teil des Staatswesens aus eroberten Ländern, die dem Römischen Reich nicht freiwillig angehörten. Tausende und Tausende von Menschen, die in ihrem früheren Land bedeutende soziale und kulturelle Stellungen innehatten, wurden zu Sklaven erniedrigt. In einem solchen Staat, in dem das ganze Netz der Polizei und Geheimpolizei nicht so genau funktionierte wie heute, entkamen viele Menschen in die Wälder und schlossen sich zu Banden zusammen. Sie hatten vielleicht einen keltischen König unter sich, der zum Sklaven gemacht worden und geflüchtet war, weil er sich nicht von einem einfachen gemeinen Römer zu Tode prügeln lassen wollte, aber auch nicht in seine Heimat zurückkehren konnte. Die Räuber dieser Zeit waren deshalb nicht alle Kriminelle, sondern Gruppen aus sämtlichen Klassen oder einzelne, die nichts mit der römischen Polizei zu tun haben wollten, oder auch Menschen, die auf irgendeine Weise mit dem Recht in Konflikt geraten waren. Diese Leute gehörten eher in die Kategorie des «edlen Räubers» im romantischen Kinderbuch, der sich dem Vater Staat nicht unterwerfen und frei in den Bergen leben will. Etwas von diesem Geist lebt noch im Schmugglerwesen des Mittelmeeres, wo es relativ anständige Räuber-Abenteurer gibt, die es als eine Art Sport betrachten, Polizei und Zoll zu überlisten.

Psychologisch betrachtet heißt dieses Motiv, daß sogenannte Schattenfiguren den Lucius überwältigten.[3] Wir werden später noch an den Namen klarer sehen, daß die Räuber all die verschiedenen Aspekte einer Art unreifer primitiver Männlichkeit repräsentieren, etwas, was Lucius, dem Muttersohn, in erheblichem Ausmaß fehlt. Sein ganzes Leben, ebenso wie seine Erziehung als Sohn aus guter Familie, hat ihn zu dem gemacht, was er ist, und sein Mutterkomplex hat ihn von diesem Aspekt der Männlichkeit abgeschnitten. Von Apuleius wissen wir, daß er zumindest in der Jugend homosexuell war. Das würde bedeuten, daß er von bestimmten Aspekten seiner eigenen Männlichkeit abgeschnitten war, die er bei seinen Jünglings-

---

3 Unter «Schatten» versteht Jung, wie bereits erwähnt, die inferiore, meist unbewußte Hälfte des Ich.

freunden suchte. Lucius wird jetzt durch den autonomen Aspekt dieser primitiven Männlichkeit überwältigt, die gegen seinen Willen von ihm Besitz ergreift. Der kalte, brutale, primitive Mann ist im allgemeinen ein kompensierender typischer, sogar archetypischer Schatten des Muttersohnes.

Das Abenteuer hat aber noch einen tieferen Sinn: diese Räuber leben mit einer trunksüchtigen alten Frau zusammen, die sie gelegentlich «Mutter» nennen. Es handelt sich offensichtlich um eine Männergesellschaft mit einer alten trinkenden Haushälterin. Diese seltsame Gruppe junger Männer um eine weibliche Gestalt erinnert an die Mutterkulte in Griechenland und Kleinasien. Bei den Griechen trugen sie den Namen Kureten. Sie wachten über das göttliche Kind, Zeus, und beschützten es. Man hielt sie nicht für Menschen, sondern für Dämonen. Wie später die Satyrn bildeten sie eine Gruppe, die sich um die «Große Mutter» schart. Sie repräsentieren gleichzeitig die Ahnengeister, und man glaubte, daß sie Wahnsinn hervorriefen, aber auch heilen konnten. Des weiteren wurden sie noch mit den die Schmiede und Hüttenarbeiter beschützenden Dämonen, den Kabiren, identifiziert. In ihrem Buch *Themis* beschäftigt sich Jane Harrison[4] mit dieser Situation vom soziologischen Standpunkt aus und stellt Vergleiche mit alten primitiven Riten an. Man kann nämlich ähnliche Verhältnisse in den Gesellschaften junger unverheirateter Männer in der ganzen Welt beobachten. In den primitiven Kulturen wurden junge Männer von zu Hause entfernt, sie durften die von ihren Müttern zubereiteten Speisen nicht essen, ja ihre Mütter nicht einmal ansprechen. Bis zu ihrer Verheiratung mußten sie im Männerhaus leben und alle Arten von Martern durchmachen. Es wurde ihnen zugestanden, sich aggressiv, primitiv und «männlich» zu benehmen.[5] Im alten Sparta wurde ihnen sogar befohlen, zu stehlen und zu rauben, um ihre Unabhängigkeit und Männlichkeit auf die Probe zu stellen: das war ihre Initiation in die Mannbarkeit. Aber eine solche Initiation umfaßt nicht nur das instinktive Verhalten, sie spielt zugleich eine Rolle im geistigen Bereich: sie betrifft einerseits das animalische, bedeutet andererseits aber eine Einweihung in das geistige Leben des Stammes. Es handelt sich also um eine Erweiterung der Persönlichkeit zwischen den beiden extremen Polen von Instinkt und Geist.

4 Jane Ellen Harrison, *Themis*. Epilegomena to the Study of Greek Religion, Cambridge Mass. 1927, S.95.
5 Mircea Eliade, *Das Mysterium der Wiedergeburt*, Zürich-Stuttgart 1961.

Man könnte deshalb sagen, daß Lucius, sobald er in die Hände der Räuber fällt, den Mächten ausgeliefert wird, die ihn in eine neue Männlichkeit einweihen sollten. Es ist seine Initiation in die Mannbarkeit, wenn auch in einem zunächst negativen Aspekt.

Nachdem sie gegessen haben, erzählen die Räuber ihre Erlebnisse: Eine Bande hat ihren Anführer verloren, der Lamachus (der Kämpfer) hieß. Er hatte versucht, einen als Bettler lebenden reichen Mann zu berauben, wurde aber dabei erwischt und seine Hand an eine Tür genagelt. Um ihn zu retten, hieben die Räuber seinen Arm ab, aber auf der Flucht wurde er zu schwach, mit den anderen Schritt zu halten, und tötete sich, indem er sich mit seinem Schwert durchbohrte. Ein anderer Anführer, Alkimus (der Starke), hatte versucht, eine alte Frau zu berauben, aber sie überlistete ihn und warf ihn aus dem Fenster, so daß er starb. Ein dritter Mann, Thrasileon («Löwenmut»), verkleidet mit einem Bärenfell, hatte seinen Gefährten geholfen, Gold und Silber aus dem Haus eines gewissen Demochares zu stehlen, jedoch die Hunde stürzten sich auf ihn und richteten ihn so zu, daß ihn zum Schluß ein Mann mit dem Speer durchbohrte und tötete, während die anderen Räuber mit ihrer Beute entkommen konnten.

So kann man sehen, daß diese Räuber trotz ihres positiven Aspektes versagen und viele von ihnen vernichtet werden. Sie haben zwar plötzliche Anwandlungen, etwas zu unternehmen, und gehen anschließend wieder nach Haus «zu Mama», um das Leben ein bißchen zu genießen, aber sie haben keine Klugheit, keine Planung und versagen deshalb am Schluß. Unbewußte Männlichkeit ist auf diese Weise wenig wert, wenn sie nur sporadisch hervortritt. Man kann daraus ersehen, daß die Räuberwelt ein zweideutiges Motiv darstellt. Dem Lucius bietet sie eine Chance, seine Männlichkeit zu integrieren oder aber sie noch mehr und in schlimmer Weise zu verlieren. Es steht auf des Messers Schneide, und sein Schicksal hängt davon ab, ob er einsehen lernt, worum es sich handelt. Es ist, als würde das Schicksal ihm eine doppelsinnige Möglichkeit bieten, entweder seine Initiation in die Mannbarkeit oder den weiteren Identitätsverlust, wodurch er in einem tieferen schlimmen Sinn in die Klauen der Großen Mutter fallen würde. Was hier noch fehlt, ist das eine, wesentlichste Element wahrer Männlichkeit – die Ausdauer. Ein Mann, der nur anfallsweise mutig sein, nur sporadisch etwas tun kann, ist kein Mann.

Solche anfallsweise Männlichkeit ohne Ausdauer oder planendes Bewußtsein ist von Anfang an zum Scheitern verurteilt. Sie gehört typisch zu einer bestimmten Phase im Kampf des Mannes mit dem Mutterkomplex. Das gleicht den plötzlichen Ausbrüchen, die wir heute bei jenen schrecklichen Taten erleben, an denen Jugendliche sich beteiligen. Sie fordern sich etwa gegenseitig heraus, einen Mann mit Petroleum zu übergießen und ihn anzuzünden, und meinen, das sei ein Zurschaustellen ihrer Männlichkeit. In Wahrheit aber bringt es sie einfach zu einem noch schlimmeren Zusammenbruch als zuvor. Diese Art von Räuber-Schattenfigur, die ihre Aktivität nur autonom entfaltet, ist zum Anrennen gegen die konventionelle Gesellschaft verdammt, die recht hat, diesem Verhalten Widerstand entgegenzusetzen. Es handelt sich um ein typisches Stadium eines verzögerten Pubertätsüberganges. In der Schweiz sind zum Beispiel die meisten jungen Männer der besseren Familien Mitglied bei den Pfadfindern. Auf der einen Seite führen sie ein anständiges Pfadfinderleben. Sie lernen radfahren und Knoten knüpfen, spielen Fußball und anderes und tun täglich eine gute Tat. Viele Pfadfindergruppen jedoch führen daneben ein höchst amüsantes «Nachtleben»: die älteren Jungen jagen den jüngeren, als Geister oder wilde Tiere verkleidet, Angst und Schrecken ein, und vieles geht nur um ein Haar ohne Unfall ab. Aber im allgemeinen passiert Gott sei Dank nichts! Wirklich köstlich sind die Pfadfinder-Nächte, wenn die Jungen um Mitternacht in einen eiskalten See springen oder ähnliches tun, um sich gegenseitig zu noch größerem Wagemut anzustacheln. Erst wenn sie erwachsen sind, wird den schaudernden Eltern davon erzählt, die dankbar sind, seinerzeit nichts davon gewußt zu haben. – So kann man sagen, daß ein gewisses Maß an Übermut in einem bestimmten Alter normal ist und zur Reifung des jungen Mannes wie zur Assimilierung seiner Männlichkeit gehört. Aber mit vierzig ist es kläglich oder schwierig, diese Abenteuer nachzuholen. Die jungen Männer setzen nämlich die Tollkühnheit nicht fort, sondern beginnen später, sich in viel raffinierterer Weise herauszufordern. Eine unangenehme Situation durchzuhalten stellt eine höhere Entwicklungsstufe dar, nachdem die Stufe der Verwegenheit und Tollkühnheit vorbei ist. Hier versagen unsere Räuber bereits. Sie bringen sich nur zu impulsiven Handlungen. Aber hinter ihnen steht immerhin das betrunkene alte Weib, das so wunderschöne Märchen kennt und Lucius zum ersten Mal den archetypischen Hintergrund und das bedeutungsvolle Geheimnis hinter seinem Schicksal enthüllt.

Es gilt nun zu untersuchen, warum die alte Hexe trinkt. In dieser pervertierten Form treffen wir wieder auf ein ambivalentes Element, das sich positiv entwickeln könnte. Die geheime Motivation für das Trinken wie für die Drogensucht ist in den meisten Fällen das Verlangen nach emotionaler Erfahrung oder nach Ekstase, die ursprünglich und historisch ein Grundelement religiöser Erfahrung war. Wann immer Menschen davon abgeschnitten sind, aus Gründen zu starker Intellektualität oder anderen Ursachen, nimmt die Sehnsucht nach dem Geist manchmal diesen etwas zu konkreten Aspekt an und wird im Weingeist gesucht. Wir könnten deshalb sagen, daß hinter dem Mutterkomplex, wie er durch die Räubermutter repräsentiert wird, eine geheime Sehnsucht des Lucius nach etwas Geistigem steht, das nicht erfüllt wurde. Das Problem liegt im abgespaltenen Teil der Persönlichkeit, abgespalten, weil er nicht mit dem Bewußtsein verbunden ist und ihm Verständnis und Geist fehlt. In der Sprache der Bibel ausgedrückt: die Mächte der Finsternis sehnen sich nach dem Licht. Die Räubermutter hat zwar Verlangen nach etwas Geistigem, aber sie nimmt es in der wohlbekannten Ersatzform des Schnapses. Im Gesamtzusammenhang des Buches gesehen, wird immer deutlicher, daß hinter dem Mutterkomplex, selbst in der destruktiven, Lucius nun langsam überwältigenden Form, letzlich eine geheime Sehnsucht nach religiöser Erfahrung steht.

Auch sonst ist die alte Frau nicht rundum negativ, weil sie ja dem gefangenen Mädchen, Charité, zum Trost jene wundervolle Geschichte von Eros und Psyche erzählt. Wir müssen an dieser Stelle aber zuerst beleuchten, was zum Erzählen der Geschichte führte: Die Räuber brachen in eine Hochzeitsfeier ein, bei der Charité, die wohlerzogene Tochter aus guter Familie, mit einem Tlepolemus genannten jungen Mann verheiratet werden sollte. Tle heißt ausdauern, standhaft sein, polemos Krieg. So würde er der wahre Krieger sein, derjenige, der sich im Krieg ausdauernd bewährt, weshalb er auch einen berühmten griechischen Heroennamen trägt. Die Hochzeitsfeier von Charité und Tlepolemus wird nun durch die Räuber verhindert. Sie schlugen die Gäste in die Flucht, töteten scheinbar den Bräutigam, stahlen sämtliche Hochzeitsgeschenke und entführten die Braut, jedoch ohne ihr etwas anzutun, denn es geht ihnen nur darum, Lösegeld von den reichen Eltern der Braut zu verlangen. Das Mädchen gerät in äußerste Verzweiflung, und um sie ruhig zu halten, erzählt ihr die alte Vettel nun die erwähnte Geschichte.

Von Reinhold Merkelbach wurde bereits hervorgehoben, daß die beiden Paare, Charité und Tlepolemos wie Eros und Psyche, anfangs dasselbe Schicksal erleiden, da – wie wir noch sehen werden – auch Psyche von ihrem

Bräutigam getrennt wird, durch ein schreckliches Maß an Leiden gehen muß und am Schluß wieder mit dem Geliebten vereint wird. Charité, die Hörerin des Märchens, macht denselben Prozeß durch, nur geht später alles für sie schlecht aus. So gibt es hier zwei Paare, Charité und Tlepolemus, zwei menschliche Wesen, und als Gegenstück die zwei göttlichen Figuren des Märchens, Psyche und Eros. Damit haben wir die Konstellation des berühmten «Heiratsquaternios». C.G. Jung hat darauf hingewiesen[6], daß in jeder tieferen Beziehung zwischen einem Mann und einer Frau tatsächlich vier Elemente ins Spiel kommen: das bewußte Ich des Mannes und das der Frau und seine Anima sowie ihr Animus.

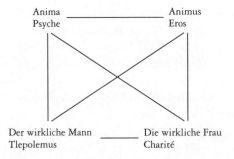

Die Figuren des Animus und der Anima wurden bisher wegen ihres numinosen Charakters (zum Beispiel in der Alchemie) auf königliche Figuren projiziert oder auf ein königliches Paar. Heute werden wir zum ersten Mal in der Geschichte der Menschheit mit dem Problem der Integrierung dieser «göttlichen» Elemente oder dieser mächtigen Aspekte des Unbewußten konfrontiert. Wenn diese Integration nicht gelingt, überschwemmen die heterosexuellen Elemente des Unbewußten das Ich: das ist einer der Gründe für die heute so beeindruckende Zunahme der Scheidungen. Im Roman des Apuleius werden die Funktionen des Animus und der Anima noch von göttlichen Figuren repräsentiert. Allerdings legt das sehr «menschliche» Verhalten dieser Figuren bereits den Schluß nahe, daß sie letztlich doch Aspekte der menschlichen Seele sind.

Während verschiedene Kommentatoren nicht die tiefgehende Beziehung dieses Märchens zur Geschichte des Lucius im Gesamtzusammenhang

---

6 C.G.Jung, *Die Psychologie der Übertragung*, GW 16, §§ 437 f.

wahrgenommen haben, erkannten andere, wie besonders Merkelbach, die mystische Verbindung mit der Einweihung in die Isismysterien, die am Schluß des Romans beschrieben wird.[7] Sobald Lucius Charité erblickt, ein schönes, unschuldiges Mädchen, erwachen in ihm Interesse und Anteilnahme für sie. Auch das betrunkene alte Weib hat Mitleid mit ihr. In der griechischen Mythologie ist Charité eine der drei Grazien, jener üblicherweise als Dreiergruppe dargestellten Halbgöttinnen, die Anmut und Schönheit verkörpern. Sie waren die Begleiterinnen des Dionysos. Im Griechischen bedeutet das Wort Charis – zauberischer Reiz, unberührbare Schönheit gleich den Bäumen, deren Blätter noch ganz frisch sind, oder einer sich öffnenden Blume. Dieser Name und der des Tlepolemus werden sich später noch als bedeutungsvoll erweisen.

Das Mädchen jammert in der jetzigen Lage nicht nur wegen der Räuber, sondern auch, weil sie einen schrecklichen Traum hatte, in dem sie sah, wie Räuber ihren Gemahl mit einem Stein töteten; sie ist deshalb überzeugt, daß er nicht mehr lebt. Wir wissen, daß dies nicht stimmt, weil er später auftaucht und erst am Schluß von Thrasyllus auf einer Bärenjagd getötet wird. Obwohl der Traum in dieser Hinsicht noch nicht der Wahrheit entspricht, wird er sich später erfüllen. Vergegenwärtigen wir uns außerdem, daß Charité später Selbstmord begeht, so sind die beiden tatsächlich schon jetzt zu einem tragischen Ende verurteilt.

Das Motiv des glücklichen Paares und einer männlichen Gestalt, welche die beiden stört, kommt auch in der alchemistischen Symbolik vor. In der *Chymischen Hochzeit»*[8] von Rosencreutz raubt zum Beispiel ein Neger die Braut, und sie muß vom Bräutigam zurückgeholt werden. Das Motiv findet sich überdies in der von Jung interpretierten alchemistischen Parabel im *Mysterium Coniunctionis*[9], wo der das Glück des Paares vernichtende Räuber Sulphur, der Schwefel, heißt. Es ist das klassische Thema einer destruktiven männlichen Gestalt, welche den Schatten des Mannes oder den Animus in der Frau darstellen kann und die Zweierbeziehung zerstört. Jung deutet sie (wenn es der Schatten ist) als die Habgier, den Besitzanspruch des Ich, der die innere coniunctio unmöglich macht. Eins der entscheidenden Probleme

---

7 Reinhold Merkelbach, *Roman und Mysterium in der Antike,* passim.

8 Johann Valentin Andreae, *Chymische Hochzeit Christiani Rosencreutz,* Anno 1459 [1616], Stuttgart 1973.

9 C.G.Jung, *Mysterium Coniunctionis.* Untersuchungen über die Trennung und Zusammensetzung der seelischen Gegensätze in der Alchemie, GW 14/I, §§ 180, 183–205.

besteht darin, daß, wenn immer jemand der Vereinigung der Gegensätze nahekommt, auch die habgierige Seite des Ich in Erscheinung tritt und die innere Erfahrung vereitelt. Das trifft sowohl für den einzelnen Menschen wie auf der Ebene des Paares zu. Dieses Element vernichtet die Liebe zweier Menschen gerade dann, wenn alles gut zu gehen scheint, weil der «Räuber» dann auftaucht und die Beziehung sprengt. Wenn man sich an die Haltung von Lucius erinnert, kann man sagen, daß diese männliche Figur, die in einem Paar die Beziehung zum Weiblichen verhindert, das Bild seines eigenen brutalen schattenhaften Egoismus bedeutet, der seine Beziehungen zu den Frauen stört. Es handelt sich einmal mehr um seine nichtintegrierte Männlichkeit. Die von den Räubern gestohlene Braut kann als ein Symbol der Anima des Lucius gesehen werden, die vom chthonischen männlichen Element verwundet wird. Sie stellt das leidende Gefühl in der Seele von Lucius dar. Wenn ein Mann der einseitigen Sexualität verfällt, verletzt er ebenso die Frau in sich selbst wie die reale Frau.

Es gibt noch einen sehr aufschlußreichen Satz, denn das Mädchen sagt, die Räuber hätten sie «vom Schoß ihrer Mutter gerissen» und so ihre Verheiratung verhindert. Man hätte erwarten können, «aus den Armen ihres Verlobten». Nehmen wir dies als einen Traum, so würde es bedeuten, daß alles Gefühl von Lucius-Apuleius unter dem Aspekt von Charité noch bei der Mutter weilt. Für Photis gab es nur Sinnlichkeit, aber sein Gefühl sitzt quasi weiterhin auf dem Schoß der Mutter. Männer mit einem Mutterkomplex ziehen oft Prostituierte anderen Frauen vor, und Mütter, die sich über solche Söhne beklagen, sind tatsächlich die, die am meisten damit einverstanden sind, weil sie auf diese Weise den Sohn behalten können. Eine passende Frau, die er liebt, würde ja eine Rivalin! In einem solchen Fall wird die Mutter sagen, daß sie immer schon die Verheiratung ihres Sohnes wünschte, aber nur nicht gerade mit *dieser* Frau. Denn sie fühlt klar, daß es sich jetzt nicht mehr nur um Sexualität handelt, sondern daß ihr sein Herz genommen wird. Hier wird deutlich, daß Lucius noch von der Mutter abhängig ist und die Räuber, trotz ihrer schrecklichen Tat, eigentlich etwas Positives für ihn getan haben: sein Gefühl wurde wenigstens durch ihr Eingreifen mit Gewalt von der Mutter losgerissen, eine notwendige Stufe, um den Lebensproblemen die Stirn bieten zu können.

Kapitel V

Amor und Psyche I

Um Charité in ihrer tiefen Verzweiflung abzulenken, erzählt ihr also die alte, mit den Banditen zusammenlebende Trinkerin das Märchen von Amor und Psyche.

Die beiden ersten eingefügten Geschichten des Romanes könnte man als «kleine Träume» bezeichnen, aber hier handelt es sich nun um einen großen archetypischen Traum. Die erste Geschichte handelte von der Ermordung des Sokrates, die zweite vom Abenteuer und von der Verstümmelung des Thelyphron, aber diese dritte mythologischere Erzählung nimmt einen wesentlich breiteren Raum innerhalb des Buches ein. Erich Neumann interpretierte sie unabhängig vom ganzen Roman als Modell für die besonderen Probleme weiblicher Psychologie.[1] Er sieht darin die Darstellung der Frau und ihres Animus sowie das Problem der sich von der Mutter lösenden Frau. Er glaubte nicht, daß das Märchen ursprünglich in den Zusammenhang des Romans gehörte, sondern hielt es für eine literarische Einfügung. Ich stimme hier nicht mit ihm überein, denn es paßt psychologisch völlig in den Kontext des Romans, und wir können schließlich nicht die Tatsache übersehen, daß das Buch von einem Mann geschrieben wurde, der das Märchen auswählte und an einer bestimmten Stelle einfügte. Darum sehe ich es vom Standpunkt der männlichen Psychologie als das Problem von Lucius-Apuleius an.[2]

[1] Erich Neumann, *Amor und Psyche*. Ein Beitrag zur seelischen Entwicklung des Weiblichen, Zürich 1952. – Jung beantwortete einmal eine dahingehende Frage damit, daß er auch der Meinung sei, die Erzählung beschäftige sich weitgehend mit der Anima-Psychologie, daß aber Neumanns Versuch der Interpretation vom weiblichen Aspekt her ebensogut akzeptiert werden könnte, da Weiblichkeit im Mann nicht völlig verschieden von der Weiblichkeit der Frau ist.

[2] In einem zwei Jahre nach der vorliegenden Arbeit erschienenen Essay, *The Myth of Analysis*, 1972, entwickelt James Hillman interessante Ideen über den Mythos von Eros und Psyche und seine Bedeutung für unsere Zeit. Er stützt sich im wesentlichen auf die Arbeit von Erich Neumann. Sein Standpunkt unterscheidet sich indessen von meinem, da er das Märchen unabhängig vom übrigen Roman interpretiert.

Dieser Märchentyp – das Motiv von Amor und Psyche – ist sehr weit verbreitet.[3] Ein anderes, sehr bekanntes Beispiel wäre *La Belle et la Bête*. Man findet das Märchen in Rußland, Spanien, Deutschland, Italien, Griechenland, ja selbst in Indien und Afrika. Es veranschaulicht in Bildern die Geschichte von einem jungen Mädchen, das mit einem unbekannten Mann verheiratet wird, der entweder in tierischer oder dämonischer Gestalt auftritt und ihr verbietet, nach seinem Namen zu fragen oder ihn bei Licht oder im Spiegel anzusehen. Dann verliert sie ihn durch Ungehorsam, und nach einer langen, mühseligen Quest kann sie ihn wiederfinden und erlösen. Gewöhnlich wurde er durch eine Hexe oder einen Hexenmeister verzaubert. Es scheint, daß die meisten Philologen die Geschichte für älter als 2000 Jahre halten. Apuleius veränderte sie und fügte sie in seinen Roman ein, um sein eigenes Anima-Problem darzustellen und seine spätere Einweihung anzukündigen.

Ehe wir fortfahren in der Behandlung dieses so bedeutungstiefen Romans, möchte ich dem Leser die ganze Linie noch einmal in Erinnerung rufen:

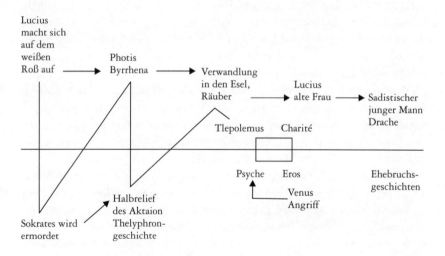

3 Binder und Merkelbach, *Amor und Psyche*. Hier findet sich eine vollständige Zusammenstellung aller über diesen Märchentypus geschriebenen Arbeiten.

Die abwärtsführende Linie zeigt, wie schon erwähnt, die Verschlechterung der Bewußtseinslage des Lucius, während die aufsteigende untere Linie auf einen langsamen Fortschritt seiner Entwicklung im Unbewußten hindeutet. Lucius reitet auf seinem weißen Roß aus, trifft Photis, wird in einen Esel verwandelt und fällt in die Hände der Räuber. In deren Unterschlupf erzählt ein betrunkenes altes Weib das Märchen. Lucius ist nicht nur Esel geworden, sondern auch Gefangener der Räuber. Gleichzeitig erfolgt eine leichte Verbesserung im Unbewußten: Am Anfang stand die grausame Geschichte von der Ermordung des Sokrates, dann folgte Thelyphrons Verstümmelung, und nun kommt das Märchen von Amor und Psyche. Das im Schema um die Mittellinie gezeichnete Quadrat setzt Eros und Psyche mit Tlepolemus und Charité in Verbindung.

Wie gesagt, besteht eine gewisse Parallelität zwischen den Schicksalen der beiden Paare. Auf spätantiken Gemmen wird Charité manchmal sogar direkt als Psyche bezeichnet, so daß es selbst für einen gewöhnlichen Mann aus der Zeit des Apuleius klar war, daß es sich hier um zwei Parallelgeschichten handelt, nur mit dem Unterschied, daß es im einen Fall um wirkliche Menschen geht, im anderen um daimones im speziellen, neuplatonischen Sinn. Das mythologische Paar wird hauptsächlich von der Göttin Venus verfolgt. Der menschlichen Situation steht die alte Frau zur Seite, die die Geschichte erzählt und Lucius und Charité vor den Räubern beschützt. So stehen das alte Weib und Venus für die Kräfte, die diese erste Begegnung des Menschlichen und Göttlichen umrahmen.

Wie inzwischen bekannt, handelt es sich hier um das typische Motiv des Heiratsquaternios, ein nach Jung jedem Wandlungsprozeß zugrundeliegendes Schema, nämlich: ein reales Paar, ein Mann und eine Frau, und die entsprechenden archetypischen Aspekte von deren Anima und Animus, die bei jeder wesentlichen Wandlungssituation zwischen den Geschlechtern beteiligt sind. Der Heiratsquaternio ist ein psychisches Ganzheitssymbol. Doch zerbricht in dieser Geschichte der erste Ansatz zur Realisierung der Ganzheit. Tlepolemus wird getötet, und Charité begeht Selbstmord. Psyche und Eros werden nicht getötet, aber sie ziehen sich in den Olymp zurück, das heißt in die Fernen des kollektiven Unbewußten. Sie realisieren sich *nicht* in der menschlichen Wirklichkeit. So bedeutet diese Begegnung nur einen ersten mißlungenen Versuch, die zwei Welten zu einer Einheit zu verbinden. Ein Grund für das Mißlingen liegt darin, daß Lucius, anstatt sich zu beteiligen, nur Zuschauer bleibt. Er hört dem, was die alte Frau mit ihrer Geschichte erzählt, völlig passiv in seiner Eselform zu. Wenn er in die Bildung des «Quaternio» eingetreten wäre, wenn er den Platz von Tlepolemus eingenommen hätte, dann wäre vielleicht die Vereinigung auf der oberen und der unteren Ebene, der bewußten und der unbewußten Welt zustande gekommen. Aber da er nur zuhört und sich an dem Prozeß erst am Schluß ein wenig beteiligt, fällt alles wieder auseinander.

Man könnte zunächst meinen, daß das Anhören des Märchens relativ wenig bei unserem Helden bewirkte, daß es nur eine nette Geschichte war, nach der die Haupterzählung von den Leiden des Lucius/Esels weitergeht. Aber das ist, wie wir sehen werden, nicht richtig. Genauso wie ein nicht verstandener Traum im Bewußtsein sehr viel weniger bewirkt als ein verstandener, hinterläßt auch diese Erzählung doch einen um so tieferen emotionalen Eindruck. Nach Anhörung des Märchens von Eros und Psyche beschließt Lucius, mit Charité zu fliehen, also erhält er wenigstens einen Anstoß zur Selbstbefreiung und Rückkehr in ein menschlicheres Leben. Noch eine Kleinigkeit ist hierbei wichtig: Charité sitzt auf dem Rücken des Esels, als sie zusammen fliehen, und Lucius versucht, unter dem Vorwand, seinen Nacken kratzen zu wollen, ihre Füße zu küssen. Darin kann man einen schüchternen Versuch seinerseits sehen, Charités Retter und Liebhaber zu werden, das heißt, Tlepolemus zu ersetzen. Obwohl dieser kurze Versuch noch nichts bewirkt, sieht man doch, daß das Märchen Lucius in gewisser Weise beeindruckte. Es hat den Impuls der bewußten Persönlichkeit wachgerüttelt, das Spiel mitzumachen und sich innerlich zu beteiligen, aber typischerweise versucht Lucius nur diesen koketten Eselskuß. In seinem Handeln ist noch kein ernsthaftes Gefühl. Es ist, als ob die innere Ganzheit oder die Struktur des Selbst zum ersten Mal aus dem Unbewußten auftauchte, das Bewußtsein leicht anrührte, ehe es zurückfiel, um wieder ins Unbewußte zu sinken. Danach verschlimmern sich die Dinge rasch, wahrscheinlich weil dieser Versuch in Richtung einer Integrierung mißlang. Lucius fällt in die Hände eines sadistischen Knaben, der ihn beinah tötet und dessen Hexen-Mutter versucht, ihn zu kastrieren und zu verbrennen. Immer wenn ein Integrierungsversuch vom Unbewußten aufgebaut wird und dann mißlingt, folgt im allgemeinen eine erneute besonders schlimme Depression, ehe sich eine weitere Möglichkeit der Integrierung bietet.

Wir müssen nun näher auf die beiden Hauptfiguren des Märchens von Eros und Psyche eingehen, damit wir verstehen, worum es sich in der ganzen Erzählung handelt.

Eros ist ein Gott, und er wurde, wie Richard Reitzenstein[4] nachgewiesen hat, zusammen mit Psyche als göttliche Gestalt in lokalen Kulten verehrt. Die Göttin Psyche entstammt einer späteren Zeit als Eros, aber auch sie hatte eigene Tempel, in denen sie angebetet wurde. Beide sind relativ menschennahe Gestalten, jener Typus zweitrangiger Götter, welche die Griechen daimones nannten. (Die Römer würden sie als «genii» bezeichnen.) Diese neuplatonische Vorstellung entstammt dem klassischen Text von Platos *Gastmahl,* wo Diotima erklärt: «Aber du hast doch zugegeben, daß Eros aus Mangel des Guten und Schönen eben das begehre, dessen er ermangele. – Ich habe es ja zugegeben. – Wie also wäre Gott, der am Guten und Schönen nicht teil hat? – Gar nicht, wie es scheint. – Siehst du nun, daß auch du Eros nicht für Gott hältst?

Was also, sprach ich, wäre der Eros? ein Sterbling? – Keineswegs. – Aber was dann? – Wie vorher sagte sie, mitten zwischen Sterblich und Unsterblich. – Was also Diotima? – Ein großer Dämon, o Sokrates, denn alles Dämonische ist mitten zwischen Gott und Sterbling.»[5] Wenn Apuleius ein Märchen schreibt, dessen Zentralfigur, Eros, ein Daimon ist, meint er also nicht ein persönliches, sondern ein überpersönliches Wesen. Und die Göttin Psyche ist ebenfalls eine solche Gestalt.

Die Vorstellung von Gott Eros durchlief eine lange Entwicklung bis in die späte griechisch-römische Kultur, denn ursprünglich war er ein böotischer Gott, und die Böotier galten als primitiv, bäuerlich und ungehobelt. Von ihnen wurde Eros in der Form eines großen hölzernen oder steinernen Phallus oder nur eines Steines verehrt; er galt als der schöpferische chthonische Gott, der die Fruchtbarkeit des Viehs und der Felder bewirkte und über die Brunnen wachte. Ihm wurde die besondere Fähigkeit zugeschrieben, das Volk und seine Freiheit im Kriegsfall ebenso wie sein Liebesleben, speziell das homosexuelle, zu schützen. Im alten Sparta waren die Gruppen der Männergesellschaft im allgemeinen homosexuell und wurden auf Grund dieses einigenden Bandes Vorkämpfer für Freiheit und Sicherung des Landes. Die Homosexualität erzeugte eine Bindung, die zu heroischer Haltung und auch einer Stärkung des innenpolitischen Lebens führte. Aus diesem Grunde steht Eros dem griechischen Gott Hermes nahe, der ebenfalls in der Form eines Phallus aus Holz oder Stein oder als Mann mit aufgerich-

---

4 Richard Reitzenstein, *Das Märchen von Amor und Psyche bei Apuleius,* und *Noch einmal Eros und Psyche,* in Binder und Merkelbach, *Amor und Psyche.*

5 Plato, *Gastmahl,* übersetzt von Felix Meiner, Leipzig ⁵1934, S. 116f.

tetem Phallus verehrt wurde. In frühester Zeit waren Hermes und Eros praktisch identisch. In Platos Schriften gilt Eros als Quelle der Fruchtbarkeit und als inspirierende Macht zu allen geistigen Leistungen. Später wurde er mehr eine «literarische» Figur und verlor viel von seiner ursprünglichen eindrucksvollen Kraft.

Es haben sich nur einzelne große Erosdarstellungen der antiken Kunst erhalten, aber viele kleine, in Steine und Gemmen schnittene, auf denen er als geflügeltes, zuweilen seine Geschlechtsmerkmale zeigendes Wesen, häufig als Hermaphrodit dargestellt wird. Auch als geflügelter, an einer Blume riechender Jüngling wird er abgebildet, mit einer Zither in seiner rechten Hand, des weiteren als geflügelter, mit Kopf versehener Phallus; als kleiner Knabe mit einer göttlichen Schlange; als erwachsener geflügelter Jüngling mit Pfeil und Bogen (wie in der Kunst der Renaissance); als Schmetterling auf Psyche reitend oder auf dem Schoß seiner Mutter, der Göttin der Liebe, Aphrodite-Venus, sitzend bzw. mit ihr spielend.[6] Neben diesen Darstellungen findet man den Gott Eros aber auch auf vielen griechischen und römischen Grabdenkmälern als Schutzgeist des Toten oder als Geist des Verstorbenen. Häufig hält er dort eine gesenkte Fackel, das Symbol des Todes, manchmal auch – und das kommt dem Motiv unseres Märchens näher – einen Schmetterling, den er sadistisch mit seiner Fackel brennt, was versinnbildlicht, daß Eros, der Gott der Liebe, der menschlichen Seele große Qualen zufügt und sie dadurch gleichzeitig läutert.

Die Liebe mit ihrer Leidenschaft und ihren Schmerzen treibt die Entwicklung zur Individuation voran, denn es gibt keinen wirklichen Individuationsprozeß ohne Liebeserfahrung. Liebe quält und reinigt die Seele. Anders gesagt, Eros preßt den Schmetterling schmerzhaft an die Brust als Sinnbild für die Seele, die vom Gott der Liebe entwickelt und gemartert wird. Auf einer wunderschönen kleinen Gemme ist die Göttin Psyche von dem Gott mit den Händen auf dem Rücken an eine Säule gefesselt, die in einer Kugel endet. Man könnte sagen, daß durch dieses Bild die Ausgangslage des Individuationsprozesses in wundervoller Weise ausgedrückt ist; Eros, Psyche an die Säule fesselnd, die von einer Kugel, dem Symbol der nur durch Leiden zu erreichenden Ganzheit, gekrönt ist. Manchmal möchte man von einem Menschen, an den man gebunden ist, weglaufen, um der Abhängigkeit zu entgehen, aber Eros zwingt uns durch diese Bindung zur

---

6 Reitzenstein, ebenda.

Bewußtwerdung. Die Liebe bringt uns dazu, alles zu wagen, und führt uns dadurch zu uns selbst. Einer der vielen Beinamen, die Eros in der Antike hatte, war deshalb «Reiniger der Seele».

Eines der schönsten an diesen großen Gott gerichteten Gebete, die ich kenne, ist uns in einem magischen Text erhalten geblieben[7]: «Ich rufe dich an, den Ursprung alles Werdens, der seine Flügel über die ganze Welt breitet, dich, den Unnahbaren und Unermeßlichen, der allen Seelen einhaucht lebenzeugende Gedanken, der alles mit seiner Macht zusammengeschweißt hat. Erstgeborener, des Alls Erschaffer, Goldbeschwingter, Dunkler, der die besonnenen Gedanken verdeckt und einbläst finstere Leidenschaft, Heimlicher du, der im Verborgenen allen Seelen innewohnt; du erzeugst das unsichtbare Feuer, indem du alles Beseelte berührst, es ohne zu ermüden quälend, doch mit Lust, durch schmerzliches Entzücken, seitdem das All besteht. Du bringst auch Leid durch deine Gegenwart, bald besonnen, bald ohne Vernunft, du, dem zuliebe die Menschen in kühner Tat die Pflicht verletzen, bei dem sie dann, dem Dunklen, Zuflucht suchen. Du Jüngster, Gesetzloser, Erbarmungsloser, Unerbittlicher, Unsichtbarer, Körperloser, der Leidenschaft Erzeuger, Bogenschütze, Fackelträger, du, alles geistigen Empfindens, aller verborgenen Dinge Herr, des Vergessens Walter, des Schweigens Vater, durch den und zu dem das Licht strahlt, unmündiges Kind, wenn du entstehst in den Herzen, Greis, wenn du ganz bereitest bist...»

Sehr nahe steht Eros auch dem alchemistischen Mercurius, der ebenfalls den «Pfeil der Leidenschaft» und die Fackel trägt, ein Sinnbild des quälenden und schmerzhaften Aspekts der Liebe. In der Eingangshalle des Aeskulap-Heiligtums in Epidaurus, wohin psychisch und physisch Kranke Heilung suchend kamen, befanden sich die Bilder der beiden heilenden Prinzipien Eros und Methē (Trunkenheit).[8] Liebe und Trunkenheit sind die großen heilenden Kräfte für Seele und Körper. Die ihr zugeordnete Trunkenheit ist allerdings nicht die durch Alkohol erreichte, obwohl auch dieser gewöhnliche Aspekt mitenthalten ist; denn im Rausch befindet man sich außerhalb der engen Grenzen seines Ich und wird ekstatisch in eine andere Welt über den Alltagssorgen gehoben. Diese Erfahrung von Erhebung und

---

7 Karl Preisendanz, *Papyri Graecae Magicae,* Vol. I, S. 129: «Das Schwert des Dardanos», «Gebet an Eros».

8 Pierre Solié, *Médicines Initiatiques,* Paris 1976. – Vgl. auch C. A. Meier, *Der Traum als Medizin.* Antike Inkubation und moderne Psychotherapie, Zürich 1985.

Ewigkeit verbindet uns wieder mit der archetypischen Basis der Psyche und hat einen heilenden und verwandelnden Effekt.

Eros, einer der heilenden Götter im antiken Griechenland, ist aber auch das «Göttliche Kind» in einigen seiner Mysterienkulte. In den Eleusismysterien ereignete sich die Geburt eines mystischen göttlichen Knaben, der manchmal Eros genannt wurde. Die zentrale archetypische Idee sagt aus, daß die göttliche Erdmutter einen göttlichen Knaben gebiert, der zugleich Erlöser und Fruchtbarkeitsgott ist. Er entspricht dem Mercurius in der Alchemie und ist im Sinne Jungs ein Symbol des Selbst.

Psyche gilt in der späten Antike weniger als eine Gottheit. Sie wird fast immer zusammen mit Eros dargestellt, manchmal ohne Flügel, wenn sie mehr der Gestalt in der von uns behandelten Geschichte entspricht und stärker im Gegensatz zu dem unsterblichen Gott Eros steht. Häufig aber hat sie Flügel, mit den typischen Pünktchen oder Tupfen oder Kreisen, wie sie Schmetterlingsflügel charakterisieren. Sie ist eine Gestalt vom Typus des göttlichen Mädchens, Korē, der zentralen Figur der Eleusismysterien. In den eleusischen Mysterien, die nach Jung im wesentlichen Mysterien der weiblichen Psyche sind, ist das zentrale Thema die Geschichte von Demeter, deren Tochter Kore (das göttliche Mädchen)[9] von Hades, dem Gott des Todes und der Unterwelt, gewaltsam entführt wird. Zum Schluß erhält sie durch die Vermittlung von Zeus die Erlaubnis, ihre Tochter von Zeit zu Zeit wieder bei sich zu haben. Das ist aber nur ein Aspekt der Geschichte. Es muß sehr viel mehr in den Mysterien vorgegangen sein, wovon wir nichts wissen. Wir wissen jedoch, daß Kore in den Mysterien einem mystischen Sohn das Leben schenkt, der im allgemeinen Iacchus oder Brimos (der Starke) und in einigen späten Texten auch Triptolemos oder Eros genannt wird. Das war das große Ereignis während der Nacht der Einweihung in die Eleusischen Mysterien. Was in diesen Mysterien wirklich vorging, ist niemals verraten worden, und wir können uns nur auf gewisse Andeutungen der Kirchenväter stützen, die eingeweiht wurden, ehe sie zum Christentum übertraten. Aber selbst als Christen hatten sie anscheinend nicht den Mut oder zuviel Achtung vor dem Inhalt der Mysterien, um zu verraten, was sich tatsächlich ereignete. Sie gaben lediglich einige Hinweise, auf Grund deren Weiteres rekonstruiert werden muß. Wir wissen, daß die zur Einweihung Auserwählten nach langem Fasten und vielen Ritualen um Mitternacht in

---

9 C.G.Jung, *Zum psychologischen Aspekt der Korefigur*, GW 9/I.

das Innerste des Tempels gerufen wurden, wo der Priester eine Getreideähre hochhielt und sagte: «Ich verkünde die gute Nachricht, daß Brimo das göttliche Kind Brimos (oder nach einem anderen Text Iacchus) geboren hat.» Im Museum von Athen steht das berühmte Triptoleniusrelief (Triptolemos ist ein anderer Name für denselben Gott). Es zeigt Demeter, deren Hand auf dem Haupt eines vor ihr stehenden, etwa 15jährigen Knaben liegt, während Korē auf der anderen Seite steht. Tatsächlich weiß man, wie gesagt, nicht genug über diese Mysterien, aber doch so viel, daß sie mit dem Problem des Mutter- und Tochter-Mysteriums und der Geburt einer männlichen Sohn-Gottheit zu tun hatten. Ovid gab Iacchos den feierlichen Namen «puer aeternus» – das göttliche Kind.

Auf späteren Gemmen ist Psyche gewöhnlich identisch mit Korē; sie wäre deshalb auch die Mutter von Eros. Aber es ist typisch für mythologische Verwandtschaftsverhältnisse, daß die Frau immer Mutter, Schwester, Gattin, Tochter von ihrem Gatten, Vater usw. ist. Hier liegt also eine Beziehung vor, die alle Götter untereinander hatten und die zum Beispiel auch zwischen Isis und Osiris bestand.

Eros seinerseits war außerdem eine zentrale Figur der orphischen Mysterien, aber das führt auf schwieriges, umstrittenes Gebiet, denn in der Antike gab es eine frühe und eine späte Orphik. Schon die frühe Orphik war von ägyptischen Vorbildern beeinflußt. Nach ihrer Kosmogonie entstand die Welt aus einem in der oberen Hälfte goldenen, in der unteren Hälfte silbernen Ei. Das Ei brach auseinander, und ihm entstieg ein Gott, Phanes-Eros genannt. Phanes war ein göttlicher Knabe und Schöpfergott der Welt. Ebenso wurde Osiris in Ägypten als «Sproß des wunderbaren und edlen Eies» bezeichnet.[10] Es ist die Frage, ob und wie weit der alte böotische, in ländlichen Gegenden als Stein-Phallus verehrte Gott eine Rolle in den älteren orphischen Mysterien spielte oder ob es sich hierbei nur um eine spätere Verbindung der beiden Prinzipien handelte. Sicher ist, daß zur Zeit des Apuleius Eros als weltschöpferisches Prinzip par excellence verehrt wurde; er spielte ebenfalls eine (weniger bekannte) Rolle in den Mithrasmysterien, wo er als Partner und Erlöser der Göttin Psyche auftritt.

Das Märchen von Eros-Amor und Psyche erzählt am Anfang von einem König und einer Königin, die drei Töchter haben. Die jüngste ist so schön,

---

10 Für weitere Einzelheiten vgl. Jan Bergmann, *Ich bin Isis*. Studien zum memphitischen Hintergrund der griechischen Isisaretalogien, Uppsala 1968, S. 33.

daß sie allgemein Bewunderung erregt und sich das Gerücht verbreitet, sie sei eine Inkarnation der Göttin Venus. Das Volk beginnt diese konkrete Inkarnation der eher abstrakten olympischen Göttin vorzuziehen und zu verehren, was Psyche in den Rang einer Göttin erhebt. Das bringt Einsamkeit für sie und macht es ihr unmöglich, einen Ehemann zu finden. Sie zieht auch die Eifersucht und den Haß ihrer weniger schönen Schwestern und der Venus auf sich, die ihre Tempel und Kultstätten verlassen sieht. Die Vorstellung des Volkes, daß dieses schöne Mädchen Psyche eine Reinkarnation oder eine menschliche Inkarnation der Venus sein könnte, ist nicht ganz naiv. Wir werden sehen, daß dies in gewissem Ausmaß der Wirklichkeit entspricht, und eben deshalb stellt sich Venus so leidenschaftlich gegen sie.

Psychologisch würde Venus hier den Mutter-Anima-Archetyp des Mannes darstellen. In C.G. Jungs Sicht ist die Animagestalt abgeleitet von der Muttergestalt, der ersten weiblichen Gestalt, die das männliche Kind tief beeindruckt. Sie bedeutet seine erste Begegnung mit dem Weiblichen[11], welche sozusagen seine Disposition zum Verhalten gegenüber der Frau prägt und seiner Anima bestimmte charakteristische Züge gibt. Auch sind Mutter- und Animafigur in einem unentwickelten Status im Unbewußten des Mannes mehr oder weniger eins. Daher könnte man sagen, daß Venus den Mutter-Anima-Archetyp per se verkörpert. Jeder Mann hat naturgemäß eine Prädisposition dieser Erfahrung zu machen, da diese Struktur latent im kollektiven Unbewußten existiert, irgendwo «im Olymp», um es mit den Worten des Apuleius auszudrücken. Ursprünglich besteht keine Verbindung zu dieser Struktur, bis sie durch ein menschliches Drama sichtbar wird: Die Animaerfahrung eines Mannes beginnt zum Beispiel, wenn er sich zum ersten Mal für eine Frau interessiert. Das Gefühl, das er dabei empfindet, entspricht nicht nur seiner persönlichen bewußten Erinnerung, sondern der ganze Mutter-Anima-Archetyp kommt mit ins Spiel und führt ihn zu der Liebeserfahrung mit all ihrem Reichtum der Beziehungen zum anderen Geschlecht, mit seinen Schwierigkeiten und Komplikationen. Noch später kann es zur Realisierung eines innerseelischen Faktors, unabhängig von der äußeren Frau, führen: zur eigentlichen Anima. Für das menschliche Wesen bringt die Erfahrung dieses psychischen Bereiches eine fruchtbare Erweiterung der Persönlichkeit, worin die heilende Wirkung besteht. Hier liegt der Grund, weshalb Eros und Methē in Epidauros als heilende Götter verehrt

11 C.G. Jung, *Aion,* GW 9/II, §§ 20–42.

wurden. Psychische Gesundung ist immer mit einer Erweiterung der Persönlichkeit verbunden. Sie aktiviert weitere Aspekte der Persönlichkeit und macht sie als Ganzes lebendiger. Man kann sagen, daß der größte Teil der neurotischen Störungen im allgemeinen auf der Tatsache beruht, daß das Ich sich gegenüber den andrängenden Lebenswirklichkeiten zu sehr verschlossen hat. Darum decken sich Heilung und Bewußtseinserweiterung. Für das menschliche Wesen bedeutet es einen Aufstieg in religiöse Erfahrung, die Entdeckung des tieferen Lebenssinnes und der heilenden Emotionen. Aber spiegelbildlich gesehen ist es auch ein Abstieg eines glänzenden allmächtigen Gottes in die erbärmliche Einengung menschlicher Existenz. Eine Vorstellung der christlichen Theologie illustriert dies: der Prozeß der Kenōsis (Griechisch kenoun = sich leer machen, entäußern).[12] Er bedeutet, daß Christus (als er noch beim Vater war, vor seiner Inkarnation als Logos im Sinne von Johannes) die Vollkommenheit des Vaters hatte, die alles durchdringende Einheit mit der göttlichen Welt, ohne Begrenzung. Danach entäußerte er sich selbst – ékenosé héauton –, wie Paulus schreibt, das heißt, er entäußerte sich seiner allumfassenden Vollkommenheit und Einheit, um ein sterblicher Mensch zu werden. Der Mensch wird erhöht durch die Realisierung des inneren Christus (zum Beispiel durch christliche Unterweisung), Christus selbst wird erniedrigt durch seinen Abstieg in die menschliche Welt. Das drückt auch seine Geburt im Stall aus.

Was die christliche Theologie über die Kenōsis Christi aussagt, ist tatsächlich die spezielle Darstellung eines allgemeinen archetypischen Ereignisses. Wann immer die Inkarnation eines Gottes stattfindet, ereignet sich für ihn dieser Prozeß der Kenōsis, seiner Einengung, während zugleich das menschliche Bewußtsein sich erweitert. Wir können also verstehen, daß Venus in unserem Märchen nicht menschlich werden will und vielmehr verärgert ist über den Prozeß, der ihr ihre allumfassende Göttlichkeit rauben würde. Sie empfindet eine typisch weibliche, berechtigte Eifersucht auf das Mädchen Psyche.

Reinhold Merkelbach hat sich große Mühe genommen, um Schritt für Schritt die Analogie von Isis und Psyche herauszuarbeiten. Er ist bis zu einem gewissen Grad überzeugend, stolpert aber über die Tatsache, daß sowohl Psyche als auch Venus mit Isis gleichzusetzen sind. Daß Venus Isis ist, wird klar, aber es bedeutet dann auch, daß Isis Isis bekämpft! Hier

12 Philipper 2, 7 (Lutherübersetzung).

handelt es sich um eine Spaltung des Symbols. Ein Kampf entsteht zwischen dem einen Teil des Archetyps, der in seiner ursprünglichen Form verbleiben will, dem Beharrungsvermögen, und dem anderen Teil, der sich in menschlicher Gestalt inkarnieren möchte. Der Konflikt wird in projizierter Form als Eifersucht dargestellt, wenn Venus entrüstet sagt: «Und nun läuft ein irdisches Mädchen, das sterben wird, als mein Ebenbild herum...», was sehr klar ihre Gefühle ausdrückt. Sie protestiert gegen die Schmälerung ihrer unsterblichen Allmacht.

Venus befiehlt dann ihrem Sohn, Eros, zu bewirken, daß das Mädchen sich in das niedrigste aller menschlichen Wesen verliebt. Aber als Eros seinem Opfer näherkommt, zieht er es vor, selbst dieses niedrigste menschliche Wesen zu werden. Dann arrangiert man, daß dem König, weil seine Tochter noch nicht geheiratet hat, von einem delphischen Orakel verkündet wird, sie würde niemals heiraten, sondern wäre einem schrecklichen Drachen oder Monstrum bestimmt und sei deshalb auf der Spitze eines Berges auszusetzen. Das ist eine typisch griechische Version.[13]

In allen neueren volkstümlichen Geschichten ist es das Mädchen selbst, das dieses Schicksal heraufbeschwört. Einige Versionen lauten so: Ein Vater oder ein König hat drei Töchter. Er geht auf eine Reise und fragt sie, was er mitbringen soll. Eine wünscht sich Kleider, die andere Geld und Juwelen, aber die jüngste bittet um etwas, was gar nicht existiert, etwas Phantastisches. Zum Beispiel wünscht sie sich ein «singendes, springendes Löweneckerchen» oder einen Eichhörnchengott namens «Kummer» oder einen weißen Bären, Valemon, oder einen «weißen Hund vom Gebirge» oder ein ähnlich wunderliches Ding. Und wenn der Vater es ausfindig macht – das Löweneckerchen oder den weißen Wolf oder Bären oder ein Eichhörnchen «Kummer» – sagt ihm dieses: «Gut, du kannst mich haben, aber nach der Heimkehr muß deine Tochter mich heiraten.» So beschwört das Mädchen durch eine Art Wunschphantasie sein Schicksal selbst herauf. Hier ist dieser Vorgang durch das Delphische Orakel ersetzt, was keinen großen Unterschied bedeutet, wenn man sich klarmacht, daß das Orakel einfach der Ort war, an dem jemand mit Hilfe eines Mediums nach der gegenwärtigen Konstellation des kollektiven Unbewußten fragte.

Man könnte folglich sagen, daß in unserer Version etwas aus dem kollek-

13 Ludwig Friedländer, *Das Märchen von Amor und Psyche* (1897), in Binder und Merkelbach, *Amor und Psyche*. – Eine Sammlung fast aller volkstümlichen Versionen dieses Märchens findet sich bei Jan-Öjvind Swahn, *The Tale of Cupid and Psyche,* Lund 1955.

tiven Unbewußten den Wunsch äußert nach einer Vereinigung von Eros und Psyche und einer Inkarnation von Venus. Es ist der Wunsch nach einer Göttlichen Hochzeit zwischen den männlichen und weiblichen Prinzipien. Weil Venus nämlich die Mutter von Eros und Psyche gleich Venus ist, handelt es sich um den berühmten mythologischen «hieros gamos» (Heilige Hochzeit) zwischen Mutter-Tochter-Schwester und ihrem eigenen Sohn, diesmal aber in teilweise inkarnierter Form, da nicht nur ein archetypisches Bild der Venus die Tendenz zeigt, sich dem menschlichen Bereich anzunähern, sondern auch das ganze Bild der Heiligen Hochzeit auf die Erde herunterkommen sollte.

Das Mädchen wird auf dem Berg ausgesetzt und dort zu einer Todeshochzeit zurückgelassen. Die Göttliche Hochzeit, der hieros gamos, ist mythologisch identisch mit der Todeserfahrung. So ist dies nicht nur ein Wortspiel von Apuleius, sondern Psyche erlebt in einer Vorahnung den Tod. Auch von Merkelbach wurde hervorgehoben, daß dieser erste Teil der Liebesbeziehung von Eros und Psyche etwas ist, was sich tatsächlich im Jenseits, in der Unterwelt des Todes, wenn auch in seinem positiven Aspekt, abspielt. Das trifft zu, weil Psyche vom Wind weggetragen wird in eine Art unwirklicher, jenseitiger, magischer Welt, weit weg von aller menschlichen Erfahrung und Existenz, wo sie von unsichtbaren Dienern versorgt und mit einem unsichtbaren Partner vereint wird.

Die mit dem Unbewußten identische Unterwelt zeigt hier ihre paradiesische, märchenhafte, verlockende und einschläfernde Schönheit, und Psyche wird in diesem magischen Reich gefangen. Immer wenn eine tiefe Liebe zwischen Mann und Frau entsteht, hat sich eine andere Dimension der Wirklichkeit eröffnet, eine göttliche Dimension bricht in die Psyche ein und spült ihre egozentrische Kleinlichkeit hinweg. Jede leidenschaftliche Liebe enthält aber auch ein Element romantischer Unwirklichkeit, zumindest in den Anfangsstadien, eine Art olympischer Frühlingsblüte, wo alles göttlich und irgendwie unheimlich unreal erscheint. Das ist es, was bewirkt, daß verliebte Leute von ihrer Umgebung belächelt werden. Wenn sie klug sind, verschwinden sie aus der menschlichen Gesellschaft, weil sie sich nun im Reich der Götter befinden. Dieser Zustand aber beschwört den Neid von Psyches Schwestern herauf.

Der klassische Philologe C. S. Lewis hat einen bekannten Roman *Till we have Faces* geschrieben[14], in dem er eine Art moderner Paraphrase dieser

---

14 London 1955.

Geschichte von den eifersüchtigen Schwestern sehr treffend schildert. Er deutet sie darin als die Schattengestalten der Psyche. Das Wort Schatten in dieser Beziehung zu gebrauchen, ist ein wenig gefährlich, denn wenn Psyche ein daimon ist, so kann sie kein menschliches Wesen sein. Hat aber ein daimon auch einen Schatten? Wir können zwar mit «ja» antworten, müssen dann aber das Wort Schatten in einem etwas anderen Sinn gebrauchen: cum grano salis sind diese Schwestern der Schatten der Psyche, der andere Aspekt der Vermenschlichung der Göttin, nämlich das Hineingestoßenwerden ins Allzu-Menschliche. Junge Leute sehen im allgemeinen noch nicht diese realistische und zynische Seite der Liebe. Nur im späteren Leben, wenn man den echten und göttlichen Aspekt erlebt hat, kann man gewöhnlich der zynischen, realistischen Seite menschlicher Beziehungen standhalten, die, wenn sie weggewischt oder verdrängt wird, sich natürlich zu einem gefährlichen Außenfaktor entwickelt. Kein Erwachsener kann nur romantisch sein; er hat zuviel Lebenserfahrung, um nicht zu wissen, daß es auch einen allzu menschlichen Aspekt der Liebe gibt. Dieser Aspekt verkörpert sich in den Schwestern. Hier tröpfeln sie Psyche Argwohn in Ohr und Herz, machen sie unaufmerksam gegenüber dem, was Eros von ihr verlangt hat. Die Hauptgestalt in der Paraphrase von C. S. Lewis ist bezeichnenderweise eine der eifersüchtigen Schwestern, und er versucht zu zeigen, daß sie es war, die die erste Beziehung zwischen Eros und Psyche zerstört. In ihr ist die Frau verkörpert, die sich dem Gotte der Liebe verweigert.

Psyche selbst könnte man am besten mit der jungen Tochter der Großen Muttergöttin vergleichen. Aus Kerényis Arbeit über den Koremythos und C.G. Jungs Kommentar dazu in *Einführung in das Wesen der Mythologie*[15] erfährt man Genaueres über diese beiden Gestalten. Danach könnte man Psyche als eine Variante der griechischen Göttin Kore bezeichnen. Neben der reifen Frau gibt es das junge Mädchen, das einfach die Muttergöttin in ihrer verjüngten Form darstellt. Mutter und Tochter sind eins, genauso wie Vater und Sohn in der christlichen Religion. Wir müssen aber hier zuerst nach dem Unterschied zwischen der Mutter- und der Tochtergöttin fragen und können im allgemeinen, mutatis mutandis, sagen, daß die Tochtergöttin dem Menschlichen nähersteht als die Muttergöttin, genau wie Gottvater dem Menschen ferner ist als Christus. Derselbe Unterschied besteht in

---

15 C.G. Jung und Karl Kerényi, *Einführung in das Wesen der Mythologie,* Zürich 1951. – C.G. Jung, *Zum psychologischen Aspekt der Korefigur,* jetzt GW 9/I.

Hinsicht auf Kore. Das Göttliche Mädchen ist dem Menschen näher als eine stärker inkarnierte Form der Muttergottheit, und Psyche würde einer vermenschlichteren Form der Großen Mutter entsprechen, einer Form, die fast ganz die menschliche Ebene erreicht hat. Nur ihr Name deutet noch an, daß sie göttlich ist. Im großen Demeter-Koremythos muß Kore zeitweilig bei ihrer Mutter in der oberen Welt und zeitweilig bei Pluto in der Unterwelt leben. Auch Psyche ist der Unterwelt durch einen daimon verbunden, der ein Gott des Todes zu sein scheint. Erst zum Schluß wird sie erlöst und in den Olymp entführt. So erkennt man, daß ihr Schicksal eine neue Variante des alten Demeter-Koremythos ist und daß sie selbst eine inkarnierte Form der Großen Mutter darstellt. In der Psychologie eines Mannes bedeutet dies das Problem der Bewußtmachung und Integration seiner Anima. Wenn ein Mann fähig ist, die Anima zu integrieren, eine menschliche Verbindung mit ihr herzustellen, dann bezieht er etwas Archetypisches in seine Menschlichkeit ein. Von seiten des Mannes würde dies eine Bewußtmachung der Anima bedeuten, von seiten des Unbewußten selber gesehen aber, daß der Archetypus sich inkarniert. Wie Apuleius sagte, sind die Götter fern von den Menschen, und es kann keine direkte Verbindung zu ihnen geben. Die Götter entsprechen sozusagen den archetypischen Bildern in ihrer eigenen Welt, dem Unbewußten, und unter ihnen befindet sich der Mutter-Archetypus, die große Herrscherin des Himmels. Psyche aber ist, wie erwähnt, menschennäher. Ich möchte dies durch ein Beispiel illustrieren:

Ein junger Mann mit einem positiven Mutterkomplex träumte von einer Muttergöttin, einem riesigen grünen Weib mit großen grünen, hängenden Brüsten, die sehr furchterregend wirkte. Er rannte in mehreren Träumen von ihr fort, und so veranlaßte ich ihn, eine Aktive Imagination darüber zu machen, das heißt in einer Wachphantasie den Kontakt mit ihr aufzunehmen.[16] Er fuhr zu ihr in einem kleinen Boot und versuchte ins Gespräch zu kommen, jedoch konnte er sich der Gestalt nicht nähern, weil sie zu fürchterlich war. Immerhin erkannte er aber, daß das Ganze mit seinem Mutterkomplex und seiner romantischen Verehrung der Natur zu tun hatte. Dann bekam er im äußeren Leben Kontakt mit einer schönen, etwas hysterisch erscheinenden Frau, die sich wie ein Naturdämon verhielt. Ich riet ihm, er

---

16 Eine Methode Jungs, in der Wachphantasie mit Figuren des Unbewußten zu sprechen.

solle sich mit dieser Frau in sich unterhalten, und als er das tat, sagte sie ihm: «Ich bin dieselbe wie die Grüne, mit der du nicht sprechen konntest.» Er antwortete, er könne das nicht akzeptieren, aber sie erwiderte, sie sei der Anfang und das Ende, was heißen sollte, sie sei ein Gott. Dann folgte eine lange Unterhaltung, in der seine ganze Weltanschauung in Frage gestellt wurde. Er mußte seine Lebenseinstellung neu überdenken, die sie Stück für Stück zerschlug. Eine Annäherung an das grüne Weib auf der ersten Stufe war praktisch unmöglich gewesen. Als nächster Schritt blieb die Koregestalt, die einen persönlichen Zusammenhang mit ihm hatte und zu der er in Kontakt treten konnte.

Das Problem dieses Mannes war Don Juanismus, wie man es häufig bei jungen Männern mit einem positiven Mutterkomplex findet. Durch die Aktive Imagination konnte er diesen Komplex verstehen lernen.

Wenden wir uns nun Psyches Partner, dem Gott Eros, zu. Ovid spricht von ihm, wie erwähnt, als dem «puer aeternus», das heißt, er gibt ihm den höchsten inneren Wert als dem «neuen» «werdenden Gott». Wenn aber ein Mann sich mit diesem Archetypus identifiziert, wird er selber ein «puer aeternus» im negativen Sinn des Begriffes: Er bleibt ein Muttersohn, der sich weigert, erwachsen zu werden. Diese Identifizierung muß er aufgeben, denn kein menschliches Wesen ist mit vollem Recht ein Gott. Wenn ein Mann ein Muttersohn bleibt und so lebt, als wäre er unsterblich, als hätte er es nicht nötig, sich der Realität und einer wirklichen Frau anzupassen, wenn er in Erlöserphantasien lebt, als wäre er der Mann, der eines Tages die Welt erlösen oder der größte Philosoph oder Dichter werden könne, so identifiziert er sich fälschlich mit der Puer-aeternus-Gestalt. Er hält sich für einen Gott und hat seinen Ichkomplex noch nicht vom Selbst losgelöst. Er ist noch nicht aus dem archetypischen Hintergrund herausgewachsen, so daß für ihn der «puer» reine Zerstörung wird. Solche jungen Männer, die im Mutterkomplex feststecken, sind völlig ungeformt, und das kollektive Schema des «puer» hält sie in einem clichéhaften Leben gefangen.

Der positive Mutterkomplex konstelliert den göttlichen Sohn-Geliebten der Großen Mutter. Beide zusammen spielen die Rolle von Göttin und Gott, wie es Jung im ersten Kapitel von *Aion* beschreibt.[17] Für einen jungen Mann ist es eine große Versuchung, bei der ewigen Mutter zu verharren, und er verbindet sich ihr als der ewige Liebhaber. Sie helfen sich gegensei-

---

17 C.G.Jung, *Aion*, GW 9/II.

tig, außerhalb des Lebens zu bleiben, und stellen sich nicht der Tatsache, daß sie gewöhnliche menschliche Wesen sind. Der Sohn kann sich nicht von der Mutter trennen und zieht es statt dessen vor, den Mythos und die Rolle des jungen Gottes zu leben. Das ist der negative Aspekt. Aber wenn ihm beim Heranwachsen klar wird, daß er sich der Realität anpassen und das Paradies der Mutter verlassen muß, dann wird auch der «puer aeternus», was er immer war, etwas Positives: ein Aspekt des Selbst. Im tragischen Fall des «puer aeternus» ist weder das Ich noch das Selbst rein, weil alles kontaminiert ist: Wenn sich das Ich aufbläht, das heißt, die Rolle des Archetyps annimmt, hat nicht nur es selbst Schaden gelitten, sondern der Archetyp ist auch nicht frei. Handelt es sich aber um einen Don-Juan-Typ, so ist er der Liebhaber aller Frauen, wie Krishna mit seinen tausend Milchmädchen. In beiden Fällen maßt sich der Mensch die Rolle des Gottes an, und sein Unglück besteht darin, daß er unangepaßt, krank und neurotisch wird, daß der «puer aeternus», der Aspekt des Selbst, dann auch infiziert und in falscher Weise durch das Menschliche vergiftet wird.

Wenn wir behaupten, daß diese oder jene Figur das Selbst repräsentiert, so ist dies eine etwas zu unbestimmte Aussage, denn das Selbst hat viele Facetten. Eros würde darin den Aspekt des Schöpferischen und der Lebenskraft darstellen, außerdem die Fähigkeit, ergriffen zu sein und den Sinn des Lebens zu fühlen, sich dem anderen Geschlecht hinzugeben und die rechte Beziehung finden zu können, sich über den Stumpfsinn des Lebens erheben zu können, religiös bewegt zu sein, seine eigene Weltanschauung zu suchen, andere Menschen zu führen und ihnen helfen zu können. Menschen, denen ein Wesen begegnet, in dem Eros lebendig ist, werden den geheimnisvollen inneren Kern hinter dem bescheidenen menschlichen Ich spüren, da er schöpferische Kraft, Leben und Vitalität besitzt. Ein Mann, der den «puer» assimiliert hat, wird, wenn er sich mit einem Problem befaßt, dieses neu gestalten. Man kennt aus der Literatur die Fähigkeit des genialen Menschen, Probleme aus neuer Sicht zu diskutieren. Er hat diese Quelle schöpferischer Kraft in sich, die eine spezifische Manifestation des Selbst darstellt.

Die Vorstellung vom Selbst entspricht zwar oft nicht nur dem «puer», sondern auch häufig dem «weisen alten Mann», aber als «puer» ist es zeitlos jugendlich und gibt dem Menschen einen schöpferischen Impuls, der ihn befähigt, das Leben aus einem anderen Gesichtswinkel zu sehen. Das empfindet man insbesondere bei Goethes Werken. Im *Westöstlichen Diwan* zum Beispiel benutzt der Dichter als äußere Form die islamische Mystik: Der lebensmüde alte Mann ruft den jungen Sklaven, ihm Wein zu bringen, und spricht mit einer leisen erotischen Färbung zu dem Jugendlichen. Das ist die Erfahrung des Selbst. Der «puer aeternus» vermittelt immer das Gefühl von ewigem Leben, vom Leben jenseits des Todes. Auf der anderen Seite findet man da, wo eine Identifikation mit dem «puer» vorliegt, die Neurose des vorläufigen Lebens, das heißt, «irgendwann einmal» hofft der Knabe, ein bedeutender Mann zu werden. Solche Jugendlichen leben in der falschen Vorstellung von Unsterblichkeit ohne das Hier und Jetzt, das angenommen werden muß, weil es die Brücke zu ewigem Leben bedeutet.

Im Falle eines positiven Mutterkomplexes identifiziert sich der junge Mann mit dem «puer aeternus» und muß diese Identifikation wieder aufgeben. Beim negativen Mutterkomplex verweigert der Mann die Identifikation mit der Puer-aeternus-Qualität vollständig. Aber tatsächlich sucht er diese Qualität schöpferischer Kraft in sich selbst, das heißt, er sucht, was ihm fehlt. Der Mann mit dem negativen Mutterkomplex neigt dazu, zynisch zu sein und seinem eigenen Gefühl und den Frauen nicht zu trauen. Er befindet sich in einem Zustand dauernder Zurückhaltung. Er kann sich dem Leben nicht hingeben und wittert überall verborgene Gefahr. (Man könnte sagen, daß in unserem Roman Milo den Geiz symbolisiert, der nichts riskiert, und das muß man können, wenn man leben will.) Daher wird der «puer aeternus» für den Mann mit negativem Mutterkomplex eine sehr wesentliche *innere* Gestalt, die assimiliert werden muß, damit er sich über seine psychische Enge hinauszuentwickeln und seine gefühlskalte Einstellung dem Leben gegenüber ausgleichen kann.

Wir wissen, daß Lucius den negativen Mutterkomplex erforschen wollte, und daher ist der «puer aeternus», mit dem er *nicht* identisch ist, den er aber finden muß, sein großes Problem. Im Gegensatz zu Lucius hat Eros selber einen positiven Mutterkomplex. Er steht zu Venus in einer ödipalen Abhängigkeit und hat daher einige Schwierigkeit, zu heiraten. Sein Problem ist dem des Lucius gerade entgegengesetzt.

Wir erinnern uns, daß Eros und Psyche zunächst glücklich vereint im Dunkel eines weit entfernten Schlosses leben. Sie ist glücklich, weiß aber nicht, wie ihr Gatte aussieht. Ihre eifersüchtigen Schwestern kommen hinter das verborgene Glück und bereden sie, ein Messer zu ergreifen und ihn zu töten, da er – wie sie sagen – eine Schlange oder ein Drache sei. Wir müssen bedenken, was die eifersüchtigen Schwestern im Innern eines Mannes bedeuten. Neumann hält sie für Schattengestalten der Psyche. Sehen wir darin das Problem einer Frau, dann ist deren Schatten auf ihre Schwestern projiziert, die ihre glückliche Ehe mit dem Mann ihrer Liebe zerstören wollen. Als Animaproblem gesehen, würden diese Schwestern den negativen Aspekt der Anima repräsentieren. Ihr hervorragender Charakterzug ist Eifersucht, was eine Vergiftung der Anima durch den negativen Mutteraspekt bedeuten würde. Die von der negativen Mutter ausgehenden Gefühle vergiften die innere Lebenserfahrung.

Die negativen Schwestern, welche Psyche verderben, leben beide in unglücklicher Ehe. Da sie nach Geld und Macht geheiratet haben, repräsentieren sie offensichtlich eine destruktive Seite des Machtkomplexes, die jede echte Gefühlsverbindung zerstört. Sie symbolisieren die habgierige, mißgünstige Kraft, die Eifersucht, den Besitzanspruch und Geiz einer Seele, die sich nicht in eine innere oder äußere Erfahrung hineinbegeben will, vereint mit dem Unvermögen, vom Banalen wegzukommen. Der Mann mit dem positiven Mutterkomplex kennt das nicht, denn in seinem bewußten Verhalten neigt er dazu, den Frauen zu sehr zu vertrauen. Aber wenn man ihn näher kennt, wird man entdecken, daß in seinen Gefühlen irgendwo argwöhnische Eifersucht steckt. Besteht ein negativer Mutterkomplex, so wird der Mann eifersüchtig, mißtrauisch, besitzergreifend und besorgt in seinem Verhalten gegenüber Frauen wie auch im Unbewußten sein, aber dahinter sehr naiv und ängstlich bleiben, nur weil er seine Gefühle zu stark preiszugeben fürchtet.

Ich hatte einmal einen Mann mit einem negativen Mutterkomplex in Behandlung. Er hatte mit seiner Tante zusammengelebt, die eine hysterische, schreckliche alte Frau war. Es handelte sich wirklich um eine märchenhafte Geschichte. Sie hielt ihn so gefangen, daß er die Wohnung nicht einmal tagsüber verlassen konnte. Er mußte die Betten machen und die Böden säubern, durfte nie ausgehen und wurde sogar gezwungen, sexuell mit ihr zu leben. Das gab es tatsächlich 1940 in der Schweiz! Der Mann entkam seiner Tante, begab sich in die Analyse und sprach von allen Frauen als verdammten Hexen. Nach einiger Zeit entschloß er sich, seine homosexuellen Neigungen aufzugeben, und plante, Verbindungen zu jüngeren Frauen aufzunehmen. Aber man kann einem solchen Problem nicht durch bewußte Entscheidung entkommen. Aus seltsamen Gründen und vom ersten Tag an vertraute er mir vollständig, aber in so unrealistischer Weise, daß mir das Herz schwer wurde. Er fragte nach der Bedeutung seiner Träume und glaubte mir alles, was ich sagte. Ich war erschrocken, denn nichts ist bedrückender, als mehr Vertrauen zu erhalten, als man verdient. Er sah nicht, daß ich ein normales menschliches Wesen war; alles, was ich sagte, war für ihn das Evangelium. Aber das Resultat war glücklicherweise eine wunderbare Heilung: seine Symptome verschwanden innerhalb von zwei Monaten. Es war unheimlich für mich und grenzte an Zauberei; dann hatte er zunächst ein völlig negatives Gefühl und verfiel zu sehr in die Pueraeternus-Haltung, die Kehrseite des negativen Mutterkomplexes. Es lag darin genau die Umkehrung seines vorherigen Verhaltens, aber noch keine echte Heilung. Erst nach langer weiterer analytischer Arbeit kam er wirklich aus seinen Schwierigkeiten heraus.

Seitdem habe ich gelernt, eine solche Reaktion abzuwarten, im Wissen, daß bei Bestehen eines negativen Mutterkomplexes der puer aeternus plötzlich in seiner göttlichen Form herauskommen wird, in einer göttlichen Naivität, die nicht dem Leben, wie es wirklich ist, und den Frauen, wie sie wirklich sind, entspricht. Nachdem er vom einen zum anderen umgeschaltet hatte, mußte er zu einer Mittelstellung heranreifen und lernen, Bindungen einzugehen ohne völliges Mißtrauen oder dem grenzenlosen Vertrauen eines kleinen Jungen. Aber ich hätte nichts für ihn tun können, wenn ich meine Macht mißbraucht hätte. Ich mußte warten und jede Machteinstellung vermeiden. Von Zeit zu Zeit versuchte ich ein wenig Skepsis in seine Vertrauensseligkeit zu bringen, und wenn ich ihm eine Trauminterpretation gab, fragte ich ihn, ob er das wirklich glaube. Ich versuchte, ihn kritischer zu machen und auf seine eigene Beurteilung zu achten, statt immer «ja» zu sagen. Am Schluß ereignete es sich, daß er mich einmal sehr nötig brauchte. Ich hatte damals gerade die Grippe und konnte ihn nicht sehen, worüber er einen Schock bekam und plötzlich einsah, daß ich ein gewöhnliches menschliches Wesen war, das sogar krank werden konnte. Zum ersten Mal realisierte er, daß ich nicht ein göttlicher daimon oder eine Göttin war, sondern die Grippe bekommen konnte, für ihn ein Wink, daß er erwachsen werden mußte und daß alles in meiner Hand zu lassen keine Sicherheit bot. So riß er sich zusammen und begann, über seine Beziehung zu mir und deren Sinn nachzudenken.

Man kann sagen, daß in der Gestalt der Psyche eine positive Gefühlsbeziehung des Mannes zu Frauen und zum Unbewußten verkörpert wird, aber eine naive und noch im Paradies lebende, wo alles positiv ist, während die eifersüchtigen Schwestern zu skeptisch, zu zynisch sind und zuviel Kenntnis vom banalen Aspekt des Lebens haben. Wenn man etwa im Wald wandert und die jungen verliebten Paare sieht, wird einem klar, daß sie in einer himmlischen Welt leben. Die vorbeigehenden Leute zeigen eine zweifache Reaktion, denn auf der einen Seite beobachten sie, daß die Verliebten sich in einer göttlichen Welt befinden, und auf der anderen sieht alles so ganz alltäglich und banal aus. Es sind «der göttliche Hans und die göttliche Grete», und wie die eifersüchtigen Schwestern machen die Passanten spöttische Bemerkungen, weil sie die Banalität und die moralische Unvollkommenheit zur Kenntnis nehmen, während die Paare nur ihren «Märchenaspekt» sehen. Die zwei Einstellungen sind zu weit auseinander und zu einseitig. Wer solches aus einer reiferen Haltung heraus sieht, wird wissen, daß immer beides vorhanden ist, der göttliche und der alltägliche Aspekt, und unser Gefühl muß lernen, dieses, eine der größten Paradoxien, zu akzeptieren.

Eine mit diesem Problem beschäftigte Frau, die sich fragte, ob ihre Liebesbeziehung eine göttliche Erfahrung oder eine banale Affäre sei, träumte einmal von einem König und einer Königin, die mit strahlenden Kronen vor ihr hergingen, begleitet von einem Hahn und einer Henne, und eine Stimme sagte: «Diese zwei Paare sind ein und dasselbe.»[18] Dieses Bild stellt passend das Paradox der Liebe dar, aber praktisch ist es ein schwieriges Problem, und es durchzustehen, verlangt große Reife. In der Alchemie kann das Symbol der coniunctio, das göttliche Paar, genauso als König und Königin, als Gott und Göttin oder als zwei sich paarende Hunde dargestellt sein. Die Alchemisten wußten, daß es sich um die zwei Aspekte derselben Vereinigung handelt, Symbole der psychischen Gegensätze in der überbewußten Ganzheit der Persönlichkeit.

---

18 Vgl. hierzu Michael Maier, *Atalanta fugiens,* lateinische Version, erstmals original erschienen bei Oppenheim, 1618. Das Sinnbild XXX zeigt zwei Persönlichkeiten, die Sonne und den Mond begleitet von einem Hahn und einer Henne. Faksimile der Originalausgabe, Kassel und Basel 1964.

Kapitel VI

Amor und Psyche II (Psyche-und-Eros-Märchen)

Fortsetzung

Wir haben gesehen, daß Psyche und Venus zwei Aspekte desselben Archetyps waren, Venus symbolisiert mehr die mit dem Mutterbild vermischte Anima; Psyche die eigentliche Anima, die nicht mehr mit dem mütterlichen Bild kontaminiert ist. Man kann sich die Archetypen wie Atomkerne im Feld des Unbewußten vorstellen. Sie befinden sich dort sehr wahrscheinlich in einem Zustand, in dem jedes Element von allen anderen beeinflußt wird. Deshalb ist ein Archetyp im Unbewußten in irgendeiner Weise auch mit dem ganzen Unbewußten identisch. Er enthält in sich die Gegensätze, er ist alles, männlich und weiblich, dunkel und hell, alles überschneidet sich. Nur wenn ein Archetyp sich der Bewußtseinsschwelle nähert, wird er ausgeprägter. In unserer Geschichte ist Venus empört darüber, daß sie, die allmächtige Göttin im Jenseits, nun eine Rivalin auf der Erde hat. Das ist ein verbreitetes Problem in der Spätantike. Es erscheint zum Beispiel mit Variationen in den sogenannten gnostischen *Klagegesängen der gefallenen Sophia,* die etwa zur Zeit des Apuleius verfaßt wurden. Entsprechend dem gnostischen System, im besonderen der *Pistis Sophia*[1], war zu Beginn der Schöpfung bei Gott ein weibliches Element oder eine Gefährtin: Sophia, die Weisheit. Auch im Alten Testament (Prediger Salomo, Sprüche) und in den Apokryphen (Jesus Sirach) ist sie als die «Weisheit Gottes» dargestellt. Es heißt dort: «Ehe Gott die Welt schuf, war ich da. Ich spielte vor ihm...» Aber da nach der christlichen Lehre Gott nicht verheiratet ist und keine weibliche Gefährtin hat, bereitete die Interpretation dieser Texte den Kirchenvätern einige Schwierigkeit, weshalb sie sagten, daß es sich hierbei um die vor der Menschwerdung existierende Form der «anima Christi» handelte.

In vielen gnostischen Systemen wird ausgesagt, daß Sophia am Beginn oder noch vor der Schöpfung bei Gott war, aber später, als sie in die Materie

---

[1] Vgl. Irenäus, *Adversus haereses,* I, 4ff. – Eine schöne Darstellung findet sich bei Hans Leisegang, *Die Gnosis,* Krönersche Taschenausgabe 32, Stuttgart 1955, S. 378–382.

herabsank, von Gott getrennt wurde. Sie hatte ihre Verbindung zu Ihm verloren und auf der Suche nach Ihm sah sie in der Materie einen löwenköpfigen Dämon, Jaldabaôth, glaubte, dies sei Gottvater, stieg herab und wurde von Jaldabaôth gefangengenommen. Damit war sie in der Materie gefesselt, denn Jaldabaôth war der Dämon der Materie. Es gibt wundervolle Lieder und Gedichte, in denen sie den himmlischen Vater anruft und seine Hilfe erfleht, sie aus der Materie und aus der Fesselung an die Dämonen und an Jaldabaôth zu befreien. In der späten Antike waren die Gnostiker die Philosophen und Denker der frühen Kirche, und es ist kein Zufall, daß sie den Mythos der gefallenen Sophia erweitert haben, weil immer, wenn ein Mann sich mit dem Logos oder dem Intellekt identifiziert, seine emotionale und gefühlsmäßige Seite ins Unbewußte fällt und von dort erlöst werden muß.[2] Seine Seele wird dann durch primitive chthonische Leidenschaft infiziert. Dieser speziell von den Gnostikern entwickelte Mythos wurde vergessen, nachdem die Kirche sich entschloß, die gnostischen Philosophen auszustoßen und ihr System zur Häresie zu erklären.[3]

Wenn man Vergleiche mit der Inkarnation des Vatergottes in Christo anstellt, ergeben sich verschiedene Bilder. Gott steigt herab aus der himmlischen Sphäre in einen menschlichen, sorgfältig von jeder «macula peccati» gereinigten Körper und nimmt menschliche Gestalt an. Bei der Parallele unserer Geschichte, der Inkarnation der Göttin, ist es nicht dasselbe. Venus kommt nicht herunter und inkarniert sich in einem weiblichen Wesen, sondern ein gewöhnliches weibliches Wesen wird als Personifizierung der Venus angesehen und steigt langsam zum Olymp auf. Auch in der Entwicklung der katholischen Lehre ist die Jungfrau Maria zuerst ein gewöhnliches weibliches Wesen, das langsam im Verlauf des historischen Prozesses zu nahezu göttlichem Rang erhoben wurde. Also findet bei der Inkarnation des männlichen Gottes ein Herabsteigen in einen Menschen und in die Materie statt und bei der Inkarnation der weiblichen Gottheit ein Aufsteigen eines gewöhnlichen menschlichen Wesens in einen nahezu göttlichen Bereich. Es handelt sich einerseits um die Materialisierung des abstrakten Logos, andererseits um eine Vergeistigung der Materie. Der letztere Vorgang steckt heute noch in seinen Anfängen.

2 Vgl. C.G.Jung, *Der Philosophische Baum,* GW 13, § 452.

3 Richard Reitzenstein hat als erster die Beziehung zwischen der gnostischen Sophia und Psyche gesehen. Vgl. Reitzenstein, *Das Märchen von Amor und Psyche bei Apuleius,* in Binder und Merkelbach, *Amor und Psyche,* S. 105 ff.

Im Gegensatz zu dem, was sich später ereignet, hat der erste Abstieg der Psyche ins Unbewußte einen täuschenden Aspekt, der sie an einen idealen Ort, in das Narrenparadies glücklicher Liebe bringt. Und dies kann, wie bei allen parallel verlaufenden Märchen, nicht andauern. In dieser Form wird ihr Bewußtwerdungsprozeß verzögert, da das Ereignis für Psyche zwar glücklich und als großer Segen erscheint, im menschlichen Bereich aber einen Verlust bedeutet. Im menschlichen Bereich ist ein weibliches Wesen, das bereits die ersten Züge der Venus in inkarnierter Gestalt trug, ins Unbewußte verschwunden, wodurch die menschliche Welt einen «Seelenverlust» erlitten hat. Am Anfang des Aufsteigens eines neuen Inhaltes aus dem Unbewußten wird Energie verbraucht, und daher entsteht oft auf der anderen Seite ein Libidoverlust, eine Depression, eine Leere, bis man entdeckt, was heraufkommt und was sich da ereignet hat. Deshalb können wir nicht zu ärgerlich über die beiden Schwestern sein, die eifersüchtig hinter das Geheimnis des Glückes der Psyche kommen und ihre giftigen Intrigen spinnen, indem sie Eros als einen Drachen bezeichnen.

Die Verleumdung von Eros als Drachen ist bedeutungsvoll, weil Eros in der Antike häufig tatsächlich als Drache oder Schlange dargestellt war.[4] In der Alchemie ist die Schlange oder der Drache ein Symbol der prima materia des «Steins der Weisen» oder des «göttlichen Kindes». So sind die Schwestern gar nicht so weit vom Kern entfernt. In einer gewissen Weise haben sie sogar recht: wenn das ganze Liebesproblem wieder in so tiefe Schichten des Unbewußten verdrängt wurde, könnte man sagen, daß es völlig unmenschlich und kalt war. Der Drache und die Schlange beziehen sich im Unbewußten immer auf etwas Nichtmenschliches; entweder sind sie im positiven Sinn göttlich oder im negativen Sinn dämonisch. In jedem Fall sind sie nicht menschlich und entbehren der Möglichkeit des menschlichen Kontaktes. C. G. Jung hob immer hervor, daß Wärter in zoologischen Gärten aussagen, selbst Spezialisten auf dem Gebiet tierischer Kontakte könnten von den Schlangen an abwärts keinerlei gefühlsmäßige Beziehung herstellen. Man kann eine Schlange über Jahre hinweg zähmen und mit ihr umgehen, aber eines Tages wird sie zubeißen, und selbst ein sehr erfahrener Wärter kann diese Reaktion nicht voraussehen. Bei warmblütigen Tieren dagegen kann jemand, der genug Erfahrung und Sachkenntnis hat, ihre Reaktionen vor-

---

4 Auch der wiedergeborene Sonnengott, Horus, ist in den ägyptischen Totenbüchern oft von einer Schlange umgeben abgebildet.

aussehen oder abschätzen. Wenn wir mit warmblütigen Tieren eng zusammenleben, können wir uns in sie einfühlen, aber nicht bei Schlangen. Sobald ein Inhalt im Unbewußten in Schlangenform erscheint, ist es deshalb oft schwierig, dem Träumer den Sinn verständlich zu machen. Er empfindet keine Empathie gegenüber diesem Inhalt des Unbewußten, der sich manchmal nur in physischen Symptomen, vor allem bei solchen, die vom sympathischen Nervensystem abhängen, zeigt. Es ist deshalb fast unmöglich, mit etwas in Verbindung zu kommen, das sich in dieser Form in den tiefsten Schichten des Unbewußten rührt. Wir fühlen ganz arglos, daß dies nichts mit uns zu tun hat, und es dauert nach meiner Erfahrung Monate, bis ein solcher Inhalt für jemand sichtbar genug wird, daß man sagen kann: «Jetzt, das ist die Schlange.» Wenn daher die Schwestern Eros verleumden, indem sie ihn als Schlange bezeichnen, beschreiben sie es so, wie Eros von der Erde aus gesehen erscheint. Er ist zu weit vom Menschlichen entfernt, und deshalb muß das unreale göttliche Paradies, in dem Psyche lebt, zerstört werden. Natürlich kann man die Schwestern auch in Verbindung mit dem offensichtlich in ihnen wirkenden Machttrieb sehen, obwohl dieser Trieb insofern einen positiven Wert besitzt, als Macht und Selbsterhaltung sehr nah miteinander verbunden sind. Wenn ein Tier sein Territorium durch Kämpfe mit den benachbarten Tieren ausweitet, ist das Selbsterhaltung durch Kampf um genügend Nahrung, oder ist es Macht? In gewissem Maße ist es einfach Selbsterhaltung, aber wenn es darüber hinausgeht, fängt es an, das zu werden, was wir Machttrieb nennen würden. Zwischen beidem ist nur eine schmale Grenzlinie. Dieser Instinkt der Selbsterhaltung, mit böser Macht verbündet, bricht in Psyches Paradies ein. Sie wird veranlaßt, eine Lampe und ein Messer zu ergreifen und in der Nacht ihren Bräutigam zu beleuchten. Falls sie erkennen sollte, daß er ein Drache ist, beabsichtigte sie, ihn zu töten. So, mit keinem geringeren Vorhaben, als Eros zu ermorden, zündet Psyche die Lampe an. Aber da entdeckt sie, daß ihr Gemahl ein wunderschöner, geflügelter Jüngling ist, und sie ist so erschüttert von diesem überwältigenden Anblick, daß sie das Messer fallen läßt und von der Lampe einen Tropfen heißen Öls auf Eros schüttet. Er erwacht und bestraft sie mit der härtesten Strafe, die dieser Gott verhängen kann: er verläßt sie. Vom Gott der Liebe verlassen zu werden ist tatsächlich schlimmer als alles andere, was er ihr hätte antun können. Psyche befindet sich nun in völliger Finsternis, und ihre realen Handlungen beginnen mit der langen und nicht endenden leidvollen Suche, um Eros wiederzufinden.

Die Symbolik der Lampe, deren Öl Eros verbrennt, ist eine doppelte. In einer modernen deutschen Parallele, die von den Brüdern Grimm[5] aufgezeichnet wurde, verscheucht das Licht (nicht Öl) den verborgenen Geliebten. Es symbolisiert in jedem mythologischen Kontext Bewußtsein. Das Licht einer Lampe repräsentiert im besonderen das, was einem menschlichen Wesen bewußt zur Verfügung steht und von ihm kontrolliert werden kann, im Gegensatz zum Licht der Sonne, das göttlicher und kosmischer Natur ist. C. G. Jung hat häufig hervorgehoben, daß es nicht möglich ist, das unbewußte Leben der Seele mit Hilfe bewußter klarer und logischer Kategorien zu beschreiben. Zuviel «Licht» schadet der Seele. Symbolische Analogien sind viel angemessener, weil alle psychische Realität niemals «nichts als» dies oder das ist, sondern eine lebendige Wesenheit mit zahlreichen Facetten. Darüber hinaus läßt das heiße Öl der Lampe Eros stark leiden. In jeder entwertenden Interpretation der Personifikation und der psychischen Ereignisse dieser Art verbirgt sich eine geheime Motivation: der Wunsch, dem in allen archetypischen Manifestationen der tiefsten Schichten des kollektiven Unbewußten sich zeigenden «göttlichen» Aspekt zu entkommen. Die wahre Motivation dieser rationalistischen Entwertung ist Angst. Wir sehen diese Wertminderung am Werk in den gebräuchlichen modernen psychologischen Theorien, in denen die großen göttlichen Symbole des Unbewußten «nur» als Sexual- oder Machttrieb angesehen werden.

Im Öl der Lampe ist über die Angst hinaus auch noch ein Element «brennender» Leidenschaft enthalten, aber eine Leidenschaft, die mehr mit Macht- und Besitzanspruch zu tun hat als mit wahrer Liebe. Psyche verkörpert hierin einige *persönliche* Züge der Anima von Apuleius-Lucius: sein leidenschaftliches Verlangen nach Wissen (curiositas) und sein Hang zur Magie, dessen Ziel es ist, die göttlichen Kräfte zu manipulieren, statt ihnen zu dienen. Diese intellektuellen Qualitäten seiner Anima haben Apuleius bisher daran gehindert, die Göttin Isis durch eigene Erfahrung kennenzulernen und sich den unerforschlichen Mysterien der Seele zu unterwerfen. Die Liebe verträgt weder einen intellektuellen Standpunkt (das sind «nichts als»-Interpretationen) noch die besitzergreifende Leidenschaft. Daher entflieht Eros, tief verletzt, und Psyche muß lange Mühsal erdulden, ehe sie ihn wiederfindet.

5 «Das singende, springende Löweneckerchen», *Kinder- und Hausmärchen* (Nr. 88) der Brüder Grimm.

Wie Erich Neumann[6] hervorgehoben hat, ist sie in dem Moment, in dem sie beginnt, wirklich zu lieben, nicht länger verloren im Unbewußten eines weit entfernten Paradieses der Freude und des Todes, sondern sie erwacht und benimmt sich gegenüber Eros wie ein liebender Partner. Die persönliche Liebe hat das nicht individualisierte und rein kollektive Lustprinzip ersetzt, aber genau in diesem Augenblick wird die Liebe tragisch.

Im allgemeinen erreicht in den Märchen die Frau ihre Individuation durch Leiden, während der männliche Held eher aktiv wirkt. Es gibt Ausnahmen, aber meistens erschlägt der männliche Held Drachen, kämpft mit Riesen, erklimmt Gebirge, während die weibliche Heldin ihren Weg häufiger erfolgreich vollendet, indem sie Leiden erduldet und ihre Liebe nicht aufgibt. Psyche ist ein typisches Beispiel für das letztere. Wie die leidende, gefallene Sophia in der Gnosis nimmt sie ihr Leiden an und geht einen langen Weg, um Eros wiederzufinden.

Eins ist jedoch endgültig geändert durch die Einmischung der bösen Schwestern, eine kleine Tatsache, die Neumann in seinem Buch übergeht, aber die mir wichtig scheint: als er sie verläßt, sagt Eros zu Psyche, daß das Kind in ihrem Schoß nun ein Mädchen anstelle eines Sohnes werden wird. «Wenn du das Geheimnis nicht gebrochen hättest», sagt er, «wäre es ein Knabe geworden, aber auf Grund deiner Tat wirst du zwar das Kind nicht verlieren, jedoch ein Mädchen gebären.» Wir wissen, daß sie am Ende der Geschichte, im Olymp, einem Mädchen das Leben schenkt, das Voluptas = sinnliche Lust genannt wird. Wenn sie das Versprechen nicht gebrochen hätte, hätte sie einen Knaben geboren, dessen Namen wir nicht kennen können. Deuten wir diese Wende vom menschlichen Aspekt her und verbinden wir sie mit Apuleius, dann wird klar, daß Psyche und Charité ein persönlicher Aspekt derselben Figur in seinem Unbewußten sind, die mit dem positiven Aspekt des Mutterkomplexes und mit einer großen Pueraeternus-Naivität in Zusammenhang steht. Wenn ein Mann einen positiven Mutterkomplex hat, identifiziert er sich direkt mit dem göttlichen Kind. Er hält sich für einen geflügelten Gott, alle unbedingt notwendigen Lebensaufgaben verweigernd, wie: einen eigenen festen Standpunkt in der Realität einzunehmen, sein Geld selbst zu verdienen, regelmäßig zu arbeiten und ähnliche Mühsale. Lucius hat, wie wir am Anfang sahen, einen negativen Mutterkomplex. Man kann sagen, daß er, der Esel, ganz gefangen ist im

---

6 Erich Neumann, *Amor und Psyche,* S. 106 ff.

negativen Aspekt des Mutterarchetyps. Der Psyche-Eros-Mythos nun zeigt eine Enantiodromie an, einen beginnenden Umschlag ins Gegenteil. Aber da dieser positive Aspekt noch völlig unangepaßt und unrealistisch ist, können die Schwestern einbrechen.

Das führt uns zu der Frage, was das «männliche Kind», das nicht geboren wird, gewesen sein könnte. Die Antwort lautet: das Kind der Anima, das heißt das Selbst. Das Ergebnis des hieros gamos, der Heiligen Hochzeit von Eros und Psyche, wäre offensichtlich die Geburt eines Symbols des Selbst gewesen. Ein göttliches Kind wäre geboren worden, das wir in Verbindung mit Lucius als ein Auftauchen seines Selbst bezeichnen könnten. Das Mädchen hingegen, das nun geboren wird, ist von der männlichen Psychologie her gesehen nur eine Erneuerung der Animagestalt und zudem eine merkwürdige Erneuerung, weil sie im Unbewußten als Voluptas, als sinnliche Lust, auftaucht, an der sich Lucius bereits genug erfreut hatte, wie man meinen könnte. Immerhin ist dieses im Olymp geborene Mädchen dem Menschlichen näher, so daß mit ihr eine Vermenschlichung des Lustprinzips entstand, die aber fast gleich wieder ins kollektive Unbewußte zurückverschlungen wird.

Ein gleichartiger und bis zu einem gewissen Grad parallel laufender Prozeß ist in der Apokalypse des Johannes dargestellt, den Jung in seiner *Antwort auf Hiob* kommentiert.[7] Ein Weib mit einer Krone von zwölf Sternen auf ihrem Haupt erscheint und wird von einem roten Drachen verfolgt. Sie sollte eine neue Erlösergestalt gebären, aber sie wird wieder zum Himmel hinweggenommen, und deshalb inkarniert sich das göttliche Kind nicht auf der Erde. Hier liegt ebenfalls eine Beschreibung der möglichen Geburt eines neuen Symbols des Selbst vor, das aber wieder ins Unbewußte versinkt. Dies bedeutet, daß die Zeit noch nicht gekommen war, in der dieser Aspekt in das kollektive Bewußtsein treten konnte. Es gab nur hier und da Ansätze solcher Realisierungen, die dann wieder verlorengingen. Wir müssen die mißlungene Geburt eines Knaben in unserer Geschichte als eine Parallele ähnlicher Mythen sehen; «nur» ein Mädchen wird geboren und in das Jenseits hinweggenommen. Die Frage, warum es gerade Voluptas, sinnliche Lust, ist, würde ich gern bis zum Ende der Geschichte ruhen lassen, wenn wir die Schönheitsbüchse erklären müssen, die Psyche in der Unterwelt findet und die im Zusammenhang damit steht.

7 C. G. Jung, *Antwort auf Hiob*, GW 11, §§ 711 ff.

Das Zusammenbringen des göttlichen, erhebenden, überpersönlichen und befreienden Aspektes des hieros gamos, des Motives der Heiligen Hochzeit, mit der Unvollkommenheit, der enttäuschenden Enge und dem Schmutz menschlichen Lebens, ist noch heute eins der großen, ungelösten Probleme. Die Menschen lassen sich entweder vom «göttlichen» und romantischen Aspekt der Liebe berauschen oder verbleiben zynisch in ihrem banalen Aspekt. Eine sehr schöne Darstellung dieses Problems gibt es in dem Roman *Aurelia* des französischen Autors Gérard de Nerval. Er war ein gefühlvoller und romantischer Dichter, was für einen Franzosen eine unglückliche Veranlagung ist, und lebte deshalb gern in Deutschland, wo er sich viel wohler fühlte, wenn er zuweilen einen deutschen Onkel im Schwarzwald besuchte. Als junger Mann und begabter Schriftsteller erfaßte ihn starke Liebe zu einer kleinen Näherin. Völlig überwältigt von seinen Gefühlen und Emotionen schrieb er Gedichte an sie. Er empfand, daß Dantes Beziehung zu Beatrice nicht großartiger gewesen sein konnte als diese Erfahrung. Dann plötzlich meldete sich der französische Rationalismus und gallische Zynismus, und er entschied sich, daß sie alles in allem nur «une femme ordinaire de notre siècle», eine gewöhnliche Frau unserer Zeit, war. So ließ er sie fallen. Das Mädchen aber liebte ihn wirklich und war verzweifelt. Später versuchte eine Freundin die beiden wieder zusammenzubringen, aber irgendwie konnte der Bruch nicht wieder gekittet werden, wahrscheinlich infolge der zynischen Art, mit der Nerval die Geliebte fallengelassen und so seine und ihre eigenen Gefühle zerstört hatte. Als die Freundin die beiden wieder zusammenbrachte, sah das Mädchen ihn vorwurfsvoll und mit Tränen in den Augen an. Das traf ihn hart; in der Nacht träumte er, daß er in einen Garten ging und dort die ins Gras gefallene und in der Mitte auseinandergebrochene Statue einer wunderschönen Frau sah. Dieser Traum zeigt, was wirklich in Nerval geschehen war. Seine Anima hatte sich gespalten, weil die Frau nun für ihn entweder die unerreichbare Göttin oder «une femme ordinaire de notre siècle» war, mit der man gerade ein bißchen Vergnügen haben kann. Er konnte diese beiden Aspekte niemals wieder zusammenbringen. Von da an glitt er langsam in eine psychotische Krise, die ihn letztlich überwältigte, und er erhängte sich schließlich in einem Anfall von geistiger Umnachtung. Er war ein kranker Mann, hätte aber wahrscheinlich seine Spaltung überwinden können, wenn ihm nur klar geworden wäre, daß der hieros gamos und der gewöhnliche Aspekt jeder tiefgehenden menschlichen Beziehung ein Paradoxon ist. Die Liebe ist ein bewegendes, göttliches, einzigartiges Mysterium und gleichzeitig eben ein gewöhnliches menschliches Ereignis. Diese Spaltung wird hier in derselben Weise konstelliert, denn zuerst schlägt das Pendel zu sehr in Richtung des göttlichen, jenseitigen Aspektes aus, wo Eros und Psyche in einer Art eingebildetem Paradies leben, und dann erfolgt die Gegenbewegung durch das Auftreten der Schwestern, die durch Hineinbringen all der niederträchtigsten und zynischsten Aspekte des Lebens die Verbindung zerstören. Ich glaube, daß der Sinn für Humor die einzige göttliche Qualität ist, mit der man diese unvereinbaren Aspekte jeder tiefergehenden Liebeserfahrung zusammenhalten kann. Aber Menschen wie Gérard de Nerval fehlte er; und so wurde er psychotisch. Er hatte überhaupt keinen Sinn für Humor, weshalb er das Paradox nicht hinnehmen und sagen konnte: «Ja, es ist beides; sie ist Beatrice, die Erfahrung der göttlichen Frau, und auch une femme ordinaire de notre siècle.»

Man könnte nun fragen, was sich ereignet hätte, wenn Psyche ihrem Gatten nicht ungehorsam gewesen wäre. Die Antwort ist, daß mythologische Gesetze *immer* übertreten werden, da es sonst keine Geschichte gäbe! Aber es mag mehr darin liegen als das. Solche Stadien unbewußter Harmonie wie in der Geschichte vom Paradies haben eine Stagnation des Lebens zur Folge, und natürlich sind dabei gewisse unharmonische oder böse Impulse ausgeschlossen. Manche Menschen opfern mit einer großen geistigen und psychologischen Anstrengung den *einen* Pol eines wesentlichen Konfliktes in der Hoffnung, mit dem Rest zum Seelenfrieden zu kommen. Im mönchischen Leben sind zum Beispiel Geld und Sexualität ausgeschaltet und mit ihnen die Quelle unzähliger Konflikte. Durch das Zurückziehen von diesen Schwierigkeiten wird die Erlangung des Seelenfriedens gesucht. Die ganze christliche Idee von innerem Frieden liegt in dieser Richtung, das heißt, man schaltet erst einen bestimmten Aspekt des Bösen aus, dessen Integrierung nicht möglich erscheint, und versucht dann künstlich Harmonie mit dem Rest herzustellen. In der ganzen Welt hat die Menschheit eine Tendenz, in dieser Richtung vorzugehen. Sie ist wahrscheinlich unvermeidlich, weil es von Zeit zu Zeit nötig wird, ein unlösbares Problem beiseite zu lassen. Es scheint, als gäbe es da Ruheplätze, wo man einen Augenblick Frieden haben kann, obgleich man das dumpfe Gefühl hat, daß der Konflikt nicht gelöst ist und nach einiger Zeit wiedererscheinen wird. Man kann dies bei Menschen sehen, die Mandalas zeichnen und dabei einen Teil außerhalb lassen. Sie stellen die dunklen Dinge außerhalb der Mandalabegrenzung dar und bilden sich ein, daß sie jetzt einen Zustand relativer Ganzheit und

Vollständigkeit erreicht haben.[8] Aber sie schließen auf diese Weise bestimmte Aspekte aus und können daher sicher sein, daß dieser Zustand nicht anhalten wird. Einige dieser ausgeschlossenen Elemente werden einbrechen, und ein neuer Integrationsprozeß muß beginnen.

An diesem Punkt stoßen wir auf den Kern des Romans, denn durchwegs (obwohl der Autor manchmal von Gefühlen ergriffen scheint) schleicht sich ein spöttischer, skeptischer Ton ein, ein bewertendes Urteil, das wie das Messer in Psyches Hand wirkt! Gerade wenn alles gut geht, flüstert uns ein Teufel ins Ohr, daß es «nichts als» sei, eine rationale Abwertung, die alles zerstört. Bei einer Frau ist es im allgemeinen der Animus, der sich als Künstler auf diesem Gebiet erweist, und beim Mann ein bestimmter Aspekt der Anima. Je sensibler, zartfühlender und empfindlicher die Gefühle eines Mannes auf der einen Seite sind, desto mehr neigt er dazu, sich über sich selbst lustig zu machen. Die Schweizer kennen den Typ des Junggesellen wie Gottfried Keller, dessen Gefühl einerseits überaus zart war und der andererseits doch die typischen Spötteleien eines alten Junggesellen äußerte. Das war sein Schutz gegen seine eigene zu große Sensibilität. Er trank und war unfähig, mit dem Animaproblem zu Ende zu kommen. Apuleius-Lucius hat einige derselben charakteristischen Züge.

Wir kommen jetzt zum Bericht über die verschiedenen Etappen der Wanderung von Psyche auf der Suche nach Eros. In den Himmel zurückgekehrt, wird Eros von seiner empörten Mutter eingekerkert. Psyche will sich in ihrer Verzweiflung das Leben nehmen und sich in einen Fluß stürzen, aber der Gott der fließenden Gewässer bringt sie zurück ans Ufer, wo sie Pan, dem Gott der Hirten, begegnet, der ihr in seiner großen Weisheit rät, ihrem Leben kein Ende zu setzen, sondern im Gegenteil Eros, «den erhabensten der Götter», durch ihre Gebete zu ehren. (Pan wurde, ebenso wie Isis und gemeinsam mit ihr, auf der Insel Meroe (!) verehrt.) Der große Gott der kosmischen Natur hilft Psyche also weiterzuleben. Inzwischen sucht die erzürnte Venus sie überall. Psyche liefert sich ihr schließlich aus, und als sie in den himmlischen Palast kommt, wird sie von den Venus-Dienerinnen «Kummer» und «Leid» gepackt, gefoltert und gequält und am Ende vor die Göttin gebracht. Dieser Teil, denke ich, ist für jeden

---

8 Das Wort Mandala stammt aus dem Sanskrit, magischer Kreis. Bei C.G.Jung ist es ein Symbol der Mitte, des Ziels und des Selbst als psychischer Ganzheit, im Lamaismus und im tantrischen Yoga Instrument der Kontemplation. Vgl. C.G.Jung, *Erinnerungen, Träume, Gedanken,* Glossar S. 412, und ders., *Psychologie und Alchemie,* GW 12, §§ 122–331.

verständlich, der jemals eine unglückliche Liebe erlebt hat. Venus befiehlt Psyche sodann, während der Nacht eine bestimmte Menge von verschiedenen Körnern auszulesen. Das Motiv des Verlesens von Korn findet sich in zahlreichen Märchen, zum Beispiel in dem russischen «Die schöne Wassilissa», in welchem ein unglückliches Mädchen sich in den Wald zur großen Zauberin Baba Yaga, der Natur- und Todesgöttin, begibt und dort auch solche Körner verlesen muß. Nach Merkelbachs Auffassung könnte das mit den Eleusismysterien zu tun haben. Das Korn ist die mystische Substanz, die die Muttergottheit als Göttin des Getreides verkörpert. Ein chaotischer Haufen von Körnern ist in gewisser Hinsicht ein Bild des kollektiven Unbewußten, das zugleich eine einzige Essenz und eine Vielfalt von Bildern und wirkenden Gestalten zu sein scheint. Man könnte sagen, daß die Archetypen des kollektiven Unbewußten so lange nicht wirklich sind, als sie nicht von einem menschlichen Wesen realisiert werden. Sie werden einzig psychologisch eine Wirklichkeit, wenn sie von der menschlichen Psyche erfahren werden. Darum gleichen die Archetypen des kollektiven Unbewußten einem Haufen chaotisch ruhender «Keime», die jedem menschlichen Wesen eingeboren sind, aber, wenn sie nicht durch Kontakt mit dem menschlichen Bewußtsein aktiviert werden, gleichwohl als nicht existierend betrachtet werden können. Womit ein solcher Haufen potentieller archetypischer Inhalte Ähnlichkeit hat, kann man vielleicht abschätzen, wenn man einen Menschen in einer schizophrenen Phase beobachtet. Auf der einen Seite schütten Patienten in diesem Zustand in schrecklicher Hast eine archetypische Phantasie nach der andern aus. Aber zwei Minuten später erinnern sie sich an nichts von dem, was sie gesagt haben. Das erstaunlichste, schönste Material strömt durch sie hindurch, aber sie haben keine Erinnerung daran. So ist das kollektive Unbewußte als eine Art Chaos von Inhalten zu sehen, die alle die latente Möglichkeit enthalten, etwas Bedeutungsvolles für das menschliche Bewußtsein zu werden. Aber statt dessen herrscht Konfusion, und das Bewußtsein ist zu schwach, die Flut aufzuhalten.[9] Man könnte sagen, daß ein guter Verstand benötigt wird, das Material auszusortieren, aber auch das hilft nichts, weil man keine intellektuelle Ordnung in diese Dinge bringen kann. Was nötig ist, ist die Gefühlsfunktion, die Funktion des Aus-

---

9 Erich Neumann interpretiert die Körner als «sexuelle Promiskuität», siehe *Amor und Psyche*.

wählens, die sagt: «Jetzt will ich dies herausfischen und jenes beiseitelegen», und «Ich will mich auf dieses mir bewußt Gewordene stützen und dabei bleiben.» Ohne die Auswertung durch die Gefühlsfunktion kann man nicht wissen, was wichtig ist und was nicht. Man kann im Unbewußten die Spreu nicht vom Weizen trennen.

In der Erzählung ist Psyche nicht in der Lage, allein mit dem Getreide fertig zu werden. Aber da gibt es immer noch etwas, was einen retten kann, denn das Chaos des Unbewußten enthält auch immer eine Beziehung zur Ordnung. Vom Unbewußten sprechend, muß man immer in Paradoxien reden, und wenn wir seinen chaotischen Aspekt unterstreichen, wissen wir genausogut, daß das Unbewußte nicht nur Chaos, sondern auch Ordnung ist. Nur unbewußte Ordnung kann letztlich unbewußte Unordnung überwinden. Der Mensch kann nichts tun, als aufmerksam zu sein und die äußerste, sozusagen hoffnungslose Anstrengung zu leisten, bis sich die Ordnung von selbst wiederherstellt.

Dies ist etwas, was christliche Theologen Glauben nennen würden. Glauben haben und sein Bestes tun, wenn man einer scheinbar hoffnungslosen Situation gegenübersteht mit dem untergründigen Gefühl, daß man, auch wenn man verloren sei, wenigstens doch versucht hat zu tun, was möglich war. Das ist grundlegend menschlich und ein Verhalten, zu dem ein Gott oder Tier nicht fähig wäre. Dasselbe Unbewußte in seiner chaotischen Mannigfaltigkeit heilt dann seine Unordnung durch andere chaotische Mannigfaltigkeit: die Ameiseninvasion. Wir, in unseren westlichen Ländern, sprechen oft negativ von Ameisen, indem wir sagen: «Wenn wir so weitermachen, werden wir bald einem Ameisenhaufen gleichen.» Das ist natürlich ein negatives Gleichnis für eine völlige Auslöschung des Individuums, aber die Ameise selbst ist in der Mythologie im allgemeinen ein positives Symbol. Im indischen Mythos hilft sie (nach Herodot) zum Beispiel, die Sonne bei ihrem Nachtweg unter die Erde zu tragen. In Ägypten tut das der Skarabäus.[10] In manchen griechischen Sagen fördert die Ameise Gold aus der Erde, sie ist das Symbol für die geheime Ordnung des kollektiven Unbewußten, im Gegensatz zu unserer bürokratischen Staatsorganisation. Karl Kerényi hat die Ameisen mit dem Volk der Myrmidonen in Verbindung gebracht, die nach griechischer Auffassung die Ureinwohner

---

10 Angelo De Gubernatis, *Die Thiere in der indogermanischen Mythologie*. Leipzig 1874, S. 374 ff.

ihres Landes waren[11]: man glaubte, daß sie direkt von der Erdmutter geboren wurden. Daher gab es in den attischen Komödien, deren Texte leider verlorengegangen sind, Menschen-Ameisen, «Myrmekanthropoi», die die Ureinwohner darstellten. Im Gegensatz zur destruktiven Mutter Aphrodite-Venus kommen diese «Kinder der Erdmutter» Psyche zu Hilfe. Die Ameisen und speziell ihre Vettern, die Termiten, haben auch realiter sehr mysteriöse und unerklärbare Fähigkeiten. Man weiß, daß Hunderte und Hunderte von Termiten ein vollkommenes, architektonisch strukturiertes Gebilde bauen können. Um herauszufinden, wie sie sich beim Bau verständigen, wurde bei einem Versuch zu Beginn eines Termitenbaus eine Bleiplatte in die Mitte eingeschoben; die Termiten der linken Hälfte bauten ihre Teile für den gesamten Bau so, daß sie die von der rechten Hälfte exakt trafen. Man konnte die Platte herausnehmen, und die beiden Hälften paßten zusammen. So weiß man nun, daß sie keine telegrafischen Signale haben, aber in einer vollendeten Organisation synchron arbeiten, was noch unerklärt ist. Von Bienen weiß man, daß sie sich Signale geben, indem sie den Hinterleib bewegen, über die Termiten ist in dieser Hinsicht noch nichts bekannt. Man sieht aber, daß dieses schöne Bild mehr ist als ein tatsächliches Beispiel, denn solche Dinge ereignen sich auch zwischen uns im Unbewußten. Ein Künstler, der lange Zeit in Bali gelebt hatte, beschrieb mir denselben Vorgang: Ein Tempel war verfallen, und aus verschiedenen Gründen beschlossen die Dorfbewohner, einen neuen und größeren zu bauen. Zu seinem Erstaunen gab es keinen Organisator, keinen Plan, keinen Architekten und praktisch nicht einmal einen Steinmetz zum Organisieren. Ein Dorfbewohner saß in einer Ecke und fertigte eine Säule, ein anderer saß in einer anderen Ecke, Steine vorbereitend. Keine Verständigung fand statt, aber jeder arbeitete überaus eifrig. Am Schluß fügten sie die Tempelteile zusammen, und jeder Stein paßte! Der Maler konnte nie herausfinden, wie die Balinesen das machten. Sie arbeiteten genau innerlich zusammen. Der Tempel lebte einfach in ihrer inneren Vorstellung. Das ist die ganze Erklärung. So kann man sagen, daß in der rechten Weise Glaube eine große Leistung ist oder vielmehr «pistis»: Treue zum inneren Gesetz. Wenn diese Treue oder das Gefühl hinzukommen, rufen sie die geheime Ordnung hervor, die im Chaos des Unbewußten enthalten ist.

---

11 Erich Neumann, *Amor und Psyche,* S.197. Karl Kerényi, «Urmensch und Mysterium», *Eranos Jahrbuch* XV, Zürich 1948, S.56–57.

Nachdem sie die erste Aufgabe erfüllt hat, muß Psyche die goldene Wolle gefährlicher wilder Sonnenschafe oder Widder holen, denen man sich nur sehr schwer nähern kann. Hier wird ihr vom Schilfgras geholfen, das ihr sagt, daß es um Mittag unmöglich ist, an die Widder heranzukommen, und sie deshalb bis zum Abend warten solle, weil das wilde Temperament der Tiere sich dann abgekühlt hätte. Wenn Psyche sich ihnen zu früh näherte, würden sie sie in Stücke reißen. Das Schilf hatte, wie schon Merkelbach hervorhebt, in Ägypten große Bedeutung: das Hieroglyphenzeichen «Schilf» stellt den König Ägyptens und Horus, die neue Sonne, den wiedergeborenen Sonnengott, den neuen König von Ägypten, dar. So steht es für den König in seiner Wiedergeburtsform, sofern sie auch seine Ursprungsform ist.

Auch in vielen Märchen offenbart das Schilf geheimes Wissen. In der Antike gibt es viele Erzählungen, in denen jemand ermordet und im Sumpf versenkt wird. Ein Schäfer kommt des Wegs, schneidet sich ein Rohr und macht sich eine Flöte, und die Flöte singt und verrät das Geheimnis des Mordes, so daß der Mörder entdeckt und bestraft wird. Das Schilfgras kann auch göttliche Weisheit verraten oder vermitteln mit Hilfe des hindurchraschelnden Windes. Es gibt in der menschlichen Psyche einen Wahrheits-Instinkt, der auf lange Sicht nicht unterdrückt werden kann. Wir können so tun, als hörten wir ihn nicht, aber er bleibt doch im Unbewußten bestehen. Und Psyche hat in unserer Geschichte eine Art geheimer Eingebung, wie sie die Aufgabe lösen kann. Das wispernde Schilf entspricht ebenso wie die Ameisen diesen winzig kleinen Hinweisen auf die Wahrheit, die wir vom Unbewußten erhalten. Die Wahrheit verkündet sich nicht mit lauter Stimme. Ihre leise zarte Stimme meldet sich als ein Unwohlsein oder ein schlechtes Gewissen oder wie immer man es nennen will. Große Ruhe ist notwendig, um diese kleinen Winke zu spüren. Wenn das Unbewußte beginnt, laut zu sprechen und das Ich etwa mit Autounfällen oder ähnlichen Vorkommnissen zu drängen, dann steht die Situation schon sehr schlecht. Aber im Normalzustand flüstert es leise über Jahre, ehe der Donnerschlag durch Unfälle oder anderes erfolgt. Deshalb haben wir die Analyse, in der wir versuchen zu hören, was das Schilf sagt, ehe die Katastrophe kommt.

In Ägypten ist der Pharao die irdische Verkörperung von Re. Wenn der Pharao das erste Mal mit der Königin schläft, verkörpert sie Isis. Es ist ein hieros gamos, in dem der neue König seinen ersten Sohn und Nachfolger zeugt. Der ausgelöschte Lichtaspekt, das Leidende, wird durch Osiris verkörpert. Jeden Tag während zwölf Stunden des Tages ist man nur eine Hälfte seiner selbst. Wir müssen, um arbeiten zu können, zahllose lebendige innere Reaktionen verdrängen; man kann sie nicht einmal ins Bewußtsein kommen lassen. Solange bewußte Aktivitäten andauern, kann sich ständig nur die eine Hälfte der Psyche ausdrücken, und die andere, unbewußte Hälfte ist in der Situation des leidenden Gottes in der Unterwelt. Wenn Re, der Pharao, altert und stirbt, wird er deshalb im Augenblick des Todes zu Osiris. Man sieht daher auf den Inschriften ihre Namen so verbunden: Unas Osiris, Pepi Osiris. In diesem Augenblick ist aber der neue König bereits gezeugt, und dieser neue König ist Horus. Wir müssen uns später noch näher damit befassen, weil es den strukturellen Hintergrund der ganzen Geschichte bildet. Jetzt möchte ich nur sagen, daß das Schilf mit Horus verbunden ist, mit dem Prinzip des Zukünftigen, später Kommenden. Es flüstert uns die Wahrheit und die Vorahnungen der Zukunft zu.

Der Widder ist von Erich Neumann sehr schön interpretiert worden, und ich denke, seine Bedeutung wird für jeden klar, der jemals ein Horoskop gesehen hat. Als Tierkreiszeichen des Frühlings steht er für aggressive Impulsivität und temperamentvollen Unternehmungsgeist, eine Art von unreflektierter naiver männlicher Initiative. Bei einer Frau würde er natürlich den Animus darstellen, aber in unserem Fall steht er auf der Animaseite. Das würde bedeuten, daß eine der größten Gefahren für den seine Anima realisierenden Mann sein kann, in extravertierte Impulsivität zu verfallen. Es ist für ihn viel schwieriger, eine Entscheidung abzuwarten, als für eine Frau. Man muß nur in unsere Zeitungen sehen: Sobald es irgendeine Schwierigkeit gibt, zu viel Regen, eine Lawine, zu viele Autos usw., sagen die Politiker: «Wir müssen etwas tun, wir müssen ein Komitee gründen; der Staat muß...» Niemand schlägt vor, daß wir erst abwarten und zusehen sollten. Man hat nach der Ursache zu forschen. Man kann nicht warten. Natürlich sind auch einige Frauen vom Widder bedroht, aber Männer in stärkerem Maße. Manchmal hat er sogar einen sehr positiven Aspekt, aber für einen Mann, der seine Anima realisieren will, ist er tödlich. Denn unter dem Einfluß des Widders kann man diese niemals realisieren. Gefühl hat, speziell beim Mann, im allgemeinen eine ein wenig verzögerte Reaktion. Er muß warten können, hinhören, was die weibliche Seite zu sagen haben könnte. Überspringt er das, wird er seine Anima nie bewußt realisieren. Immer wenn wir einem temperamentvollen Wunsch nach einer schnellen Aktion verfallen, wissen wir, wie schwer es ist zu warten, geduldig Zeit vergehen zu lassen. So muß Psyche nicht nur warten, sondern auch eine Handvoll Wolle vom Fell des Widders sammeln, etwas von seinem Wollvlies nehmen. In Ägypten wurde der «Widder von Mendes» immer mit Isis assoziiert, so daß wir hier wieder eine Anspielung auf das Ende des Buches haben.

Zu diesem Thema gehört auch die berühmte Geschichte von *Phrixos und Helle,* dem Mythos von einem Bruder und seiner kleinen Schwester, beide verfolgt von einer Stiefmutter, die sie töten will. Aber sie hören davon und entkommen auf einem Widder, der mit ihnen über den Himmel fliegt. Unterwegs beugt Hellé sich über, schaut hinunter und fällt in das Meer, wodurch der Hellespont entstand: das Meer der Hellé. Phrixos wird gerettet und erhält den Auftrag, den Widder zu opfern und das Vlies an einen Baum zu hängen. Seitdem wurde das goldene Vlies zum Motiv der «schwer erreichbaren Kostbarkeit» bei der langen Fahrt der Argonauten und in späterer christlicher Interpretation als goldenes, an einem Baum aufgehängtes Widdervlies zum Urbild von Christus, dem geopferten Lamm. Diese Geschichte mit ihrer Erweiterung auf die Christussymbolik war bei den Kirchenvätern sehr beliebt. Noch heute tragen bei den Rittern vom Goldenen Vlies die im Orden Ranghöchsten eine goldene Kette mit einem kleinen goldenen Vlies[12], und wenn sie es auf irgendeinen Tisch legen, wird dieser zum geweihten Altar.

Apuleius spielt hier wohl bewußt auf die Geschichte von Phrixos und Hellé an. Die Locke goldener Wolle ist der unerreichbare Schatz, und sie muß Psyche von den Widdern erlangen. Nun ist jede mächtige Emotion nicht nur heiß, sondern auch etwas Erhellendes. Im allgemeinen hat sie 80 Prozent verzehrendes Feuer und 20 Prozent Helligkeit. Wenn daher jemand von einer schrecklichen Emotion überfallen oder angegriffen wird, besteht die Kunst darin, sich nicht von ihr überwältigen zu lassen, sondern herauszufinden, was sie bedeuten könnte. Zum Beispiel mag man jemand begegnen, den man ablehnt. Jedesmal wenn man diese Person trifft, wird man ohne ersichtlichen Grund emotional. Das ist die Reaktion des Widders. Nun kann man entweder seine Emotion herauslassen – dann gibt es eine Katastrophe oder einen Mißerfolg – oder man kann sie verdrängen – dann hat man nichts daraus gelernt. Die dritte Möglichkeit wäre, der Emotion

---

12 Vgl. das berühmte Portrait von Philipp dem Guten, Herzog von Burgund, von Rogier van der Weyden im Museum von Dijon. Philipp der Gute hat den Orden vom Goldenen Vlies 1429 in Brügge gegründet.

nicht nachzugeben, sondern ihre Bedeutung herauszufinden. Warum fühle ich so? Was ist in mich gefahren? Dann hat man wirklich etwas gelernt. Wo immer eine destruktive Emotion auftritt, ist auch Licht möglich, und die Kunst besteht darin, dies Erhellende wahrzunehmen, ohne sich in die Primitivität unkontrollierter Emotionen fallen zu lassen. Genau das ist die Bedeutung der Fähigkeit, den richtigen Moment abzuwarten, um die Wolle des Widders zu erlangen.

Kapitel VII

Psyches Aufgaben

Als nächste Aufgabe muß Psyche in einer geschliffenen Kristallflasche Wasser vom eiskalten Wasserfall des Styx holen, was ebenfalls ihre Möglichkeiten übersteigt. An dieser Stelle tritt wieder ein typisches Märchenmotiv auf: Der Adler des Zeus nimmt die Flasche, holt das Wasser und bringt es zu ihr zurück. Merkelbach setzt den Styx mit dem Wasser des Nils in Verbindung. Am Ende unseres Romans werden wir auf das mystische Gefäß zu sprechen kommen, welches das Wasser des Nils enthält; das ist *das* unaussprechliche Osirismysterium. Es ist das Wasser des Todes und zugleich der Wiedergeburt, aber hier wird es zuerst in einem griechischen Kontext dargestellt.

Styx ist eine weibliche Göttin, die älteste von allen, die über die anderen Götter herrscht. Ihr todbringendes Wasser vernichtet sowohl jedes menschliche Wesen wie jedes Tier und kann nicht in ein normales Gefäß gefüllt werden, weder in eines aus Glas oder Blei, ja nicht einmal eines aus Gold, denn es ist noch zerstörerischer als das «Wasser» der Alchemie, das nur in einem goldenen Gefäß gehalten werden kann. Selbst die Götter fürchten sich vor diesem Element und schwören beim Wasser des Styx. Wenn ein Gott seinen im Namen des Styx geschworenen Eid bricht, liegt er für ein ganzes Jahr wie tot darnieder und wird für weitere neun Jahre aus dem Olymp verbannt. Der Styx symbolisiert den furchterregenden Aspekt des Mutterarchetyps und in gewisser Hinsicht auch des kollektiven Unbewußten. Die Tatsache, daß wir sein Wasser nicht «fassen» können, scheint mir sehr bedeutungsvoll. Wir können das kollektive Unbewußte tatsächlich nicht verändern oder manipulieren. Es gleicht einem wilden Fluß psychischer Energie, dem wir nicht trotzen und den wir nicht zähmen können. Das kollektive Unbewußte ist wie ein mächtiger Strom von Bildern, auf den der Mensch kaum einen Einfluß hat.

Das einzige Gefäß, durch das man etwas von diesem Wasser in die Hand bekommen kann, ist nach dem Mythos ein Pferdehuf oder das Horn eines (real nicht existierenden) mythologischen, einhörnigen skythischen Esels.

Das Horn, ein phallisches Symbol, symbolisiert die schöpferische Kraft des Selbst[1], und der Pferdehuf hat in einfacherer Form dieselbe Bedeutung, da man glaubte, daß Pferde Quellen aus dem Boden stampften und daß der Tritt eines Pferdes die Erde fruchtbar machte. So zeigt sich, daß nur das Prinzip des Schöpferischen in der menschlichen Seele sich gegen die zerstörende Kraft des Styxwassers behaupten kann.

Der Mensch könnte nie – und nach diesem Mythologem scheint es so, als wolle er es auch niemals – das kollektive Unbewußte manipulieren, beeinflussen oder nur zu einem Teil beherrschen. Dieses Naturprinzip nimmt seinen eigenen Verlauf. Es unterstützt Zivilisationen oder Nationen oder läßt sie verfallen, und nichts kann sich dagegen behaupten. Man könnte sagen, daß das Römische Reich im zweiten Jahrhundert n. Chr. bereits dazu verurteilt war, in den Wassern des Styx unterzugehen. Im Mythos hat Styx auch mit der Göttin Nemesis zu tun, dem geheimnisvollen, rachsüchtigen «Recht der Natur». Wenn ein Weltreich oder eine Religion dem Untergang geweiht ist, weil das Unbewußte in ihnen nicht mehr Ausdruck findet, ist der Mensch absolut hilflos; so bestimmen die Wasser des Styx auch über militärische Niederlage oder Sieg; ihm entstammt Nike = Sieg, diese geheimnisvolle Schicksalsmacht, die im Kampf eine Zivilisation untergehen läßt oder ihr Weiterleben gewährt. Wenn wir in den Staub der Geschichte zurückschauen und sehen, wieviel wundervolle Leistungen des Menschen von barbarischen Kräften immer und immer wieder zerstört worden sind, dann wird uns die Bedeutung der Wasser des Styx klar. Es handelt sich um ein unabwendbares Gesetz und hat nichts zu tun mit menschlichem Fühlen oder Recht. Es ist eine andere Art von Recht, das grausame Gesetz der Natur, das wir nicht begreifen, und darum können wir dieses Wasser nicht fassen. Wenn Nemesis in den Wassern des Styx Zerstörung beschlossen hat, können wir uns nicht dagegen durchsetzen, ausgenommen «mit dem Pferdehuf». Das ist der einzige Trost, den wir diesem Mythos entnehmen können. Die Natur scheint ihre eigene tiefste Schöpferkraft gegen alles bewahren zu wollen: sie scheint das Schöpferische höher zu bewerten als jede andere Macht. Nur wenn wir in Verbindung mit unserer unbewußten Psyche stehen, können wir schöpferisch sein. Große schöpferische Leistungen kommen aus der Tiefe der Psyche; wenn wir in Verbindung mit der Tiefe unserer Psyche bleiben können, sind wir fähig, das zu formen, was

1 Vgl. C.G.Jung, *Psychologie und Alchemie*, GW 12, §§ 518ff.

durch sie zum Ausdruck gebracht werden will. Manchmal geht es dabei um Leben und Tod, da wir einfach nicht wissen, ob wir es heraufbringen können. Aber wenn wir es können, dann scheint es, als belohne die Natur dies mit dem höchsten Preis; und deshalb könnte man sagen, daß die schöpferische Leistung das einzige «Gefäß» ist, das die Wasser des Styx fassen kann. Hier wird Psyche das Gefäß *geschenkt*. Sie kann sich nicht selbst dem Wasser nähern, die Trennung von Eros macht ihr die Lösung der Aufgabe unmöglich. Mit ihm könnte sie es vielleicht fertigbringen, aber allein steht sie etwas Unmöglichem gegenüber. Jedoch durch göttliches Eingreifen, durch den Adler des Zeus, wird die Aufgabe gelöst. Der Adler repräsentiert intuitive seelische Begeisterung und hochfliegende Gedanken. Im Moment, in dem die menschliche Psyche nicht aus sich selbst heraus handeln kann, wird sie durch einen heroischen, intuitiven Geist, der aus dem Unbewußten auftaucht, unterstützt. Man könnte es die geheimnisvolle Kraft der Hoffnung nennen, denn manchmal, wenn man sich einer unmöglichen Situation gegenübersieht, hat man eine Art von Ahnung, daß die Dinge in Ordnung kommen werden, vorausgesetzt, daß man nur durchhält. Weil Psyche hier mutig eine ehrliche Bemühung unternimmt, wird sie durch einen solchen Gnadenakt gerettet, durch den intuitiven Ausblick, der sie vorausahnen läßt, was sie jetzt noch nicht selber tun kann.

Wie die Fortsetzung des Märchens zeigt, wird die Lösung des Problems nicht auf der bewußten Ebene erfolgen. Man könnte hier eine Verbindung zu der Tatsache sehen, daß Psyche das Wasser des Styx nicht selbst holen konnte. Der Adler – eine autonome Intuition – greift ein, wie Eros später eingreifen wird, wenn Psyche nach dem Öffnen der Büchse der Schönheit in einen todähnlichen Schlaf fallen wird. Dazwischen jedoch erfolgt der Abstieg in die Unterwelt:

Nachdem Psyche das Wasser des Styx erhalten hat, sendet Venus sie in die Welt der Toten, um von Persephone, der Königin der Unterwelt – der dunklen Seite der Isis –, eine bestimmte Büchse mit einem Schönheitsmittel zu erlangen. Psyche will sich ganz verzweifelt durch den Sturz von einem Turm das Leben nehmen, aber dieser beginnt zu sprechen, rät ihr zu, in den Hades hinabzusteigen, und gibt ihr weitere Ratschläge. Der Turm ist nach Neumanns Auffassung ein Symbol der Großen Mutter selbst. Er ist aber darüber hinaus ein Symbol der Introversion und des Rückzugs in das eigene Innere. Diese Zurückgezogenheit erlaubt es Psyche, sich den Aufgaben, die sie noch erwarten, zu stellen.

Als sie in Charons Boot den Unterweltsstrom überquert, bittet sie ein halbtot im Wasser schwimmender alter Mann, sich seiner zu erbarmen. Aber ihre Aufgabe ist es, nicht auf seine mitleiderregenden Rufe zu hören. Die natürliche Neigung des Weiblichen geht zum Bemuttern und Pflegen und dazu, mit allem Mitleid zu hegen. Wo immer in der Runde ein verletztes Wesen oder etwas ist, das den natürlichen weiblichen mütterlichen Instinkt anrührt, will sie es pflegen. «Nein» zu diesem alten Krüppel zu sagen ist für eine Frau eine schwierigere Tat als für einen Mann. Keine sentimentale Liebe für etwas zu empfinden, das verurteilt ist zu sterben und gehen muß, ist sehr hart. Das trifft auch zu in der Analyse: eine neurotische Haltung von Analysanden appelliert natürlich an unser Mitleid, aber hier nachzugeben hieße, etwas Sterbendes oder bereits Totes am Leben zu erhalten. Mitleid und Liebe zu haben, verbunden mit rücksichtsloser «Grausamkeit», die das Verurteilte sterben läßt, ist im praktischen Leben sehr schwierig. Es ist so viel leichter, gefühlvoll zu sein und der weiblichen Neigung zum Mitgefühl nachzugeben. Ein «Messer» in der Hand halten und damit, ohne die Schreie des Patienten zu beachten, eine falsche Haltung abtrennen, das kann für den Arzt selber sehr schmerzhaft sein. Natürlich trifft dasselbe auch auf Inhalte des Unbewußten zu, die ihre Zeit überlebt haben. Man sollte nicht in rückwärtsblickende Sentimentalität verfallen, sondern vorwärts leben, «die Toten ihre Toten begraben lassen». So gelingt es Psyche, den um Hilfe bittenden alten Mann zu ignorieren, und der schlechtgelaunte Charon fährt sie weiter über den Fluß.

Charon erscheint hier in der üblichen antiken Darstellung als ein geiziger, kränklicher alter Mann, der die Leute nur hinüberfährt, wenn er seinen Lohn erhält. Er ist in gewisser Weise eine negative Personifikation dessen, was Jung «die transzendente Funktion»[2] nannte, die symbolschaffende Funktion des Unbewußten. Sie ist «transzendent», da sie nicht nur unsere bewußte Fassungskraft übersteigt, sondern auch das einzige ist, das den Menschen mit Hilfe des Symbols befähigt, von einem psychischen Zustand in den anderen überzugehen. Daher der Fährmann! Wir würden für immer in einer erreichten Bewußtseinsverfassung steckenbleiben, wenn diese «transzendente Funktion» der Psyche uns nicht zu neuen Verhaltensweisen hinüberhelfen würde, durch Erschaffung des Symbols, das an beiden Welten teilhat. Das Symbol ist mit beiden verbunden, den gegenwärtigen und den

---

2 C.G.Jung, *Psychologische Typen,* GW 6, Definitionen unter «Symbol».

zukünftigen psychischen Zuständen, und hilft uns deshalb hinüber.[3] Sehr häufig sieht man in der Analyse, daß jemand seinem alten Zustand entwachsen ist, sich aber verloren und verwirrt gegenüber dem Neuen fühlt. In diesem Interregnum oder Vakuum kann man sich nur an die Kette von Symbolen halten, die das Unbewußte hervorbringt, das heißt an seine eigenen Träume, die uns niemals im Stich lassen, sondern aus einer überwundenen in eine neue Lebenshaltung sicher hinüberführen. Dieser Zustand zwischen den beiden Welten des Bewußten und des Unbewußten hat jedoch auch eine Qualität des Eingeengtseins, der Depression und des Sich-Anklammerns an kleinen Dingen.

Charon hat eine ägyptische Parallele in dem Gott Akeru, der auf Grund des ähnlich klingenden Namens in der synkretistischen griechisch-römisch-ägyptischen Religion auch mit ihm identifiziert wurde.[4] Aber Akeru übt in Ägypten eine positivere Funktion aus. Er wird als einfacher Landmann geschildert, der Getreide sät und erntet, und erscheint deshalb in vielen Grabtexten als die wirkende Kraft der Auferstehung. Man könnte folglich sagen, daß der vom extravertierten Standpunkt aus negativ gesehene «Fährmann» – bei dessen Erscheinen eine gewisse Verdunklung des Bewußtseins vorliegt und nur die Träume fortfahren, zum anderen Ufer führende Symbole hervorzubringen – von den Ägyptern mit ihrer mehr introvertierten Zivilisation positiver angesehen wurde. Sie sahen darin ein Aussäen des Getreides, das in der Erde verschwindet und wieder zum Leben erwacht. Jesus weist auf dasselbe Osirismysterium der «Auferstehung» des Weizenkornes hin.[5]

Der allgemeine Glaube in der Antike, daß man Geld für Charon bereithalten müsse, kann auch in diesem Licht gesehen werden: In den meisten der antiken Gräber haben die Toten unter der Zunge ein Geldstück für Charon, da er sie sonst auf dem Ufer zwischen den beiden Welten stehenlassen könnte. Dies zeigt, daß die transzendente Funktion ein Minimum an bewußter Energiezuwendung erfordert. Die heilende Funktion des Unbewußten kann uns nicht «ans andere Ufer bringen», wenn wir ihr nicht

---

3 «Für die, die das Symbol haben, ist die Überfahrt leicht», ein Motto der Alchemisten.

4 Er erscheint in einem alchemistischen Text als *Acharantos, Acherantos* oder *Achaab*, siehe Marcellin Berthelot, *Collection des Anciens Alchimistes Grecs*, Paris 1887/88, Vol. I, S. 30–32: «La Prophétesse Isis à son fils».

5 Johannes XII, 24: «Wenn das Weizenkorn nicht in die Erde fällt und erstirbt, bleibt es allein.»

Libido geben, das heißt, bewußte Aufmerksamkeit. Man sieht dies so tragisch bei Menschen, die sich vielleicht zwanzig Jahre unter schrecklichen verborgenen Leiden durch ein neurotisches Symptom hingeschleppt haben. Solche Leute sind am Ufer stehengeblieben, da ihnen das Geld für Charon fehlte. Es handelt sich darum, ihm eine Drachme (ein wenig Energie) zu geben. Sie hatten nicht die richtige Anweisung, oder es fehlte ihnen der Instinkt oder die Freigebigkeit, es zu tun.

Danach kommt Psyche zu einem alten, Oknos genannten Mann, der ein Seil immer wieder zusammenflicht und es von neuem auflöst. Oknos bedeutet Zögern, Unschlüssigkeit, und auch ihm darf Psyche keine Aufmerksamkeit schenken, sondern muß weitergehen und das, was er ihr erzählt, nicht beachten, weil sie ihn ansonsten am Hals haben wird. Der Strick, der auch in anderen Märchen-Motiven vorkommt, wird auf einigen Darstellungen des Oknos als schwarz-weißes Seil abgebildet; er weist auf ein allgemeines mythologisches Thema hin und wird als der Wechsel von Schwarz und Weiß, von Tag und Nacht und anderen Gegensätzen interpretiert. So könnte man sagen, daß Oknos – Unschlüssigkeit – sich ohne Unterlaß mit einer endlosen Kette von Gegensätzen im Unbewußten und dem Spinnen eines Garns aus den Gegensätzen beschäftigt, so daß es niemals zu einer Tat oder irgendeinem Durchbruch kommt. Dies ist eine andere klassische Form des Steckenbleibens im Unbewußten. Sehr viele Leute realisieren, daß alles ein Plus und ein Minus hat, daß alles in der Psyche doppeldeutig ist, daß alles, was man unternimmt, naiv als wundervolle Tat interpretiert werden kann, aber ebenso seine dunklen Motivationen besitzt. Wenn jemand dies realisiert, wird er oft unfähig, irgend etwas zu tun oder zu denken, und dann fällt er dem Oknos anheim. Soll ich, oder soll ich nicht? Alles hat einen Nachteil, und alles, was ich tun könnte, hat sein absolutes Gegenstück. Solch eine Realisierung kann den *élan vital* lähmen. Das Geheimnis besteht darin zu sagen: «Also gut, wenn es zwei Aspekte hat, zum Teufel damit, ich werde *dies* tun, weil es mir entspricht, und ich bin bereit, dafür zu bezahlen, denn was immer man tut, ist irgendwo ja sowieso nur halb richtig!» Menschen mit einem schwachen Ichbewußtsein können die Verantwortung für ihre Entschlüsse nicht übernehmen, sondern werden angesichts eines Paradoxons gelähmt. In der Analyse argumentieren sie: «Sie sagten beim letzten Mal... Aber gibt es da nicht einen anderen Aspekt?» Man antwortet: «Ja, gewiß, aber dann...» Im allgemeinen möchten sie einem die Entscheidung zuschieben, aber das ist das schlimmste, denn damit könnten sie weiterhin infantil bleiben. Dies alles klingt einfach, aber in der Realität ist es schrecklich und gefährlich, eine der wirklichen Teufeleien des Unbewußten! Oknos, der hier ganz richtig als Superteufel dargestellt wird, muß gemieden werden!

Als nächstes soll Psyche an drei webenden alten Frauen vorbeiwandern. Diese kennen wir aus dem mythologischen Kontext, wo sie den germanischen Nornen oder den griechischen Parzen oder Moiren, den webenden Schicksalsgöttinnen, gleichzusetzen sind.[6] Auch sie muß Psyche in Ruhe lassen, das heißt, sie muß sie übergehen. Hier liegt eine große Versuchung für Frauen ebenso wie für die Anima des Mannes vor: die Verlockung, ein Komplott zu schmieden und dem Schicksal voranzuhelfen. Es ist sehr bedeutungsvoll, daß auf Oknos diese drei Frauen folgen, denn man könnte sagen, daß Intrigen im allgemeinen aus einem Gefühl der Hoffnungslosigkeit erfolgen. Wenn eine Frau zum Beispiel einen Mann liebt und es besteht scheinbar keine Hoffnung für sie, ihn zu erobern, wird sie zu intrigieren beginnen, um ihn einzufangen. Wäre sie zuversichtlich, daß ihr Wunsch sich sowieso erfüllen wird, hätte sie Intrigen gar nicht nötig; aber so entsteht die Versuchung des «corriger la fortune», dem Schicksal nachzuhelfen.[7] Hier liegt ein besonderes Versagen von Frauen. Passiert es ihnen, der Versuchung nachzugeben, zerstören sie, wie Jung in *Die Frau in Europa*[8] ausführt, ihren Eros und ihre schöpferische Möglichkeit. Es ist aber auch typisch für die Anima im Mann. Intrigiert ein Mann, so weiß man, daß er noch von seiner Anima besessen ist. Um eine Art grob primitiven Beispiels zu bieten: Ein Mann ist eigentlich nur am Bankkonto seiner Verlobten interessiert. Aber es ist unerlaubt, sich dessen bewußt zu sein, also manövriert er sich in das Gefühl hinein, die Frau zu lieben. In Wirklichkeit will er das Geld haben, aber er kann diesen Wunsch nicht von dem Gefühl uninteressierter Liebe trennen, und so hält er sich in einem halbdunklen Zustand, in dem er sich einredet, daß dieses Mädchen die Richtige sei. Es besteht vielleicht auch eine gewisse Attraktion, aber eben mit dieser «kleinen» anderen Sache im Hintergrund: sie hat einen reichen Vater. So kann auch die Anima intrigieren. Psyche entrinnt dieser Gefahr, indem sie an den

---

6 Merkelbach interpretiert sie abweichend als Symbole der Nicht-Eingeweihten. Vgl. Rudolf Merkelbach, *Roman und Mysterium in der Antike*, S. 46; ich ziehe die allgemeine Bedeutung vor.
7 Im Text französisch.
8 C.G. Jung, GW 10.

Schicksalsweberinnen vorbeigeht. Nur wenn man sich solcher unsauberen halbunbewußten Motivationen bewußt wird und «vorbeigeht», das heißt, nicht auf sie hineinfällt, kann der Individuationsprozeß weiterschreiten. Psyche gelingt es, all diesen Gefahren zu entgehen.

Ihre letzte Aufgabe nun besteht darin, in die Unterwelt hinabzusteigen, von Proserpina die Büchse, die die göttliche Schönheit enthält, zu holen und sie Venus zu überbringen. Hier wird sie ungehorsam, öffnet die Büchse und fällt sofort in einen todähnlichen Schlaf. Aber Eros kommt und erweckt sie wieder zum Leben. Später können Eros und Psyche durch das Eingreifen von Zeus heiraten, und Psyche bekommt ihr Kind im Olymp. Im Land des Todes ist offenbar göttliche Schönheit etwas Vergiftendes, das den Göttern vorbehalten ist, und das Menschen nicht haben sollten. Man könnte dies mit der biblischen Geschichte vergleichen, in der Adam und Eva die Bewußtheit von Gott stehlen und damit die Tragödie der Menschheit einleiten. Aber hier liegt die Sünde nicht im Stehlen der Erkenntnis von Gut und Böse, sondern im Teilhabenwollen an der göttlichen Schönheit.

Die Anima eines Mannes flüstert ihm zu: was schön ist, ist auch gut im platonischen Sinn des Wortes kalón k'agathón = das Gute und das Schöne gehören zusammen. Eines der größten Probleme des Mannes besteht darin, daß er praktisch unfähig ist, eine Frau zu lieben, wenn sie häßlich ist. Er kann seine Gefühle nicht vom Ästhetischen trennen. Es gibt da die Geschichte von jenem Mann, der sich nicht zwischen zwei Frauen entscheiden konnte. Die eine war schön, die andere häßlich, aber eine wunderbare Sängerin. Nach einem langen Kampf gewann die Sängerin. Am ersten Morgen der Flitterwochen wacht er auf, schaut sie an und schüttelt sie, indem er sagt: «Um Himmels willen, sing!» Es ist ein schreckliches Animaproblem, denn der Mann fühlt, daß Schönheit göttlich und mit dem Guten verbunden ist, während das Böse und die Häßlichkeit zusammengehören.

Wie Merkelbach bereits herausgearbeitet hat, ist Kore oder Persephone eine Variante von Venus-Isis in ihrem Unterweltaspekt. Aber warum das Problem der Schönheit? In der Geschichte öffnet Psyche natürlich die Büchse – wie in allen Märchen, denn es gibt nichts Verbotenes in einem Märchen, das nicht getan wird –, und was dabei herauskommt, ist Verwirrung, ein einschläfernder Nebel, der sie in todähnlichen Schlaf versenkt. So wird sie noch tiefer ins Unbewußte geworfen. Die Salbe hat in unserem Zusammenhang eine völlig negative Rolle, weil sie nicht für Psyche geschaffen war. Sie war für Venus bestimmt, die – wahrscheinlich ganz rechtmäßig – ihre eigenen Reize zu erhöhen wünschte. Venus wäre nicht in Schlaf gefallen, wenn sie die Büchse geöffnet hätte. Deshalb müssen wir uns näher mit der Bedeutung der Salbe befassen und mit der Frage, warum sie Schönheit genannt wird.

Öl und die vielen Arten von Salben hatten bereits in Ägypten eine sakrale oder religiöse Funktion: sie stellten Lebenssubstanz dar. Die Ägypter badeten und salbten ihre Götterstatuen. Sie brachten sie zum Nil hinunter, wuschen sie in regelmäßigen Abständen (täglich oder jährlich) und salbten sie dann mit einer cremeartigen Substanz ein; dahinter stand die Idee, ihnen Leben zu geben.[9] Sie realisierten, zumindest in einer projizierten Form, daß selbst die Götter tot und ohne die leiseste Lebensfunktion oder Bedeutung wären, wenn die Menschen ihnen nichts von ihrer psychischen Substanz geben würden.

In der christlichen Tradition spielt das heilige Öl noch heute bei den katholischen Sakramenten, die den Heiligen Geist und seine Gaben repräsentieren, eine große Rolle. Aus diesem Grund wird auch der König gesalbt. Er ist der «Gesalbte», weil er das christliche Prinzip auf Erden repräsentiert und weil er «von Gottes Gnaden» sein Amt erfüllt. Jesus, der König der Könige, ist «der Gesalbte» par excellence, aber in einem unsichtbareren Sinn als die ägyptischen Könige.

So könnte man sagen, daß Öl und Salben die Lebenssubstanz der Seele in ihrem Aspekt äußerster geistiger Hingabe repräsentieren, Hingegebenheit in vollkommener Ehrfurcht. Indem sie die Statuen salbten, gaben die Ägypter ihren Göttern das Beste, was ihnen möglich war, uneingeschränkte Hingabe und Verehrung, die sie lebendig machten.

Die Salbe hat somit auch etwas mit der Liebe zu tun, mit der verehrenden Ehrfurcht, die ein Mensch einem Wesen entgegenbringen kann, das größer als er selbst ist. Wenn Menschen versuchen, ihre Träume für ihre eigenen Zwecke auszulegen ohne diesen liebevollen Respekt vor dem, was das Unbewußte ihnen mitteilt, wendet sich alles zum Schlechten. Es erstarrt, und nach einer relativ guten Zeit kommen ihnen Bedenken am analytischen Prozeß wie an ihren Träumen, und sie zweifeln daran, daß sie sie irgendwohin oder weiterführen werden. Aber sie haben diesen falschen Weg begonnen, weil sie nicht bedingungslose und liebende Ehrfurcht aufbrachten,

---

9 Vgl. Philipp Hofmeister, O.S.B., *Die heiligen Öle in der morgen- und abendländischen Kirche*, Würzburg 1948.

nicht erkannten, daß ein wirkendes Mysterium in ihrer eigenen Seele lebendig erhalten werden muß. Daher ist es richtig, daß die Salbe Venus gehören sollte und nicht einem Menschenmädchen. Menschen dürfen sie nicht stehlen; wenn sie entwendet wird, bewirkt sie diesen hier sichtbaren einschläfernden Effekt. Psyche wird zwar nicht getötet, aber sie fällt in einen völlig unbewußten Zustand, in den Zustand der Götter, und verliert das Gefühl für ihre eigene Individualität.

In unserer Geschichte wird die Salbe speziell als Schönheit bezeichnet, sie ist eine «beauty cream». Wir erinnern uns, daß das Mädchen, das Psyche später gebären wird, Voluptas heißt. Daran sehen wir klar, daß es sich hier, in unserem Zusammenhang, um eine Anima-Erzählung handelt. Die Anima des Mannes ist heute noch weitgehend dieselbe wie in der späten Antike. Die höchsten Werte mit der «Schönheit» zu identifizieren, führt zu einer Art von Ästhetik, die dem Leben gegenüber unangemessen ist, weil das Leben in jeder Hinsicht aus einem Gegensatzpaar besteht. Es ist schön, aber auch häßlich, und *beide* Pole gehören zur Realität. Nur der Schönheit und Ästhetik, gerade in ihrer höchsten Form, nachzujagen ist eine Art von Hybris, eine Inflation, eine unrealistische Haltung, aber eine Einstellung, mit der die Anima im Mann besonders zu verführen sucht. Ewige Schönheit gibt es in der Natur nicht; sie wechselt immer ab mit Häßlichkeit und Schrecken, und dasselbe gilt für unser Leben. Im *I Ging*[10] handelt zum Beispiel das Zeichen 22 von «Anmut» und «Schönheit». Dort kann man nachlesen, daß der große Weise, Konfuzius, einmal dieses Zeichen warf und sehr deprimiert wurde, weil ihm aufging, daß die Ästhetik auf viele Fragen des Lebens keine angemessene Antwort bedeutet.

Wir haben heute eine übertrieben ästhetische Haltung der Religion gegenüber. Unsere Kirchen, unsere Bilder und die Musik, alles muß so schön wie möglich sein, weil offenbar nur das Gott gefällt. Alles, was schmutzig, häßlich und verstimmt ist, gehört nicht dazu. Das zeigt, wie weit wir auch von diesem Vorurteil ergriffen sind – weshalb wir uns wundern, daß einige unserer Jugendlichen ihre wirklich religiösen Tänze in Kellern, im Schmutz schwitzend, tanzen und mehr innere Erlebnisse dabei haben als in sauberer kirchlicher Schönheit!

Die Chinesen, die als ein Volk von hoher Kultur und sehr gutem Ge-

---

10 *I Ging*. Das Buch der Wandlungen. Aus dem Chinesischen übertragen und erläutert von Richard Wilhelm, Düsseldorf-Köln 1956.

schmack immer vom Ästhetizismus bedroht waren, taten zum Ausgleich etwas, was tatsächlich nur ein Trick war, mir aber bezeichnend scheint. In den besten Zeiten der Han-, Sung- und Ming-Perioden, in denen die größten Kunstwerke entstanden, pflegte ein Künstler bei der Herstellung einer Vase oder eines bronzenen Gefäßes absichtlich einen winzig kleinen Fehler anzubringen, einen Kratzer oder einen Spritzer falscher Farbe, damit sein Werk nicht vollkommen war. Etwas Vollkommenes ist im tieferen Sinn des Wortes unvollkommen. Es muß die Gegensätze enthalten und, um vollkommen zu sein, ein wenig Asymmetrie aufweisen. Aber wir identifizieren immer noch unsere höchsten Werte mit ästhetischen Werten. Nur in der modernen Kunst etwa versuchen die Künstler, vom Ästhetizismus wegzukommen. Ihre Kunst möchte die falsche Art von Ästhetik zerstören und die «nackte Wahrheit» zeigen. Man kann die Schönheitssalbe, die Psyche ins Unbewußte versinken läßt, auch als die Gefahr des Fasziniertseins von der göttlichen *jenseitigen* Schönheit interpretieren. Sie hält einen ekstatischen Zustand fest, ohne Interesse für das konkrete tägliche Leben. Psyche zieht sich also in den Bereich der Götter, in das Reich der Venus, zurück und macht keine Fortschritte mehr auf ihrem Weg der Venus-Inkarnation in der Welt der Menschen.

Als Jung anfing, sich für Psychiatrie zu interessieren und am Burghölzli in Zürich arbeitete, sprach er zuweilen mit einer schizophrenen häßlichen alten Frau. Die Patientin produzierte interessantes Material, das er studierte und später veröffentlichte. Einmal besuchte Freud die Station und brach in die Worte aus: «Wie können Sie so lange Zeit mit einer so häßlichen Frau arbeiten?» Jung aber sagte, er habe gar nicht bemerkt, daß sie häßlich war.

Der Schönheitssinn der Anima des Mannes ist oft auch für seine Frau ein Problem. Es kann ja vorkommen, daß sie krank wird oder sich einer chirurgischen Operation unterziehen muß. Solche Frauen fürchten dann oft, sie könnten dadurch die Zuneigung ihres Mannes verlieren, was zeigt, daß die Gefühlsbeziehung nicht ganz richtig ist und die Frau sich nicht selber sein kann, sondern der Anima ihres Gatten zulieb eine Rolle spielt. In der Antike war das Ästhetische ein viel stärkeres Band zwischen den Menschen. Bei uns hat das Christentum einige Veränderungen gebracht, aber das Problem wurde nicht weiterentwickelt und braucht heute mehr Verständnis.

Trotz des ungewissen Schlusses unseres Märchens ist es klar, daß Psyche die Büchse öffnen *mußte,* weil sonst Eros nicht gekommen wäre, sie zu befreien. Dies ist im Grunde dasselbe Problem wie in der Paradiesgeschichte.

Denn wenn Adam und Eva den Apfel nicht gegessen hätten, würden wir noch immer mit langen Schwänzen, uns kratzend auf den Bäumen sitzen. Die katholische Kirche nennt darum die Schuld von Adam und Eva eine felix culpa, womit eine Sünde gemeint ist, welche die positivsten Auswirkungen hatte. Alle solchen unerlaubten Handlungen in Märchen und Mythen sind «felices culpae», weil sie schlußendlich zu höherem Bewußtsein führen. Was das Problem der Schönheitssalbe in der weiblichen Psychologie betrifft, bin ich überzeugt, daß dieses Motiv sich nicht auf die Psychologie der Frau bezieht. Frauen haben andere Probleme. Der Friseur, die Kosmetik und alle diese Dinge spielen zwar eine große Rolle im Leben der Frau, aber es handelt sich dabei um Teile ihrer persona[11] und ihrer bewußten, sozialen Persönlichkeit, nicht um etwas, was am entscheidenden Wendepunkt eines tiefgehenden Individuationsprozesses in Erscheinung tritt. In dieser Auffassung werde ich bestätigt durch die Tatsache, daß das Problem der Büchse der Schönheit nicht in anderen, seien es alte oder neue, ähnlich verlaufenden Volkserzählungen auftaucht. So sind wir wohl berechtigt, anzunehmen, daß es sich um eine Hinzufügung von Apuleius handelt und speziell ein Animaproblem illustriert. Die Frauen geht es aber insofern auch an, als die Animahaltung eines Mannes sie beeinflußt. Instinktiv möchte eine Frau so erscheinen, wie sie der liebende Mann zu sehen wünscht. Da ist keine bewußte Berechnung. Es gehört in gewisser Weise zum Wesen der weiblichen Natur, die Projektionen der Umgebung ein wenig auf sich zu ziehen und unbewußt danach zu handeln. Gewisse Frauen sind in dieser Richtung sehr begabt, und wir sprechen in unserer psychologischen Praxis von ihnen als Anima-Typen. Das wird selbst von ganz kleinen Mädchen praktiziert. Ein Mädchen möchte Schokolade haben, die es von der Mutter nicht bekommt, weil sie nicht gut für die Zähne ist. Wenn Papa heimkommt, lächelt es ihn rührend und reizvoll an und sagt: «Papa, nur dies eine Mal?» Müde vom Büro, und weil er sein kleines Mädchen nur am Abend sieht, schmilzt er natürlich dahin. So erreicht sie bei ihm alles, was Mama verboten hat. Kleine Mädchen von drei und vier Jahren spielen bereits perfekt die Rolle von Vaters Anima. Das ist eine instinktive Reaktion; wird sie aber zur Gewohnheit, bringt sie den klassischen Typ der Anima-Frau hervor. Obwohl eine Verführungshaltung bis zu einem bestimmten Punkt ganz legitim ist, geben solche Frauen manchmal ihre Persönlichkeit völlig auf und spielen nur

11 Ihrer sozialen Rolle oder Maske.

noch die Anima. Wenn sie in der Analyse mit einer anderen Frau allein sind, werden sie von Nichtigkeitsgefühlen überwältigt zusammenbrechen, da sie in sich selbst nichts sind. Sie wissen nicht, wer oder was sie sind oder sein könnten, wenn sie nicht ihres Mannes Anima darstellen. Ihre Existenzberechtigung ist sozusagen geliehen dadurch, daß sie eines Mannes Animaprojektion tragen, wobei sie in ihrer eigenen weiblichen Persönlichkeit ausgelöscht werden. Aber dann mißbraucht der Mann diese Situation, und bei der Gelegenheit wird der Frau klar, daß sie als menschliches Wesen einen Standpunkt einnehmen und sich von der Projektion des sie liebenden Mannes unterscheiden muß, selbst auf das Risiko hin, ihn zu enttäuschen oder eine schwerwiegende Störung ihres Verhältnisses zu riskieren. Dafür haben viele Frauen nicht genug Liebe, Mut oder Ehrlichkeit. Es ist ein Eheproblem par excellence und sehr schwierig für Frauen, die ihren Mann intensiv lieben. Sie wollen die Beziehung nicht aufs Spiel setzen, ziehen es vor, die Rolle weiterzuspielen, und verleugnen so eine instinktive Wahrhaftigkeit, die sie in sich spüren. Auf diese Weise halten sie auch den Mann im Unbewußten fest, da er sich niemals seiner Anima bewußt werden kann, weil seine Frau sie immer darstellt. Aber wenn sie das eines Tages nicht mehr tut, muß der Mann sich sagen: «Sie ist anders, als ich dachte!»

Jung erzählte uns einmal, wie er die Existenz der Anima entdeckte. Eine Frau, an der er sehr interessiert war, verhielt sich anders, als er erwartet hatte, und er war tief enttäuscht. Aber anstatt fortzulaufen, wie die meisten Männer in solchem Fall tun, ging er nach Hause und fragte sich, warum zum Teufel er von ihr erwartet hatte, anders zu sein! Dann ging ihm auf, daß er innerlich ein Bild der Idealfrau oder «wie die Frau sein sollte» in sich trug. Und nun hatte die ihn interessierende Frau sich nicht so verhalten. Das ließ ihn einen Schritt in der Realisierung seiner Anima vorankommen. Wenn deshalb eine Frau immer die von ihr erwartete Rolle spielt, hält sie ihren Mann davon ab, das innere Bild, seine Anima, zu erkennen. Aber da Frauen wissen, daß viele Männer, sobald sie sich abweichend von deren inneren Gefühlserwartungen verhalten, sie einfach fallenlassen, gehen sie das Risiko natürlich nicht gern ein. Solche Frauen geraten dann in einen Konflikt zwischen ihrer eigenen inneren Aufrichtigkeit und dem Risiko des Verlustes der Beziehung; dann beginnt das Ränkeschmieden.

Doch zurück zu unserer Geschichte: Psyche fällt in einen todähnlichen Schlaf, und Eros kommt, um sie zu retten. Eros ist, wie Merkelbach hervorhebt, eine auf Osiris hindeutende Gestalt, die am Schluß des Buches auf dem Höhepunkt der Einweihung vor Lucius-Apuleius erscheinen wird. Die Griechen identifizieren Eros mit Osiris; in der Tat stellt nach ägyptischer Auffassung Osiris den Männern und Frauen die wahre gegenseitige Liebe dar.[12] Eros und Osiris sind beide, psychologisch gesehen, Symbole des Selbst.

Dieser göttliche psychische Kern der Seele, das Selbst, wird im allgemeinen in Fällen extremer Gefahr aktiviert. Eros erscheint erst wieder, als Psyche am Ende ihrer Möglichkeiten ist. Aber dann entführt er sie in den Olymp, in die Welt der Götter. Das steht in Beziehung zu der Tatsache, daß Eros in dieser Erzählung wie ein unreifer Jüngling auftritt. Es scheint, als hätte Lucius noch nicht genug gelitten, um das Selbst innerlich zu erleben, und als wäre er noch nicht reif genug für eine tiefgehende religiöse Erfahrung.

---

12 Plutarch, *Über Isis und Osiris,* hrsg. von Theodor Hopfner, Bd. I, Darmstadt 1967, S. 30 f., 33 und 36.

Kapitel VIII

Charité, Tlepolemus und der chthonische Schatten

Wir sind am Ende, einem glücklichen Ende im Jenseits, der Psyche-Eros-Erzählung angelangt. Alles ist ins kollektive Unbewußte zurückgesunken, woher es gekommen war, was bedeutet, daß eine Realisierung im kollektiven Bewußtsein noch nicht möglich war.

Ähnliches kann man in kleinerem Maßstab in der psychologischen Praxis beobachten. Sehr häufig haben Menschen numinose Träume, sind aber so weit entfernt davon, ihr Unbewußtes zu verstehen, daß selbst in Zusammenarbeit mit einem die Symbolik erklärenden Analytiker die Botschaften ihr Bewußtsein nicht erreichen. Es geht alles nur «im Jenseits» vor sich und wird nicht verstanden. Jedoch bleibt es trotzdem irgendwo bestehen; ja es hat sogar einen unsichtbaren positiven Effekt.

In unserer Erzählung zeigt sich die positive Wirkung im folgenden: Lucius entschließt sich, wegzulaufen, und zwar erst, als Charité und er (der Esel/Lucius) von der alten Frau die Psyche-Eros-Geschichte gehört haben – nicht vorher. Die Geschichte muß ihn also irgendwo belebt, ihm Lebenshoffnung, Lebenswillen gegeben haben, wenn auch nur unbewußt. Charité ist ebenso beeinflußt worden, denn sie springt schnell auf den Rücken des Esels, als er fortläuft, um mit ihm zu fliehen. Als die alte Hexe beide zurückzuhalten versucht, gibt Lucius ihr einen kräftigen Tritt, der sie bewußtlos macht, und sie rennen davon.

All das ist ein unbewußter positiver Effekt des Märchens, obgleich sein wesentlicher Inhalt nicht wahrgenommen wurde. Voluptas und Schönheit ergreifen das Bewußtsein des Lucius, denn als er die Geschichte hört, sagt er: «Was für eine wundervolle Geschichte, hätte ich doch nur einen Stift und könnte alles aufschreiben!» Daran kann man ersehen, wie der Ästhetizismus sich auswirkt. Hätte Lucius sich gefragt, was das Märchen bedeuten soll, hätte er sehr viel mehr davon gehabt. So aber ist dies einschläfernde Element vorhanden. Wie auch immer, er versetzt dennoch der alten Frau, der besitzergreifenden Mutterfigur, einen Tritt und läuft davon. Charité jedoch macht alles zunichte durch ihren Wunsch, sich nach rechts zu wenden, wo ihre Eltern leben, obwohl Lucius weiß, daß sie dort den Räubern begegnen und wieder gefangengenommen werden. Er will nach links gehen. Aber Charité ist ein Mutterkind, sie wurde – wie der Text sagt – «vom Schoß ihrer Mutter» geraubt. Es ist diese gefühlsmäßige Bindung an die Mutter, die ihre gemeinsame Flucht vereitelt und sie wieder in die Hände der Räuber zurückfallen läßt.

Später taucht ein neuer Räuber, Haemus (von haima = Blut, also «der Blutige»), auf, und da er anzugeben und zu prahlen versteht, wird er als Superräuber in die Bande aufgenommen. Später entdecken wir, daß er tatsächlich Tlepolemus, Charités Bräutigam, ist, der sich so bei den Räubern eingeschlichen hat, um seine Braut zu befreien. Nachdem sie Lucius und Charité wieder eingefangen haben, beschließen die Räuber, das Paar zu bestrafen, indem sie den Esel töten, seine Eingeweide ausnehmen und das Mädchen so in den Bauch einnähen, daß nur noch ihr Kopf herausschaut. Dann sollen sie beide der glühenden Sonnenhitze ausgesetzt werden, damit sie langsam stirbt, eingenäht in den stinkenden Kadaver des Esels. Gerade dieser sadistische Plan hat eine seltsame symbolische Bedeutung, wenn man sich erinnert, daß Lucius seine Anima integrieren sollte. Sein Problem ist es ja, daß er das nicht tut, hingegen alles von außen als schön und ästhetisch befriedigend ansieht und niemals versucht, die Erlebnisse zu verinnerlichen. Wenn Charité in seinen Bauch eingenäht worden wäre, würde das bildlich die Integration (Verinnerlichung) der Anima darstellen.

Es wäre interessant, einmal all die mythologischen Strafen näher zu untersuchen, denn zumindest bei allen, die ich kenne, handelt es sich symbolisch um ein Bild der Erlangung des Individuationsziels, aber mit negativem Ausgang. Ixion zum Beispiel begehrte Hera, er wollte Bräutigam einer Göttin werden und wurde in der griechischen Unterwelt auf ein Rad (= Mandala) geflochten; oder Tantalus, der an einem Baum voller Früchte über einem See gefesselt hing und vor Hunger und Durst sterben mußte; oder endlich Sisyphos, verurteilt, unaufhörlich einen Stein auf die Höhe des Berges zu wälzen. Rad, Baum, Stein sind Symbole des Selbst. Das bedeutet also, daß man an das Prinzip der Individuation gefesselt ist. Wenn du ein Gott sein willst, nun gut, sei ein Gott! Die meisten Bestrafungen und sadistischen Folterungsphantasien haben einen solchen mythologischen Charakter, und die Symbole der Individuation erscheinen hier in einer negativen, destruktiven Form. Es sieht so aus, als ob der Prozeß der Individuation ein unerbittliches und unentrinnbares Naturgesetz in der Psyche des Menschen wäre. Wenn man sich ihm widersetzt, erreicht es sein Ziel im Negativen.¹ Diese mythischen Leiden enthüllen die tiefen Ursachen und den Sinn «ewiger» Qual, wie sie in den Neurosen und Psychosen erlebt wird.

Da Lucius noch nicht fähig ist, die Anima als etwas Psychisch-Wirkliches in seinem Inneren zu erkennen, planen die sadistischen Räuber, es ihm auf andere Weise beizubringen. Dazu kommt es aber nicht, weil Haemus ihre Unternehmung mit dem Vorschlag unterbricht, sie sollten sich lieber Geld beschaffen, indem sie den Esel verkaufen und das Mädchen an ein Bordell verschachern. Auf diese Weise rettet er beider Leben. Er schläfert dann die Räuber ein, indem er ihnen viel Wein mit einem betäubenden Mittel einflößt, und während sie schlafen, fesselt er sie und befreit seine Braut. Die Räuber werden später getötet, und ihr Unterschlupf wird zerstört. Tlepolemus vollbringt hier, was Lucius eigentlich hätte tun sollen: er handelt – und deshalb ist er, vom Aspekt Lucius des Esels her gesehen, immer noch sein autonomer chthonisch männlicher Schatten, der die vom Ich noch nicht integrierten Anteile, das Handeln, übernimmt. Es ereignet sich alles im Unbewußten oder in halb unbewußtem Zustand, und Lucius hat daher keinen direkten Vorteil davon.

Später erfahren wir, daß die Geschichte von Charité und Tlepolemus schlecht ausgeht. Ein anderer Mann, Thrasyllus (der Verwegene, Wagemutige im negativen Sinn des Wortes), verliebt sich in Charité und ermordet Tlepolemus niederträchtig. Merkelbach hat richtig hervorgehoben, daß diese Episode, in der Tlepolemus während der Jagd auf einen Eber getötet wird, wiederum eine Parallele zu dem Isis-Osiris-Mythos darstellt, wonach auch in verschiedenen Versionen Osiris von Seth in Gestalt eines wilden Ebers getötet wird. Dasselbe Motiv begegnet uns im Attis-Mythos.² So stoßen wir hier auf das Mythologem vom Tode des «puer aeternus», des göttlichen Muttersohnes, der von dunklen, brutalen, chthonischen männlichen Kräften vernichtet wird. An anderer Stelle habe ich das Problem der Identifizierung mit dem «puer aeternus» besprochen³, dem Problem des Mannes, der auf Grund seines Mutterkomplexes von seiner chthonischen Männlichkeit abgeschnitten ist und sich selber für den göttlichen Jüngling

---

1 Wie es ein lateinisches Sprichwort sagt: «Fata volentes ducunt nolentes trahunt» – das Schicksal führt die Bereitwilligen und schleift die Widerstrebenden mit sich.

2 Hugo Hepding, *Attis, seine Mythen und sein Kult* (Religionsgeschichtliche Versuche und Vorarbeiten, 1), Giessen 1903, S. 100.

3 Marie-Louise von Franz, *The Problem of the Puer aeternus*, Santa Monica 1981.

hält. In unserer Geschichte erscheint der Schatten verdrängter Männlichkeit zunächst in der Form der von Tlepolemus besiegten Räuber, dann als Thrasyllus. Die chthonische Männlichkeit oder die Fähigkeit zur männlichen Tat, die Lucius selber besitzen sollte, verbleibt im Unbewußten, und dort übt sie wahllos hilfreiche oder auch zerstörerische Wirkungen aus. Es geht vorwärts und rückwärts ohne Ergebnis. Warum in aller Welt gab Lucius der schönen Charité nach, obwohl er wußte, daß ihr Wunsch, den Weg rechts einzuschlagen, falsch war. Ihm fehlte die Tlepolemus-Thrasyllus-Qualität; er flirtete nur und versuchte, Charités Fuß zu küssen, was Zeitverschwendung war. Dadurch bekam der chthonische Schatten die Oberhand, denn er wirkt hier nie in bewußter Verbindung mit seinem Ich, so daß die ganze Bemühung wieder umsonst gewesen ist.

Das weitere Schicksal der beiden Paare verläuft tragisch. Charité und Tlepolemus werden getrennt, dann wiedervereinigt, und sie müssen gewaltsam sterben. Amor und Psyche werden zwar wiedervereinigt, aber erst im Jenseits. Auf eine Tatsache sei noch hingewiesen: antike Gemmen und Bilder zeigen Charité häufig als Braut von Eros. Sie ersetzt dort Psyche, so daß es zu jener Zeit jedermann klar sein mußte, wie sehr das eine Paar, Charité-Tlepolemus, eine Replik des anderen, Psyche und Eros, darstellte. Zusammen hätten sie die psychische Ganzheit repräsentiert, aber sie werden nicht vereinigt. Lucius steht außerhalb der Quaternität, und auch der Knabe Psyches wird nicht geboren. Das Ich, Lucius, hat eben nicht verstanden, was eigentlich vorging. So erreicht das Drama einen kritischen Höhepunkt, und dann verblaßt alles wieder. Der letzte Schritt fehlt. In unserer Geschichte ist das bewußte Ich so weit entfernt davon, zu verstehen, was sich innerlich ereignet, daß es sich außerhalb der Quaternität befindet. Wenn Lucius und Charité geheiratet hätten, wäre ein menschliches Paar gegenüber dem archetypischen göttlichen Paar entstanden und die Ganzheit real geworden. Aber die Tatsache, daß Lucius den Tlepolemus, seine Tatmenschseite, nicht integriert hat, macht den Fortgang des Prozesses unmöglich.

Wir stehen hier einem Problem gegenüber, das oft von den Psychologen übersehen wird, sei es von Analytikern der Jungschen oder anderer Richtung. Obwohl der Archetypus des Selbst manchmal schon im ersten Traum eines Menschen erscheinen kann, muß man doch zunächst, wie Jung betont, die Integration des Schattens bearbeiten. Tut man das nicht, so ist nachher das Ich zu schwach und hat nicht genug Substanz, um den inneren Prozeß durchzustehen. Man kann es mit dem Fang eines riesigen Fisches vergleichen, den man nicht ans Land bringt und der wieder verschwindet, mitsamt der Angel. Je mehr Schattenanteile das Ich integrieren kann, desto vitaler, substanzreicher und kräftiger wird es, so daß es im entscheidenden Moment «den Fisch an Land bringen» kann. Die moralischen und ethischen Qualitäten des Ich sind entscheidend, denn man kann sich nicht aus seinem vorgezeichneten Weg herausschwindeln. Dies sind sehr einfache Tatsachen, die aber viele Menschen nicht akzeptieren können, so daß ihre Individuation unmöglich ist. Das Leben selbst, zum Beispiel ein Unglück, kann helfen, den Schatten zu integrieren und das Ich zu stärken. Von Menschen der Umgebung gequält, von ihnen angegriffen zu werden, jede Art von Druck, wie zum Beispiel Armut, helfen, das Ich zu stärken. Ich würde sagen, daß regelmäßige Arbeit das Haupttheilmittel ist.

Ich erinnere mich an einen sehr intelligenten jungen Mann, der einen starken Mutterkomplex hatte und vorwiegend aus Interesse in die Analyse kam, aber er war faul – das heißt von dieser größten Leidenschaft der Menschheit besessen. In seinen inneren Gesprächen mit der Anima, die ihm als eine Göttin erschien, versuchte er sich realistisch zu verteidigen, kam aber nicht zurecht. Wenn er sie fragte, warum sie ihn quäle, antwortete sie, sie wünsche, daß er ein Mann werde. Er erwiderte, sie solle ihm eine Chance geben. Worauf sie ihm vorwarf, er sei zu schwach. Da fragte er, wie er sich richtiger verhalten könnte. Sie antwortete, er solle nach den Getreidefeldern, die hinter ihr lägen, blicken, sie abernten und die Ernte einbringen, dann würde er erst ein richtiger Mann sein. Menschen, die ein schwaches Ich haben, können nicht regelmäßig arbeiten. Jeder für etwas begeisterte Mensch kann zwar arbeiten, aber das Problem der Faulheit stellt sich, wenn man etwas tun soll, was man nicht gerne tut. Faulheit ist das Gängelband, mit dem uns dann die Große Mutter zu sich zurückholt; es ist ihr größter Zauber!

Tlepolemus ist der Mann, der im Krieg aushält und Schwierigkeiten durchsteht; Lucius ist vom Schicksal in Konflikte hineingezwungen worden, aber unfreiwillig. In der Mythologie gilt Ares, in einigen Mythenversionen, als Vater von Eros, und in dem Namen Tlepolemus liegt eine verborgene Anspielung auf Ares. Charité ist im geheimen eins mit Psyche, während Tlepolemus einen Aspekt von Ares darstellt. Er ist ein Bild des männlich aggressiven Muts, der Ausdauer und der Fähigkeit, einem Konflikt standzuhalten und durch ihn hindurchzugehen. Diese Qualitäten braucht der Mann der Frau gegenüber. Männer, die sie nicht haben, fürchten sich vor Frauen, weil sie fühlen, daß sie im entscheidenden Moment nicht instinktiv in überlegener Weise reagieren könnten. Wenn aber ein Mann die Frauen fürchtet, kann er sie nicht lieben, denn man kann nicht jemand lieben, vor dem man Angst hat, weil sich dann eine Frage des Machtvorranges einmischt. Wirkliche Liebe enthält ein großes Maß an Vertrauen, aber wenn man den anderen fürchtet, heißt das, kein Zutrauen zu ihm zu haben. Deshalb ist ein Muttersohn in bezug auf Frauen oft ängstlich und vermittelt ihnen das unbestimmte Gefühl, kalt und distant zu sein, denn er weiß, er wird nicht Herr der Situation bleiben, wenn die Frau einmal wirklich aggressiv werden sollte. Er wäre in diesem Fall nicht fähig, die mitgebrachten Blumen zurückzunehmen, die Tür zuzuknallen und etwas zu sagen, das energisch genug ist, ihren Animus zum Schweigen zu bringen. In der Ehe werden Männer, die ihre Männlichkeit nicht assimiliert haben, zu Pantoffelhelden, gerade gut genug, das Gepäck zu schleppen. Wenn die Frau eine heftige Szene macht, gehen manche Männer zu einem Freund, um sich beraten zu lassen. Der Freund sagt dann, er solle einen kühlen Kopf behalten und die Oberhand gewinnen; aber das hilft nichts, weil die Frau spürt, daß jemand anders ihm das geraten hat, und ihn deshalb nur auslacht. Die Abwehrreaktion muß im gegebenen Moment ganz spontan und aus der instinktiven Grundlage heraus geschehen, und das kann ein Mann nur fertigbringen, wenn er seinen «Tlepolemus» integriert hat. Dann kann er auf einmal in spontaner Weise reagieren, weil er die nötige Phantasie haben und die rechten Worte finden wird. Es braucht sogar nur ein Scherz zu sein, wenn sie mit ihrem entfesselten Animus um ihn herumtobt.

Eine seltsame kleine Anmerkung finden wir nach dem Tod von Tlepolemus, nämlich, daß Charité ihren toten Mann wie Liber – ein Beiname des Dionysos – verehrte. Dies deutet auf die Dionysosmysterien hin, welche zur Zeit des Apuleius ein Teil der Attis- und Osirismysterien geworden waren. Merkelbachs Bemerkung, daß Apuleius wahrscheinlich an diese Parallele dachte und diskret darauf hinwies, ist deshalb durchaus berechtigt. Aus den genannten Gründen kommt es also wieder nicht zur Heiligen Hochzeit, dem hieros gamos, und dem Heiratsquaternio. Alles versinkt im Todesbereich, ausgelöscht ohne ein konkretes Ergebnis, zuerst durch die Räuber, dann von Tlepolemus als Haemus und später durch Thrasyllus. Wenn jemand so seine Chancen verpaßt hat, wird hinterher seine Depression im allgemeinen viel schlimmer. Bekannt ist das Märchenmotiv, daß eine kostbare Blume alle neun Jahre auf einem Teich oder auf der Erde aufblüht, und wenn jemand diesen Augenblick verpaßt, muß er wieder neun Jahre bis zur nächsten Chance warten. Das sind diese numinosen Augenblicke einer möglichen Realisierung, und wenn man sie versäumt, ist es vorbei. Ich erinnere mich an einen Mann, der sich in eine Frau verliebte und sich aus konventionellen und moralischen Gründen nicht ernsthaft mit ihr einließ. Seine Träume quälten ihn immer und immer wieder damit, aber er schützte die ganze Zeit ethische Gründe vor, weshalb er die Beziehung nicht vertiefte, bis er schließlich mit einem Traum aufwachte, in welchem eine Stimme ihm sagte: «Wenn man in einem bestimmten Augenblick gewisse Dinge verpaßt, hat man sein ganzes Leben verfehlt.» Das erschreckte ihn genug, um zu handeln. Doch zurück zum Text:

Aus Dankbarkeit gibt Tlepolemus Lucius zu einem Gestütsbesitzer in Pension, wo er ein gutes Leben haben und glücklich sein sollte. Aber sowie er weit genug vom Heim des Tlepolemus entfernt ist, benutzt dieser Mann den Esel zum Drehen seiner Mühle. Im Altertum wurde das Getreide gemahlen, indem man es zwischen zwei Steinen zerrieb. Ein Tier – Kuh, Pferd oder Esel – oder sogar ein Sklave oder mehrere Sklaven mußten die Steine drehen. Dasselbe System wird in Ägypten noch heute zum Wasserschöpfen angewandt. Sich wie ein Mühlrad im Kreise drehen bedeutet, von einer Emotion umgetrieben zu werden. Wenn jemand in einem neurotischen Komplex feststeckt, dreht sich dasselbe Problem immer wieder in seinem Kopf. Die Menschen können nicht davon loskommen und erzählen einem dieselbe Sache immer und immer wieder. Aber wie wir gesehen haben, ist auch immer etwas Numinoses in dem Komplex verborgen, und im schlimmsten Zentrum der Neurose oder Psychose taucht sogar im allgemeinen ein Symbol des Selbst auf. Wenn man sich mit dem Verdrängen der Krankheit zufriedengibt, wird darum gleichzeitig auch das Symbol des Selbst verdrängt, und das ist es, warum Menschen – wie bereits erwähnt – oft dagegen ankämpfen, geheilt zu werden. Sie haben eine Ahnung, daß das Beste von ihnen in ihrem Leiden liegt.

Auf dem Grunde der Neurosen wie der Psychosen findet sich im allgemeinen ein Symbol des Selbst, aber es ist dort in einer Form konstelliert, die noch nicht assimilierbar ist. So ist Lucius an das Mühlrad gefesselt, ohne irgend etwas zu verstehen. Das Bild ist besonders bezeichnend, da die Tiere oder die Sklaven meistens eine schwarze Binde vor den Augen trugen, damit sie nicht schwindlig wurden. Das ist ein Bild jeder neurotischen Situation: mit verbundenen Augen muß man sich im circulus vitiosus schinden, sich um das psychische Zentrum drehen, ohne etwas «sehen» zu können und den Sinn des Leidens zu verstehen. Es ist die klassische circumambulatio der Alchemie, aber in ihrer negativen Form.

Nach dieser Episode wird Lucius an eine Frau und einen heranwachsenden Knaben verkauft. Der Junge benutzt ihn, um Feuerholz aus den Bergen zu holen. Als er dort allein mit ihm ist, macht er sich ein Vergnügen daraus, ihn sadistisch zu quälen; er verbreitet auch im Dorf üble Geschichten über ihn, behauptet, Lucius habe Frauen in sodomitischer Absicht verfolgt, und erreicht damit, daß der Esel zur Kastrierung verurteilt wird.

Dieser Junge stellt die allernegativste Version des «puer aeternus»-Symbols dar, er ist der dunkelste Schatten von Gestalten wie Attis und Osiris und auch von Lucius selber. Der Schatten eines jungen Mannes, dessen Gefühle unentwickelt sind, hat oft die kindischen Einfälle der Pubertät, wie etwa jene Jugendlichen, die Petroleum über einen Landstreicher schütten und ihn anzünden, um sich an seiner Reaktion zu vergnügen. Es steht ein fehlgeleiteter Instinkt dahinter! Jugendliche, die durch eine sogenannte «gute Erziehung» kastriert wurden, diese allerliebsten kleinen Jungen einer guten Mutter, haben häufig ein heimliches Verlangen nach dem, was man die blutige Grausamkeit des Lebens nennen könnte. Es ist normal für junge Männer während der Pubertät, eine gewisse Neugier gegenüber den grausamen und dunklen Seiten des Lebens zu entwickeln, ins Leichenschauhaus zu gehen, um zu erfahren, wie Leichen aussehen, oder auf dem Hinterhof des Dorfmetzgers das Töten von Tieren zu beobachten. Solche Jungen suchen instinktiv eine Schockwirkung zu erfahren, um aus der sie einlullenden honigsüßen Atmosphäre zu Hause aufzuwachen. In gewisser Hinsicht entspricht darum ein bestimmtes Maß von Neugier gegenüber dem Bösen einem gesunden Instinkt. Es bedeutet, daß der junge Mann die Wahrheit des Lebens sucht und sich sehnt zu wissen, wie die Dinge wirklich sind. Natürlich wird es aber pathologisch, wenn er keine Grenzen erkennt. Bei Apuleius finden wir dieses Element verarbeitet. Lucius ist nicht grausam, ja nicht einmal fest entschlossen genug mit Charité umgegangen. Wenn er auf der Flucht nur gesagt hätte: «Halt den Mund jetzt, wir gehen, wohin ich will, lieben können wir uns später» oder «Du kannst später heulen, aber jetzt wünsche ich, dies oder das zu tun!» Das wäre die Aufgabe eines Mannes gewesen, aber er versäumte, im richtigen Augenblick gegenüber ihrem sentimentalen Unsinn grausam zu sein. Dadurch wurde sein Schatten autonom und destruktiv und quält ihn jetzt. Lucius wird deshalb nun von dem sadistischen Knaben gepeitscht, gezüchtigt und gequält, das heißt, er leidet unter einer kindischen Selbstkritik, die zu nichts führt. Schließlich kommt es so weit, daß die Dorfbewohner beschließen, ihn zu kastrieren, und nur, indem er über seine Feinde uriniert, kann er ihnen entkommen.

Urin ist in alchemistischen Texten eine besonders produktive und positive Substanz. Urina puerorum, Knaben-Urin, ist zum Beispiel eine der vielen Bezeichnungen für die Prima materia des alchemistischen Steins der Weisen. Daran glaubte selbst im 19. Jahrhundert noch der Schriftsteller Gustav Meyrink, der heimlich auch Alchemie betrieb. Er zahlte in Prag eine Menge Geld für ein altes WC und grübelte einige Jahre darin herum, weil er soviel über Urin in den Texten gelesen hatte. Im Kanton Appenzell ist die Ausübung ärztlicher Praxis ohne medizinische Ausbildung nicht verboten, weshalb sich dort eine Menge Naturheilkundige – gute und schlechte – häufen. Manche von ihnen verordnen noch heute den Leuten, ihren eigenen Urin zu trinken, da er das wunderbarste Heilmittel gegen praktisch jede Krankheit sei.

Das Urinieren ist eben das einzige körperliche Bedürfnis, das wir nicht ganz beherrschen können. Selbst im Militärdienst hat jeder das Recht, auszutreten, und nicht einmal der General kann es verbieten. Urinieren ist deshalb ein Symbol für die Äußerung der eigensten innersten Natur, also tatsächlich etwas von höchstem Wert, und deshalb beschäftigen sich auch so viele Witze damit. (Selbst der Kaiser muß aufs Pissoir gehen und so weiter.) Dieser Drang besiegt den Willen des Menschen. Er sieht sich hier einem Zwang gegenüber, der stärker ist als er selbst. Schlaf und Hunger können für längere Zeit verdrängt werden, das Urinieren nicht. Und wegen dieser Unmöglichkeit ist es ein «Gott», nämlich stärker als der Mensch. Es durchkreuzt alle Pläne. In der Analyse passiert es sehr häufig, daß Menschen, wenn sie nicht aufrichtig sagen, was sie sagen sollten, oder eine Übertragung nicht zugeben oder Gott weiß was unterdrücken, gezwungen werden, dreimal in der Stunde hinauszugehen. In nächtlichen Alpträumen irren Menschen oft mit einem solchen Drang umher und können nicht den richtigen Platz finden, was immer heißt, daß sie ihrer wahren Natur nicht Ausdruck geben können. Wenn also Lucius hier mit Hilfe des Urinierens entkommt, bedeutet das, daß er in letzter Minute zu einem vollkommen natürlichen, unverfälschten Ausdruck seiner selbst zurückkehrt und dadurch sein Leben rettet. Es zeigt, daß seine innerste Echtheit nicht gebrochen ist, und wenn er ganz in die Enge getrieben wird, kommt sie gegen seinen Willen zur Wirkung. So manifestiert sich eigentlich das Prinzip der Individuation in dieser etwas unästhetischen Form.

Mit dem Tod von Tlepolemus und Charité endet jegliches positive Liebesleben in dem Roman; von da an gibt es nichts mehr als Ehebruch, Homosexualität und Sodomie, mit Ausnahme des letzten Kapitels. Die Themen des Romans sind jetzt Perversion, Verbrechen und Folterung. Der schreckliche Knabe wird zunächst von einem Bären getötet. Darauf bekommt seine Mutter einen Wutausbruch gegenüber dem Esel, den sie beschuldigt, für den Tod des Jungen verantwortlich zu sein. Diese Anschuldigung ist nicht ohne symbolische Bedeutung: der Bär ist ein Muttersymbol und ein zu Artemis gehörendes Tier. In amerikanisch-indianischen Überlieferungen wird er – wie in Griechenland – mit Wahnsinn, aber auch mit heilenden Kräften in Verbindung gebracht.

Im Griechischen ist das Wort «arktos» für Bär weiblich. Der sadistische Knabe ist deshalb in Wirklichkeit von der gleichen destruktiven Großen Mutter verschlungen, die Lucius bedroht. Die negativen Elemente vernichten sich gegenseitig, was Lucius schließlich ermöglicht, zu entkommen. Wenn Menschen in einen Konflikt verwickelt sind, werden die inneren Gegensätze immer versuchen, ihn hineinzuziehen, aber falls es ihm gelingt, «draußen», das heißt objektiv zu bleiben, werden sie sich vielleicht gegenseitig vernichten, wie es hier der Bär (Große Mutter) und der sadistische Knabe (negativer puer) tun.

Von hier an wird der Roman eher etwas langweilig. Eine widerliche Affäre folgt der anderen. Aber psychologisch ist diese ermüdende Wiederholung nicht zufällig. In einer Analyse spielt sich häufig etwas Ähnliches ab. Im allgemeinen gibt es dort eine Phase, in der die Neurose sich eher verfestigt und der Prozeß weniger fließend wird als bis dahin. Die Neurose baut einen Abwehrmechanismus auf. Man spürt, daß ein Teil des Lebens ausgeschlossen ist, denn dieselbe schlechte Erfahrung wiederholt sich unaufhörlich. Ständig hofft man, daß etwas sich ändern möge, aber es erfolgt nichts, und so kann die große Emotion, die alle neurotische Fixierung hinwegschwemmen würde, nicht durchbrechen. Die lange Periode solch einer neurotischen Situation ist in diesem Teil des Buches beschrieben. Ich weiß für solche Fälle keine allgemeingültige Lösung. Man hat das Gefühl, daß die Analyse fähig sein sollte, die Blockierung zu durchbrechen und eine Entscheidung zu erzwingen, aber man kann den Kern der Persönlichkeit nicht erreichen. Die Versuchung liegt dann nahe, aufzugeben und den Fall einem Kollegen zu übergeben. Die andere Möglichkeit besteht darin, sich weiter zu mühen, selbst wenn es Arbeit von zwei oder drei Jahren bedeutet, in der Hoffnung, daß das Unbewußte eines Tages genug Energie für einen Durchbruch angesammelt haben wird. Das ist es, was sich schließlich in unserer Geschichte ereignet; erst nach einer langen widrigen Stagnation kommt der große Durchbruch im elften Kapitel. Vieles hat sich, wie in unserer Zeichnung veranschaulicht, über und unter der Linie ereignet, aber jetzt erfolgt eine Weile lang nur Unsinn, oberhalb und unterhalb ereignet sich ebenso wenig, und man wundert sich, wo die psychische Energie geblieben ist.

Am Ende dieses langweiligen Teiles erfolgt dann die großartige Erscheinung der Göttin Isis. Hinterher wird dadurch deutlich, was vorher eigentlich vorging: während man sich durch den schmutzigen Unsinn durcharbeitete, hat sich die ganze Lebensenergie in den tieferen Schichten des Unbewußten angestaut, bis der heilende archetypische Inhalt hervorbricht. Die Natur hatte vorher immer und immer wieder versucht, durchzukommen, nun scheint sie abzuwarten, bis sich genug Explosivkraft aufgestaut hat. Allerdings ist das auch gefährlich, weil die Energie dann in einer übermächtigen Weise zurückkehrt. Nachdem man sich durchgearbeitet hat, kann man eine schockartige Lösung oder eine Katastrophe erwarten, weil sich die Natur um die Form des Durchbruchs nicht kümmert. Eine positive Realisierung kann unter Umständen erst auf dem Totenbett erfolgen, denn das Ende kann auch eine Krebserkrankung sein, und die Realisierung der inneren Einheit mag sich erst in der letzten Stunde ereignen.

Auf jeden Fall gibt es hier nun eine Ruhepause, in der die Natur ihre Kräfte sammelt. Ein Hinweis darauf findet sich bei der Schilderung der Drachenepisode: der Esel und sein Herr gehen in einiger Entfernung an einem Drachen vorbei, der alles verschlingt. Diese scheinbar bedeutungslose Episode und die Tatsache, daß kein Kampf mit dem Drachen stattfindet, besagt: die «verschlingende Mutter» hat nun ihre tiefste, kälteste und zerstörerischste Form angenommen und ist im Erdinneren verschwunden. Der Mutterkomplex ist eine völlig destruktive Kraft geworden. Nichts ereignet sich mehr auf der Bewußtseinsebene. Der Gott Seth, der Feind des Osiris, wurde zuweilen in der Gestalt eines Krokodils oder eines Drachens dargestellt; es ist also gleichsam er, der nun die ganze unbewußte Ebene beherrscht. Wenn ein Archetypus die Form eines Drachens oder einer Schlange annimmt, heißt das, er befindet sich auf einem so tiefen Niveau, daß er sich nur noch im psychosomatischen Bereich, im System des Sympathikus, manifestieren kann. Der Konflikt hat dann eine nicht mehr assimilierbare Form angenommen: es wird dann auch keine wesentlichen Träume mehr geben. Es herrscht die Stille vor dem Sturm.

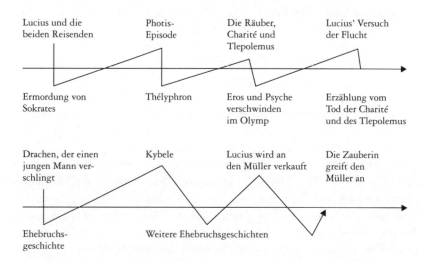

Der tragische Tod von Tlepolemus und Charité, die in der Unterwelt verschwinden, wird uns in einer Nebengeschichte erzählt und nicht als Episode des Hauptthemas berichtet. Das ist ein entscheidender Punkt, von dem an alle Ereignisse, die sich bisher auf der Bewußtseinsebene abspielten, ins Unbewußte fallen, wo sie in der Form eingefügter Erzählungen ablaufen. Sie verschwinden im Hades, im Land des Todes.

Über beides, den Olymp und den Hades, herrscht Zeus. Ein Paar des Romans verschwindet im ersteren, das andere im letzteren, aber beide versinken im Bereich des Unbewußten ohne Verbindung zum menschlichen Leben. In gewisser Weise ist so der Heiratsquaternio wieder zusammengefügt, aber im Jenseits, über das wir nichts wissen. Erst am Schluß ereignet sich eine Entwicklung, die in der entgegengesetzten Richtung verläuft: Isis steigt aus dem Reich der Unterweltgötter empor. So verbindet sich der Tod von Charité und Tlepolemus mit Lucius' Wiedergeburtsprozeß durch Isis und Osiris am Ende der Erzählung.

Während der Zeit seiner Flucht hört Lucius in einem Gasthaus die Geschichte von einem Sklaven, der eine freie Frau liebt und dessen Ehefrau so unglücklich ist, daß sie sich und ihr Kind tötet. Der Wirt des Hauses erfährt davon, hängt den Sklaven an einen Baum und beschmiert seinen Körper mit Honig, so daß die Ameisen ihn auffressen. Honig ist eine Substanz, die in den Mysterien und im Mutterkultus eine Rolle spielt, so wird der Mann mit «Muttersubstanz» bestrichen, die die Ameisen herbeilocken soll. Die Ameisen kann man hier mit dem zersetzenden Effekt des Mutterkomplexes vergleichen. Was ein Erlebnis der Vereinigung hätte sein können – man erinnert sich der positiven Rolle der Ameisen im Psyche-Märchen –, wird hier destruktiv. Schwärme von Ameisen oder Wespen und dergleichen künden manchmal in Träumen eine sehr gefährliche Dissoziation an. Ehe zum Beispiel der Kaiser Nero geisteskrank wurde und nachdem er seine Mutter getötet hatte, träumte er, daß sein Pferd von einem Schwarm Mücken verfolgt werde. Damals wurde seine latente Psychose manifest.

Der Sklave, der die freie Frau liebt, personifiziert wiederum einen Aspekt von Lucius selbst. Wie Menschen heute noch ihren Schatten auf Hausmädchen oder Bedienstete projizieren, projizierten im antiken Rom die oberen Schichten ihre gewöhnlicheren und niederen Reaktionen auf die Sklaven. Robert Graves betrachtet dies in seiner Einleitung zu seiner Übersetzung des Romans sogar als einen der wichtigsten Aspekte des Buches.[4]

Wir wissen, daß ein Mann mit einem Mutterkomplex bis zu einem gewissen Grad von seiner chthonischen Männlichkeit abgeschnitten ist, das heißt von seinen niederen und «gewöhnlichen» Reaktionen. Der pädagogische Animus seiner Mutter hat sich bemüht, ihn davon abzutrennen, weil diese Reaktionen jene virile Kraft enthalten, die den Mann von der Mutter lösen könnte. Darum wirkt der kastrierende Effekt des Animus der Mutter[5] nicht nur abtrennend auf die Sexualität, sondern auch auf alle anderen niederen Primitivreaktionen. Heutzutage könnte man denken, daß solche Fälle das Ergebnis christlicher Erziehung wären, was insofern wahr ist, als diese die Ablehnung des Animalischen verstärkt, aber das Problem existierte auch schon vor dem Christentum. Es hat im Westen immer eine Tendenz bestanden, diesen Anteil abzutrennen, um eine höher differenzierte Bewußtseinsebene zu erreichen. Wenn das in falscher Weise bewerkstelligt wird, ist das Resultat eine Spaltung, und der Mensch hat keine Basis fruchtbarer, primitiver Erdhaftigkeit mehr.

---

4 Apuleius, *The golden Ass,* transl. by Robert Graves, Edinburgh 1958.
5 Animus ist der meist unbewußte männliche Seelenanteil in der Frau.

Ich möchte hier ein Beispiel anführen: ein Mann, der sehr edle und ausgeprägt christliche Ideen und die Haltung eines Gentlemans hatte, heiratete. Alles schien in Ordnung zu sein, bis seine Frau eine Affäre mit einem anderen Mann begann. Als ich den Ehemann das erste Mal sah, erwartete ich die ganze Litanei seiner Eifersucht zu hören. Aber er war nicht eifersüchtig! Er sagte, daß sie vereinbart hätten, sich gegenseitig volle Freiheit zu lassen, was er für eine konventionelle Gepflogenheit hielt. Ich sagte, daß dies zwar richtig sei, aber daß man doch wohl irgendwo eine primitive Reaktion hätte. Er aber erschien so idealistisch, daß er keine andere Reaktion zu empfinden schien. In seinem Traum jedoch stand der ganze Keller in Flammen, und ein affenartiger Mann darin schlug außer sich vor Wut um sich. Natürlich hatte der Patient doch die normale Reaktion! Aber sie war völlig verdrängt und deshalb viel destruktiver, als wenn er sie wahrgenommen hätte. Das sind die Sklavenreaktionen in uns, in denen man weder edel noch vernünftig ist.

Wir sind die Opfer unserer Leidenschaften und unserer Habgier. Wir sind «Sklaven», die passiven Opfer von Ereignissen im Leben, die man beachten muß. Aber wenn eine schizoide Spaltung vorliegt, werden diese Emotionen nicht nur nicht herausgelassen, sondern sogar nicht einmal wahrgenommen. Es gibt hierbei ein Für und Wider, ob man sie herauslassen soll, aber in jedem Fall ist es notwendig, sich seine primitiven Reaktionen *bewußtzumachen*. Manche Menschen sind so identisch mit ihren Idealen, daß es ihnen gelingt, ihre emotionalen Reaktionen ganz abzutrennen und ehrlich zu behaupten, sie empfänden nichts Derartiges. Doch «der Keller steht in Flammen», und dort sind natürlich all die vulgären, grundlegenden, primitiven oder animalischen Reaktionen doch vorhanden, in denen man nicht frei, sondern durch seine Leidenschaften gebunden ist, die üblicherweise auf die unteren Volksschichten oder politischen Gegner projiziert werden.

Ich kenne einen wohlerzogenen Mann aus guter Familie, den echten Typ edler fin de race[6], der wahrscheinlich, selbst wenn er zur Toilette geht oder sich die Nase putzt, denkt, er tue dies anders als gewöhnliche Leute. Er träumt fast jede Nacht, daß die Kommunisten in seine wunderschöne Villa einbrächen. Ordinäre Kerle brechen ein und zerschlagen all die schönen Dinge, die er von seinen Vorfahren erbte. Da er sich nicht in einer Analyse

---

6 Im Original französisch.

befindet, hält er dies für eine parapsychologische Prophezeiung dessen, was in der äußeren Wirklichkeit kommen werde. Er glaubt, die Kommunisten werden Europa zerstören, und sieht nicht, daß der Traum für ihn eine sehr persönliche Bedeutung hat. Er hat den «Mann von der Straße» in sich selbst verdrängt und auf die Kommunisten projiziert. Jeder in dieser Richtung Gespaltene ist im geheimen von den Kommunisten fasziniert und hilft hinter seinem eigenen Rücken zur Verbreitung des Kommunismus, weil ein Teil seiner selbst sich hinter dem Eisernen Vorhang befindet und sogar hofft, daß die Kommunisten in Europa vordringen werden. Menschen, die sich am meisten vor ihnen fürchten, unterstützen sie so und sympathisieren mit ihren Ideen, obgleich sie als erste unter ihrem Regime verzweifeln würden. Die Kommunisten tragen also häufig die Projektion des gemeinen Mannes aus dem Volke, der nicht integriert wurde.

Wir alle haben einen gewöhnlichen Mann oder eine gewöhnliche Frau mit den Reaktionen des Menschen von der Straße in uns, und das Seltsamste dabei ist, daß es sich hier sogar um einen Aspekt des Selbst handelt, letzteres ist nämlich Höchstes und Tiefstes zugleich. So heißt ja auch Christus in der Bibel zugleich «König der Könige» und «Knecht». Er wurde wie ein Sklave gekreuzigt. Das erscheint als ein Paradoxon. Menschen, die nicht viel von Jungscher Psychologie und Individuation wissen, halten diese für etwas Esoterisches und Aristokratisches. Sie realisieren nicht, daß der Individuationsprozeß immer in zwei gegensätzlichen Richtungen verläuft: sich einerseits weniger identisch mit den Emotionen, individueller und differenzierter zu entwickeln, aber ebenso den «Mann von der Straße» zu integrieren. Der Prozeß umschließt eine Ausdehnung der Persönlichkeit nach oben und nach unten. Die allergewöhnlichsten und die bescheidensten Qualitäten müssen integriert werden, weil sich sonst eine Art von falschem Individualismus einschleicht, der nicht mit der wirklichen Individuation verwechselt werden darf. Je höher ein Baum wächst, desto tiefer müssen seine Wurzeln reichen, und je mehr man sich bewußt entwickelt, desto größer ist auch die Notwendigkeit, die allgemeinen menschlichen Reaktionen in Bescheidenheit und Einfachheit zu akzeptieren. So symbolisiert der Sklave eine neue weitere Schattenfigur in Lucius, die sich nach Befreiung sehnt. Aber dieser Sklave sucht die Freiheit auf egoistische Weise: er handelt von sich aus, ohne ein Zeichen der Götter abzuwarten, und vernachlässigt zudem noch Frau und Kind. Deshalb kann er nicht zum Ziel kommen. Die Mächte des Unbewußten zerstören ihn. Nur wenn Isis, die Erlöserin, und Osiris auf der

Schwelle des Bewußtseins bei Lucius erscheinen würden, wäre auch eine echte Befreiung seiner Sklavenseite möglich.

In dieser und einigen anderen, noch folgenden Geschichten ist nichts Magisches oder Numinoses mehr enthalten. Man erinnert sich: die erste und die zweite Geschichte handelten von Zauberkraft, die dritte hatte magischen Inhalt. Aber nachdem das Heiratsquaternio nicht zustande kam und Charité, eine Personifizierung des Gefühlslebens von Lucius, in der Unterwelt verschwunden ist und damit gänzlich abgetrennt wurde, entarten die eingeschobenen Geschichten. Übrig bleibt nur menschlicher Schmutz. Das Gefühl entscheidet, ob etwas wertvoll ist oder nicht; wenn deshalb die Gefühlsfunktion im Leben unterdrückt wird, können die Menschen nicht mehr auseinanderhalten, was wichtig und was banal ist. Alles verflacht sich in undifferenziertem menschlichem Schmutz. Manchmal ereignet sich in einer Analyse wochen- und monatelang nichts als Geschwätz und das «Waschen schmutziger Wäsche». Nichts Archetypisches oder Numinoses konstelliert sich mehr, und keine Änderung tritt ein. Man kann dann nichts tun als warten und sich in der Zwischenzeit mit dem menschlichen Dreck abmühen.

Kapitel IX

Der Esel im Dienst mehrerer Herren

Der Esel wird nun auf den Markt gebracht und an einen alten homosexuellen Mann verkauft, den Hauptpriester eines Wandertrupps, der mit einem Bildnis der syrischen Göttin Kybele umherzieht. Der alte Mann, Philebus, ist ein Liebhaber junger Männer. Diese Gruppe von Leuten benimmt sich wie heute gewisse tanzende Derwische im Orient; am Ende ihrer Tänze fallen sie zu Boden, bringen sich Verletzungen bei und sammeln dann Geld von den Zuschauern ein. Ferner schwelgen sie aber hier in homosexuellen und sodomitischen Vergnügungen. Diese Leute kaufen den Esel, und Lucius muß das Bild der Göttin sowie einige ihrer Sachen tragen. Apuleius beschreibt, wie sie tanzen und wie einer von ihnen plötzlich unter tiefem Seufzen vortäuscht, vom himmlischen Atem der Göttin erfüllt zu sein, und in einem Zustand der Ekstase Prophezeiungen ausstößt. Dann folgt ein Satz, der verrät, warum Apuleius diese Episode eingeschaltet hat. Er sagt, daß der Tänzer vorgab, in einem manischen Zustand zu sein, so «als ob menschliche Wesen durch die Anwesenheit der Götter schwach und krank würden und nicht besser, als sie vorher waren». Er hebt hier hervor, daß, wenn eine Verbindung mit dem Göttlichen keinen heilenden Effekt hat, es sich um eine krankhafte Religiosität handelt.

Falls man glaubt, Apuleius habe diese Schilderung bewußt eingefügt, könnte man die Beschreibung der großen Göttin Kybele als ein wundervolles Gegenbild zu den Isismysterien am Schluß des Buches erklären: zuerst haben wir die Ekstase und religiöse Erfahrung in ihrem destruktiven Aspekt vor uns, und der Mann ist von der Göttin besessen, weil er ihr nicht *dient*. Dann folgt hierzu am Ende das positive Gegenbild.

Wenn ein Archetypus auf Realisierung drängt, kann diese in positiver oder negativer Weise erfolgen. Ist der Mensch aufnahmebereit und zugewandt, wird es eine heilende Erfahrung, aber wenn man vor dem Archetypus flieht, wird er negativ und besessenheitserzeugend, man gerät in den Griff der «Großen Mutter». Der homosexuelle alte Mann ist vom Mutterarchetyp besessen, und dadurch hat er nur ein pseudoreligiöses Erlebnis.

Viele Homosexuelle scheinen ein reiches innerpsychisches Leben zu haben, eine künstlerische und religiöse Seite, aber wenn man näher hinschaut, fehlt oft etwas. Obwohl diese Seite bewunderungswürdig ist und dem Leben eine gewisse Tiefe und Größe gibt, fühlt man manchmal, daß sie nicht ganz echt ist und nicht genug Substanz hat. Sie ist nicht ganz überzeugend, irgendwo nicht wirklich. Natürlich gilt das nicht für alle Homosexuellen.

Es gibt in der Beschreibung noch einen anderen Aspekt, der auch in unserer Zeit ein großes Problem darstellt: der Beat und andere wilde Tänze, die heute den Platz des konventionellen Tanzes einnehmen. Unsere Situation gleicht der des Römischen Weltreiches in so vielem! Was den Kindern in religiöser Hinsicht heute geboten wird, ist oft ungenügend und erreicht die emotionalen Tiefen nicht mehr. So haben sie natürlicherweise ein Verlangen danach, ekstatisch ergriffen zu werden und Augenblicke zu erleben, in denen man der eigenen elenden Existenz enthoben wird. Weil sie den Wein des Heiligen Geistes nicht bekommen, trinken sie statt dessen das schmutzige Wasser der Straße. Sie wenden sich wilder Musik und Tänzen zu, werden drogensüchtig und sogar kriminell. Auch die politischen Demonstrationen in der Masse bedeuten für viele Jugendliche nicht politische Aktivität, sondern entspringen oft eher dem Verlangen nach ekstatischer Erfahrung. Nur weil sie die Ekstase nicht im Religiösen erleben, schließen sie sich politischen Massenbewegungen an, die eine morbide, pseudoreligiöse Ekstase bieten. Dies zeigt eine Degeneration der religiösen Funktion; je mehr das religiöse Problem außer acht gelassen wird, desto mehr gibt es solche kompensierenden Ersatzerscheinungen.

Der Esel gerät nun in eine weitere Gefahr: die Truppe bleibt über Nacht in der Nähe eines reichen Hauses, aus dessen Küche ein Hund eine fette Hirschkeule gestohlen und aufgefressen hatte, die zum Abendessen gebraten werden sollte. Der Koch ist verzweifelt und nahe daran, sich aufzuhängen, als seine Frau ihn davon abhält und ihm rät, den fremden Esel heimlich zu töten, um ersatzweise eine seiner Keulen zu verwenden. Niemand würde den Unterschied merken, wenn sie gebraten und mit einer guten Sauce serviert würde. Der arme Esel zerreißt in seinem tödlichen Schrecken sein Halfter und rennt in einen Wohnraum, wo er die ganze Gesellschaft durcheinanderbringt, indem er alles Essen und die Getränke vom Tisch auf den Boden wirft. Der Herr des Hauses befiehlt, ihn einzusperren. In diesem Moment kommt ein Junge mit der Botschaft, daß in der Stadt ein tollwütiger Hund sei, der viele Menschen und Tiere gebissen habe, und jedermann ist so erschreckt, daß sie den Esel sofort getötet hätten, wenn er sich nicht selbst durch Flucht in das Schlafzimmer des Herrn gerettet hätte. Dort wird er eingeschlossen, legt sich auf das Bett, schläft die ganze Nacht in menschlicher Umgebung und wacht erfrischt auf. Die Leute spähen durch das Schlüsselloch, und als sie ihn ruhig und friedlich sehen, debattieren sie, was zu tun sei. Einer schlägt vor, ihm Wasser zu geben, um zu prüfen, ob er tollwütig sei, aber der Esel beweist seine Gesundheit, indem er das Wasser gierig trinkt, und wird deshalb wieder mit der Statue der syrischen Göttin und allerlei Plunder beladen und fortgetrieben. Dem Schicksal des Gegessenwerdens entronnen, zieht er mit den tanzenden Kybelepriestern weiter.

In dieser letzten Geschichte beginnt der Esel zum ersten Mal wieder menschlicher zu werden. Für kurze Zeit benimmt er sich wie ein menschliches Wesen. Es ist interessant, daß die Menschen um ihn herum gerade seine Menschlichkeit als Tollwut interpretieren. Dazu gibt es eine Parallele im analytischen Prozeß, denn wenn ein Patient beginnt, gesünder zu werden, halten ihn die Menschen seiner Umgebung manchmal für verrückter als je zuvor und tun alles, was sie können, ihn in die Krankheit zurückzuzwingen. Die Rückkehr zum Normalen wirkt schockierend auf die Umgebung. Die Projektion der Krankheit, die man vorher auf den «anderen» warf, zu sich zurücknehmen zu müssen, wirkt immer lähmend auf eine gewöhnliche Gruppe. Wenn die andere Person normal wird, ist das Gleichgewicht gestört. In der Gruppe besteht deshalb eine unbewußte Tendenz, den Entwicklungsprozeß im Kranken zu verhindern.

Ich hatte einmal ein betrübliches Erlebnis, als ich ein großes Krankenhaus in den Vereinigten Staaten besuchte. Ein Analytiker unserer Gruppe hatte einige Patienten ausgewählt und in persönliche Analyse genommen. Unter anderem hatte er ein fünfzehn Jahre altes Mädchen ausgesucht, das von ihrem Vater, einem Trinker, vergewaltigt worden war; sie wurde ins Spital gebracht und als schizophren diagnostiziert. Sie war kataton. Der Analytiker hatte sie behandelt, und ihr Zustand besserte sich merklich. In einem Augenblick, in dem das Mädchen sich viel wohler fühlte, ging sie in die Küche und stahl einen großen Schokoladenkuchen. Sie aß ihn nicht selbst auf, sondern brachte ihn in die Kinderabteilung und verteilte ihn; das gab ein wundervolles Fest, und die ganzen Betten waren mit Schokolade beschmiert. Die Oberschwester erschien in flammender Empörung und sagte, das Mädchen müsse wieder eingeschlossen werden, sie sei völlig irr, der Psychotherapeut sei im Begriff, ihr großen Schaden zuzufügen, sie müsse wieder mit Schocktherapie behandelt werden usw.! Es war das Paradebeispiel eines entfesselten Animus. Der behandelnde Arzt sagte: «Sehen Sie nicht, daß dies eine wesentliche Besserung ist, daß sie ein Gefühl für andere Kinder hat und Kontakt zu ihnen aufnahm?» Aber der Haushalt war belastet, und deshalb meinte die Schwester, sie müsse krank sein und wieder geschockt werden. Wenn Menschen anfangen, normal zu werden, geraten sie oft in ein Übergangsstadium, in dem sie eine Belästigung für die Allgemeinheit darstellen, weil sie nicht mehr krank, aber auch nicht ganz normal angepaßt sind. Die Menschen ihrer Umgebung geraten dann außer sich, denn sie schätzen nicht, wenn die Dinge sich ändern. Hier wird ein Esel ein wenig menschlich, und das wird sofort als «Tollwut» interpretiert.

Danach folgt die Geschichte von dem Kaufmann, der eines Morgens unerwartet heimkommt, als der Liebhaber seiner Frau anwesend ist. Die Frau versteckt ihn unter einem Faß und zankt mit ihrem Ehemann, daß er müßig herumwandere, während sie so hart arbeiten müsse. Er aber antwortet, daß er im Gegenteil sehr tätig und erfolgreich gewesen wäre, er habe das Faß, das da nur unnütz herumstehe, für etwas Geld verkauft. Die Frau erwidert darauf, sie hätte es noch besser gemacht und das Faß für mehr verkauft. Der Mann, der gewillt sei, es zu kaufen, inspiziere es gerade. Der Liebhaber zeigt sich dann selber und meint, das Faß sei schmutzig, so daß er nicht sehen könne, ob es Risse habe oder nicht, und der Mann solle ein Licht bringen. Der ahnungslose Ehemann holt eine Lampe und schlägt vor, das Faß selber sauberzumachen, was er dann auch tut, während die beiden anderen, hinter dem Faß versteckt, sich weiter verlustieren.

Die Anekdote enthält weder magische noch übernatürliche Elemente, sondern ist eine ganz gewöhnliche Ehebruchsgeschichte. Während früher die Erzählungen über der horizontalen Linie der Bewußtseinsebene unseres Diagramms realistisch waren und die unter der Linie numinos, sind die letzteren nun banal, und im bewußten Leben von Lucius zeigt sich dafür eine falsche Art der Ekstase. Das ist typisch, wenn eine falsche Verbindung mit dem religiösen Element besteht. Das Ich berauscht sich in einer unechten Ekstase, während das Unbewußte immer banaler wird. Die Anima, welche die Vermittlerin zu den tieferen Seelenschichten sein sollte, erfüllt ihre Funktion nicht mehr. Die Ehe wird ein Mißerfolg, und dieser Ehebruch ist nichts als rein sexuelle Zerstreuung ohne Gefühl oder Liebe. Die Anima ist in einen undifferenzierten, unmoralischen Zustand abgesunken.

Die Priester der syrischen Gottheit werden später ergriffen und des Diebstahls angeklagt. Der Esel wird wieder einmal verkauft, diesmal an einen Bäcker, dessen Mühle er drehen muß. Das wirft ein Licht auf die soziale Situation der Zeit. Lucius sieht dort die armen Sklaven, Säcke tragend, in jammervollem Zustand, und andere, gezeichnet von den Eisen, die ihre Köpfe gebrannt hatten. Die Gesichter einiger waren von Rauch geschwärzt und die anderer voller Wunden. Auch die Pferde waren alt und schwach und mit Narben bedeckt. Sie husteten unaufhörlich, ihre Flanken waren vom Geschirr kahlgescheuert und die Rippen durch Schläge gebrochen. Ein schrecklicher Anblick, und Lucius denkt kummervoll über sein eigenes Verhalten als Mensch nach. Sein einziger Trost in der gegenwärtigen schlimmen Situation ist, daß er hören und verstehen kann, was um ihn herum vorgeht, da niemand ihn fürchtet oder ihm mißtraut. Er erinnert sich, wie Homer schrieb, daß «ein weiser Mann sei, wer mehrere Länder und Staaten bereise», und dankt seiner Eselsgestalt für diese Erfahrungen.

Wenn man die Denkmäler in Griechenland und Rom bewundert und der Fremdenführer erzählt, wie hochstehend die damalige Zivilisation war, ist es Zeit, sich zu erinnern, daß diese Kulturen Sumpfblüten waren. Es besteht eine unheimliche Analogie zu unserer Zivilisation, in der eine gewisse Gruppe intellektuell und moralisch differenziert ist, die Masse aber undifferenziert bleibt. Nach einer Weile wird das, was aufgebaut wurde, von dem undifferenziert Gebliebenen hinweggewaschen. Wir haben es hier mit dem Problem der sogenannten minderwertigen Funktion[1] zu tun. Wenn Einzelindividuen, anstatt ihre bewußte Hauptfunktion überstark zu differenzieren, an ihren anderen Anteilen arbeiteten und sie wenigstens auf eine gewisse Ebene brächten, würde sich eine solche Spaltung – individuell wie im Kollektiv – nicht ereignen. Wir sind in unserer Zeit mit derselben Spaltung konfrontiert, innerlich wie äußerlich. Sie zeigt sich vor dem schrecklichen Hintergrund von sozialem Egoismus, der unsere Kultur bedroht.

Natürlich gab es in der Antike einige Ausnahmen, wie Seneca, den stoischen Philosophen, aber die meisten anderen schlossen ihre Augen vor der Tatsache, daß viele Menschen als Sklaven unter fürchterlichen Bedingungen leben mußten. Seneca lehrte, daß Sklaven so human wie möglich

---

1 Nach Jung besitzt das bewußte Ich vier Funktionen: Denken und Fühlen, Empfinden und Intuieren, je zwei einander gegenüber. Als die minderwertige Funktion wird die nicht differenzierte bezeichnet. Siehe C.G. Jung, *Psychologische Typen,* GW 6, § 109 (neuere Auflagen §§ 112f.).

behandelt werden sollten, zum eigenen Besten, denn man könne doch das Essen nicht genießen, das von einem unglücklichen Sklaven serviert würde! Solche Ansichten berührten aber die meisten Römer nicht, und deshalb war das späte Römische Reich – wie Jung hervorhob – von einer seltsamen Melancholie erfüllt, vom Verlangen der Sklaven nach Befreiung. Die oberen Schichten waren tief deprimiert, kannten aber, wie zum Beispiel Horaz und sein Freund Maecenas, die Ursache nicht. Erst die christliche Religion schien dem Leben eine «neue» Sinn-Bedeutung zu geben. Einmal mehr sind wir in derselben Situation wie das Römische Weltreich, weshalb wir einige unserer intellektuellen und technischen Errungenschaften aufgeben müßten, um die psychische Dissoziation zu heilen, die uns zu zerstören droht, weil sonst der dunkle Sumpf die Blüte wieder zurückholt, die aus ihm herausgewachsen ist.

In der Mühle hört der Esel einige weitere Ehebruchsgeschichten, die aus einem früheren Roman übernommen worden sind. Apuleius-Lucius erzählt, daß der Bäcker ein rechtschaffener und vernünftiger Mann war, aber seine Frau das abscheulichste Weib auf der ganzen Welt. Sie gäbe sich fortgesetzt der Hurerei hin. Ein altes Weib, eine «Botschafterin des Unheils», die ihr Haus täglich heimsucht, erzählt der Frau nun die folgende Geschichte:

Barbarus, ein Senator der Stadt, den die Leute wegen seiner scharfen Art auch Scorpion nannten, ließ – eifersüchtig, wie er war, und in dem Wunsch, die Keuschheit seiner Frau bewachen zu lassen – diese in der Obhut des Sklaven Myrmex (Ameise). Er drohte ihm den Tod an, wenn irgendein Mann seine Frau nur im Vorübergehen mit dem Finger berühren würde. Myrmex erlaubte ihr deshalb nicht, auszugehen, und saß sogar neben ihr, wenn sie spann, und begleitete sie persönlich zum Badhaus. Aber ein gewisser Philesiterus, den das erzählende alte Weib als Liebhaber für die Bäckersfrau empfiehlt, ist verliebt in sie und besticht Myrmex mit Geld, von dem ein Teil für ihn und ein Teil für die Frau sein soll. Zunächst weist Myrmex das Ansinnen zurück, aber dann befragt er die Frau, und diese willigt aus Geldgier ein. Myrmex bringt Philesiterus verkleidet zu seiner Herrin. Um Mitternacht kehrt der Ehemann unerwartet zurück. Myrmex trödelt beim Aufmachen der Haustür, so daß Philesiterus entkommen kann, jedoch seine Schuhe vergißt, die der Ehemann am nächsten Morgen findet. Er verdächtigt Myrmex, führt ihn gefesselt vor Gericht, und beim Überqueren des Marktplatzes begegnen sie Philesiterus. In der Befürchtung, daß die ganze Geschichte rauskommen könnte, schlägt dieser

Myrmex auf den Kopf und beschuldigt ihn, in der voraufgegangenen Nacht seine Schuhe im Bad gestohlen zu haben. So sind beide gerettet.

Die Geschichte braucht nicht viel Erläuterungen. Sie ist auf die Ebene von Menschen abgesunken, die Insektennamen tragen und nichts als grausame, instinktive tierische Reaktionen zeigen. Bei Insekten handelt es sich um Reaktionen des sympathischen Nervensystems mit all seiner Kälte, Brutalität und sinnlichen Lust. Da ist nichts Menschliches mehr zurückgeblieben. Wir erinnern uns indessen auch, daß die Ameise ein Symbol des primitiven Menschen ist. Sie siegt über den Skorpion, der als Personifikation des Bösen interpretiert werden könnte.[2] Es ist also doch ein kleiner Fortschritt zu verzeichnen: der autochthone echte Mensch wird gerettet und der wirklich Böse überlistet.

Die Bäckersfrau entscheidet sich dann, Philesiterus zu ihrem Liebhaber zu machen, und bereitet ein besonders gutes Abendessen mit viel Wein vor. Kaum hat er sich aber zu Tisch gesetzt, als der Ehemann nach Hause kommt und die Frau den Liebhaber nur noch unter einer Wanne verstecken kann. Der nichtsahnende Ehemann erzählt seiner Frau von einer Nachbarin, die ihren Liebhaber unter einem Weidenkorb versteckte, der zum Bleichen darübergehängter Tücher durch Schwefeldampf diente. Als alle anderen Hausbewohner bei Tisch saßen, mußte der Versteckte niesen. Zuerst dachte der Mann, seine Frau habe geniest, aber als es sich wiederholte, wurde er argwöhnisch, fand den Liebhaber und hätte ihn getötet, wenn er, der Bäcker, ihn nicht davon abgehalten hätte.

Die Bäckersfrau kann die andere Frau gar nicht genug beschimpfen, aber sich ihres eigenen Liebhabers erinnernd, versucht sie ihren Mann zum Zubettgehen zu überreden. Er dagegen wünscht, vorher zu Abend zu essen, und sie ist gezwungen, ihm das für den anderen vorbereitete Essen anzubieten. Der Esel, angewidert von ihrem Verhalten, tritt auf die unter der Wanne vorstehenden Finger des jungen Mannes und reißt ihm die Haut auf. Dieser schreit auf, der Ehemann entdeckt ihn und rächt sich an ihm, indem er seine Frau einsperrt und ihn in seinem eigenen Zimmer vergewaltigt. Am nächsten Morgen wird er noch verprügelt und aus dem Haus gejagt. Der Bäcker verstößt seine Frau, und letztere besticht eine Zauberin, ihr zu helfen. Da jedoch keiner ihrer Zaubersprüche den Mann zur Versöhnung brin-

---

2 Zum Skorpion vgl. Luigi Aurigemma, *Le signe zodiacal du Scorpion dans les traditions occidentales de l'antiquité gréco-latine à la Renaissance,* Paris-La Haye 1976. Diese sehr schöne Studie über die Mythologie des Skorpions enthält eine bemerkenswerte Ikonographie.

gen kann, schickt sie eine alte Frau in sein Haus. Unter dem Vorwand, ein Geheimnis besprechen zu müssen, zieht diese ihn mit sich in einen Nebenraum. Als der Bäcker nicht wieder erscheint, brechen die Diener die Tür auf und finden ihn erhängt. Später erscheint er seiner Tochter als Geist mit dem Strick um den Hals und berichtet ihr, was sich mit ihm ereignet hat; er erklärt die näheren Umstände seines Todes und wie er durch Zauberei ins Totenreich spediert wurde.

Die Bäckereien, wie auch die Mühlen, waren in der Antike manchmal eine Art Bordell. Der Bäcker selber gilt als ein Diener der Mutter-Göttin des Getreides, Demeter.[3] Hier wird er von der «Großen Mutter» in Form einer Zauberin vernichtet. An dieser Stelle wird eine der Ehebruchsgeschichten zum ersten Mal wieder weniger banal, weil das magische übernatürliche Element in Form einer Geistererscheinung wieder hineinkommt, wenn auch in einer archaischen Form. Dies beweist, daß das Problem auf eine zu niedrige Ebene abgesunken ist, um noch zur praktischen Integration führen zu können. Das alte Weib, das den Mann zum Selbstmord verführt, repräsentiert das völlig abgetötete Gefühl, denjenigen Teil der Anima, der sich in der Unterwelt der Geister befindet. Charité hatte ja Selbstmord begangen und ist nun in der Unterwelt. Wenn die Anima eines Mannes sich in einen Totengeist verwandelt, wird die Situation gefährlich, weil dann der Mann zum Suizid verlockt wird. Indessen liegt darin doch auch ein positiver Aspekt, weil wenigstens das Übernatürliche wieder in Erscheinung tritt. Deshalb kann man sagen, daß hier die dunkle Muttermacht zurückkommt, wenn auch in einer unheimlichen, geisterhaften Gestalt.

Der Esel wird nun an einen armen Gärtner weiterverkauft. Dieser gibt einem ehrbaren Mann aus der nächsten Stadt ein Nachtquartier und wird zur Belohnung später in dessen Haus mitgenommen, wo man dem Gärtner ein wunderbares Essen serviert. Während er ißt, produziert eine Henne ein Küken, statt ein Ei zu legen, die Erde unter dem Tisch öffnet sich und speit Blut aus, und im Weinkeller gärt der Wein wild in den Fässern. Dann wird ein Wiesel gesehen, das eine tote Schlange ins Haus zerrt, ein lebendiger Frosch springt aus dem Maul eines Schäferhundes, und unmittelbar danach erwürgt ein Widder den Hund. Während jedermann über diese Ereignisse entsetzt ist, wird die Botschaft gebracht, daß alle drei Söhne des wohl-

---

3 Werner Danckert, *Unehrliche Leute*. Die verfemten Berufe, Bern und München 1963, S. 138 ff.

habenden Mannes tot sind. Der gute Mann ist so außer sich über diese schreckliche Nachricht, daß er sich selbst die Kehle durchschneidet. Der Gärtner begibt sich mit dem Esel nach Haus. Auf dem Heimweg wird er von einem Soldaten angegriffen, der den Esel verlangt. Der Gärtner versucht, ihn davon abzubringen, und als der Soldat nicht hören will, stößt er ihn nieder, läßt ihn scheinbar tot liegen und flüchtet. Er bittet einen Freund im nächsten Ort, ihn vor der Polizei zu verstecken, die ihn des Mordes anklagen wird. Der Freund verbirgt ihn in einem oberen Stockwerk seines Hauses, aber unvorsichtigerweise steckt der Esel seinen Kopf zum Fenster hinaus, und einer der Polizisten erblickt seinen Schatten. Beide, der Esel und der Gärtner, werden dadurch entdeckt und letzterer eingekerkert.

Das wichtige an dieser Geschichte ist, daß Lucius hier unbewußt mit dem Bösen zusammenwirkt und hilft, seinen Herrn zu vernichten, der doch ein guter Kerl war. Das tut er, indem er «seinen Schatten zeigt». Dies ist bedeutungsvoll, wenn man sich erinnert, daß das Buch von einem neuplatonischen Philosophen geschrieben worden ist. Die Neuplatoniker glaubten an die Vorherrschaft des Guten und daran, daß das Böse nur eine Art von Ungewißheit und Mißverständnis sei. Gestützt auf diesen illegitimen Optimismus, versuchte Plato, sich in Sizilien in die Politik einzumischen, und erlitt bekanntlich Schiffbruch; er wurde sogar als Sklave verkauft. Gegen Ende seines Lebens mußte daher Plato seine zu optimistischen Ansichten korrigieren und seine Theorien überarbeiten, da seine bitteren Erfahrungen ihm gezeigt hatten, daß das Böse existierte und die reale Welt nicht mit seinem idealen Bild übereinstimmte. Dieses Thema wird auch in unserem Roman dargestellt und zeigt, wie die Realität einem neuplatonischen Philosophen erscheint. Bis dahin haben sich die Geschichten mit dem Problem der Beziehung befaßt, aber von nun an taucht das Problem von Gut und Böse mit einer deutlichen Tendenz zum Pessimismus auf. Die bösen Kräfte dominieren, und der Esel wirkt sogar unfreiwillig mit ihnen zusammen. Auch in unserer Kultur besteht noch dieses Problem. Viele haben eine zu optimistische Vorstellung vom Bösen. Je mehr wir einseitig idealistisch sind und den Wunsch hegen, gut und recht zu handeln, desto mehr arbeiten wir unfreiwillig dem Bösen in die Hände. Wenn man sich hingegen bemüht, auch die dunklere Seite einzubeziehen, kann man vermeiden, daß das Dunkle sich plötzlich überstark aufdrängt. Gutes zu tun mag immer noch das Ziel sein, aber man wird bescheidener im Wissen, daß man durch Allzugutsein die kompensierende destruktive Seite konstelliert. Realistischer ist es, Gutes nicht in falscher Weise zu tun und hierdurch mit der linken Hand das Gewicht des Bösen zu vermehren, ohne es wahrzunehmen, und sich dann hinterher mit der Aussage zu rechtfertigen, man hätte nichts davon gewußt.

Dieses Problem ist besonders akut für diejenigen, die Analytiker werden wollen. Immer und immer wieder sind Analytiker mit den besten Absichten zu gut zu den Analysanden und erzielen schlechte Ergebnisse, ohne sie wahrzunehmen. Sie realisieren nicht, daß sie einem in Verzweiflung anrufenden Analysanden durch zuviel Mitgefühl möglicherweise schaden könnten. Gibt man zuviel an Mitgefühl oder an Zusammenarbeit, macht man den Analysanden von sich abhängig, was nicht die Absicht sein kann. Das ist nur ein Beispiel dafür, wie die besten Absichten zum Falschen führen können, sobald man nicht skeptisch genug sich selbst gegenüber bleibt und sich nicht seines Schattens bewußt ist.

«Gute Absichten» können also sehr fragwürdig sein und äußerst gefährlich werden. Aber was tun? Was kann einen leiten? Nur die Träume können uns anzeigen, was vorgeht und wie unsere Motivation wirklich aussieht. Das Gleichgewicht und die Gesundheit des Analytikers sind deshalb von größerer Wichtigkeit als seine dubiosen guten Absichten. Nach dem Problem des Bösen stellt sich auch noch das der seelischen Gesundheit. Vom zehnten Kapitel an wird das Problem in unserm Buch ein medizinisches, es geht um Krankheit und Medizin.

Die nächste Geschichte handelt nämlich von einer Stiefmutter und ihrem Stiefsohn. (Hier sollten wir uns erinnern, daß Apuleius Jurist war.) In kurzen Zügen verläuft die Geschichte wie folgt: Der Esel wird von dem Soldaten übernommen, den der Gärtner niedergeschlagen hat. Die beiden kommen in einen kleinen Ort, wo der Esel die Geschichte von einem jungen Mann und seiner Stiefmutter erfährt. Sie ist verliebt in ihren Stiefsohn und so von ihrem Begehren geplagt, daß sie nach ihm schickt und ihn bittet, in ihr Zimmer zu kommen. Der junge Mann handelt zurückhaltend, indem er sagt, sie sollten einen passenden Moment abwarten, wenn sein Vater abwesend sei. Die Frau überredet ihren Mann, auf eine Reise zu gehen, und setzt dann dem jungen Mann zu, der immer wieder Ausflüchte vorbringt, bis ihr klar wird, daß ihm nichts an ihr gelegen ist, worauf ihre Liebe in Haß umschlägt und sie und ein Sklave planen, ihn umzubringen. Der Sklave kauft Gift, aber durch ein Mißgeschick trinkt es ihr leiblicher Sohn, nicht der Stiefsohn, und fällt tot um. Die Frau schickt nach ihrem Ehemann und berichtet ihm, daß ihr Sohn von seinem Stiefbruder vergiftet worden sei. Dem Vater wird klar, daß er im Begriff steht, beide Söhne zu verlieren. Sobald die Beisetzung vorüber ist, zeigt er den Stiefsohn an, daß er seinen Bruder getötet und seine Stiefmutter belästigt habe, so wie die Frau es ihm dargestellt hatte. Die Senatoren und Räte werden zusammengerufen, der Ankläger und der «Missetäter» herbeigeschafft und ihren Advokaten befohlen, die Sache vorzutragen. Der Sklave wird ebenfalls zitiert, und auch er beschuldigt fälschlicherweise den Stiefsohn. So wird der junge Mann, entsprechend den Rechtsvorschriften gegenüber Brudermördern, dazu verurteilt, mit einem Hund, einem Hahn, einer Schlange und einem Affen, in einen Sack eingenäht, getötet zu werden.

In diesem Augenblick tritt ein Arzt auf und sagt aus, daß der Sklave ihm hundert Kronen für etwas Gift angeboten habe. Er zeigt die hundert Kronen vor und erklärt gleichzeitig, daß er mißtrauisch geworden sei und nicht Gift, sondern einen Mandragoratrank gegeben habe, der nur vorübergehend einschläfere. Man würde deshalb den Jüngling lebendig vorfinden. Der Stein wird von dem Grab entfernt und der Sohn lebendig gefunden. Dementsprechend wird das Urteil verkündet: die Frau wird verbannt und der Sklave ans Kreuz geschlagen.

Im Gerichtshof war jedermann zuerst bereit, den Stiefsohn zu verurteilen. Wäre der alte Arzt nicht erschienen, so wäre die ganze Sache schlecht ausgegangen. Das Problem von Gut und Böse ist auch heute so subtil und schwierig geworden, daß es weit über die Kategorien von Gut und Böse der Rechtsprechung hinausreicht. Es ist zum Teil eine Frage von psychischer Gesundheit oder Krankheit geworden. Immer und immer wieder erfahren wir, daß ein Mensch mit den besten Absichten, wenn er neurotisch ist, eine negative Wirkung ausstrahlt. Daher ist das Problem von Gut und Böse mit dem der psychischen Gesundheit verkettet.

Hier liegt für uns insofern wieder eine Übereinstimmung mit der römischen Zivilisation vor, als zu dieser Zeit die Leute zu glauben begannen, Zivilisation sei eine Frage von Paragraphen und des Rechts. Aber die psychische Gesundheit des Individuums ist eigentlich von größerer Bedeutung. Daher ist es bei Apuleius der Arzt, der die Sache in Ordnung bringt, und nicht die Juristen, die ein falsches Urteil fällen. Auch wir leiden oft an der Tatsache, daß viele unserer führenden Politiker neurotisch sind; daran sehen wir, wie brennend das Problem noch immer ist. Im Fall eines Diebstahls wird bei primitiven Stämmen nicht der Richter, sondern der Medizinmann gerufen, der die Situation klären und Richter über Gut und Böse sein muß. In unserer Kultur klaffen die Ansichten über Recht und Gesundheit weit auseinander. Ich glaube, daß nur Dezentralisation in gewissem Umfang hilfreich sein könnte, da in einer kleineren Gruppe jedermann weiß, wenn zum Beispiel der Bürgermeister neurotisch ist. Seine Frau wird über ihn sprechen usw. In kleinen Gruppen, zum Beispiel Dorfgemeinschaften, kennt jeder noch jeden und hat ein Gefühl dafür, ob der andere psychisch gesund oder neurotisch ist.

Merkelbach hat die in diesem Zusammenhang behandelte Geschichte bereits interpretiert, indem er sie in Beziehung zu den Mysterien des Osiris setzte.[4] In seiner Sicht stellen die beiden Brüder Osiris und Seth dar: die Wahrheit und die Lüge. Die Auferstehung (Wiederbelebung) des unschuldigen Stiefsohnes erinnert an die Auferstehung des Osiris. Der weise Arzt ist ein auf den Gott Thot-Hermes hindeutendes Bild. Nach Plutarch ist Thot der kosmische Logos und der große Arzt.[5] Mit diesen ganz alltäglichen Bildern bereitet sich also schon die Enthüllung der großen Initiationsmysterien am Schluß des Buches vor. Zum ersten Mal – oder wenigstens fast erstmalig – trägt hier das positive Element, die Wahrheit, den Sieg über die Mächte des Bösen davon. Unmerklich findet eine Wendung im psychischen Prozeß statt, die zu einer Rückkehr des positiven Elements führt.

Lucius wird nun wieder auf dem Marktplatz verkauft. Diesmal hat er Glück, weil seine neuen Herren ein Koch und ein Bäcker sind. Sie stehen als Sklaven in den Diensten eines reichen Mannes und bringen alle Arten von Fleisch, Süßigkeiten und Gebäck mit nach Haus. Lucius, der Esel, entdeckt diese Leckereien und stiehlt davon. Die zwei wundern sich, wie die Lebensmittel verschwinden, schließlich schöpfen sie Verdacht und beobachten und ertappen den Esel. Sie rufen ihren Herrn, damit er selbst dieses seltsame Tier sehen soll, was zur Folge hat, daß Lucius mit einer Serviette um den Hals an den Tisch gesetzt wird. Als Esel muß er sehr aufpassen, nicht zu verraten, daß er in Wirklichkeit ein Mensch ist, und täuscht deshalb vor, nur langsam wie ein Mensch essen zu lernen. Die Leute sind entzückt von seiner Intelligenz und lehren ihn auch, zu tanzen und Fragen zu beantworten.

4 Rudolf Merkelbach, *Roman und Mysterium in der Antike*, S. 82 ff.

5 Plutarch, *Über Isis und Osiris*, S. 54. Die Mandragorawurzel, die der Arzt der Dienerin gibt, ist wieder ein Bild des Osiris «ohne Haupt» (akephalos), siehe Merkelbach, ebenda, S. 85.

Der Besitzer der zwei Sklaven trägt den interessanten Namen «Thiasus», was gleichbedeutend ist mit der Bezeichnung der orgiastischen Vereinigungen in den Dionysosmysterien. So bekommt das Geschehen oder die Wiedervermenschlichung des Esels eine Verbindung zu den Dionysischen Mysterien. Das ist bedeutungsvoll. Sieht man orgiastische Kulte nur oberflächlich an, so scheint ihre Absicht darin zu liegen, den Menschen durch Ekstase in einen tierischen Zustand zu versetzen. Aber aus anderer Sicht dienten sie gerade eher dazu, das Tier im Menschen zu humanisieren. Apuleius knüpft hier an diese ihre geheimere Bedeutung an. Die Mysterien hatten nicht den Sinn, das Tierisch-Triebhafte zu befreien, sondern eher diese Seite des Menschen in eine geeignete Form zu bringen, in der sie integriert werden konnte. Thiasus verkörpert daher etwas Göttliches, das dem Esel hilft, auf die menschliche Ebene zurückzukommen.

Anschließend verliebt sich eine reiche Matrone in den intelligenten Esel und hat das Verlangen, mit ihm zu schlafen. Und nun wird die groteske Geschichte, wie sie mit dem Esel schläft, erzählt. Wenn man dies symbolisch versteht, zeigt es, daß die Anima sich bemüht, Lucius, der unter die menschliche Ebene hinabgesunken war, zu vermenschlichen. Obgleich eine Animagestalt versucht, ihn zu heilen, verläuft diese Anstrengung einer Befreiung aber nicht ganz erfolgreich, weil sie sich auf der Ebene des sexuellen Vergnügens abspielt. Doch melden sich Anzeichen, daß die Situation sich bessert: Die Besitzer des Esels sind weniger grausam, und ein menschliches Wesen «liebt» ihn sogar. So entwickelt sich der Prozeß einer Re-Humanisierung von allen Seiten. Die Enantiodromia, der Umschlag ins Gegenteil, hat eingesetzt.[6]

In einer persönlichen Analyse ist dies ein gefährlicher Moment. Wenn die ersten Symptome einer positiven Wandlung erscheinen, besteht die größte Gefahr, daß der Patient Selbstmord begeht. Seltener ist das der Fall, wenn er seine schlimmsten Zeiten durchmacht, aber an dem Punkt des ersten Auftauchens einer Enantiodromie, muß man im allgemeinen mit einem letzten Ausbruch von Destruktivität rechnen. Im Moment, in dem der Teufel und die zerstörerischen Kräfte das Spiel zu verlieren beginnen, muß man von ihnen eine letzte Attacke erwarten. Dasselbe ereignet sich im Exorzismus: die Teufel tun im letzten Moment irgend etwas Schreckliches.

---

6 *Enantiodromia* bezeichnet bei Heraklit die Umkehrung eines Zustandes in sein Gegenteil. Jung braucht das Wort im selben Sinn.

Sie lassen die Lampen in den Kirchen explodieren oder fahren aus unter Hinterlassung eines fürchterlichen Schwefelgestankes, denn Teufel gehen nie ruhig weg, sondern bieten ein letztes Schauspiel ihrer bösen Künste. Das ist psychologische Wirklichkeit. Man muß deshalb sehr aufmerksam auf jenen gefahrvollen Moment achten, in dem eine Besserung einsetzt.

Kapitel X

Lucius findet zu sich selbst zurück

Nach zunächst langsamem Abstieg führt die letzte Geschichte zu einem negativen Höhepunkt: Lucius sollte sich öffentlich sexuell mit einem minderwertigen, kriminellen Weibsstück vereinigen. Sie hatte mehrere Leute mit Gift umgebracht und stellt die schändlichste Kreatur im ganzen Roman dar. Lucius fühlt sich äußerst abgestoßen, in aller Öffentlichkeit Beilager mit einer solchen Frau zu halten. Hier weigert er sich zum ersten Mal entschlossen, sich von den Fallstricken des negativen Weiblichen einfangen zu lassen. Er steht zu sich selbst und insistiert auf seiner eigenen moralischen Haltung. In einem Moment allgemeiner Verwirrung entflieht er aus dem Zirkus in die Straßen der Stadt. Er trabt am Strand entlang nach Kenchrae, einer berühmten Hafenstadt, und weiter, unter Umgehung der Menschenmenge, zu «einem verschwiegenen Platz an der Meeresküste», wo er sich erschöpft niederlegt und in tiefen Schlaf fällt.

Die Tatsache, daß er an die Meeresküste und unter Meidung der Menschen an einen einsamen Platz geht, ist bedeutsam. Das entspricht in dem früher vorgebrachten Diagramm dem tiefsten Punkt: er hat den Grund seines Elends erreicht. Er ist in seinen bitteren Erfahrungen durch persönliche Tragik gegangen und nun an das Meer, an die Schwelle zum kollektiven Unbewußten gelangt. Zum ersten Mal sucht Lucius er selbst zu sein, es mit seinem eigenen Elend und seiner Einsamkeit auszuhalten, und in diesem Zustand der Erschöpfung schläft er ein.

Apuleius läßt Lucius berichten: «Ungefähr um die erste Nachtwache wurde ich durch ein jähes Erschrecken aus dem Schlaf geweckt. Eben stieg in vollem Glanz der Mond aus den Meeresfluten herauf.»[1] Seine Gedanken wenden sich der Muttergöttin Ceres-Demeter zu und verbinden sie mit dem Mond, denn zur Zeit des vollen Mondes hat diese Göttin ihre größte Macht. Man nahm damals an, daß alles vegetative und animalische Leben vom Mond abhängig sei, ebenso wie der ganze Rhythmus der Natur, Tod und Leben.

---

1 Apuleius, *Der goldene Esel,* Übersetzung Rode, S. 300.

«Die Majestät des hehren Wesens erfüllte mich mit tiefster Ehrfurcht, und überzeugt, daß alle menschlichen Dinge durch seine Allmacht regiert werden, überzeugt, daß nicht nur alle Gattungen zahmer und wilder Tiere, sondern auch die leblosen Geschöpfe durch den unbegreiflichen Einfluß seines Lichtes fortdauern, ja, daß selbst alle Körper auf Erden, im Himmel und im Meere in vollkommenster Übereinstimmung mit diesem ab- und zunehmen, so bediente ich mich der feierlichen Stille der Nacht, mein Gebet an das holdselige Bild dieser hilfreichen Gottheit zu verrichten; um so mehr, da das Schicksal, meiner so großen und langwierigen Qualen satt, mir endlich Ahnungen von meiner Erlösung eingab.

Flugs schüttelte ich jeglichen Rest von Trägheit ab, stand munter auf, badete mich, um mich zu reinigen, im Meere, und nachdem ich mein Haupt siebenmal unter die Fluten getaucht, welches die Zahl ist, die der göttliche Pythagoras als die schicklichste zu gottesdienstlichen Verrichtungen angibt, betete ich frohen und munteren Herzens, doch tränenbenetzten Angesichts zur heiligen Göttin also: ‹Königin des Himmels! Du seist nun die allernährende Ceres, des Getreides erste Erfinderin, welche in der Freude ihres Herzens über die wiedergefundene Tochter dem Menschen, der gleich den wilden Tieren mit Eicheln sich nährte, eine mildere Speise gegeben hat und die eleusinischen Gefilde bewohnt, oder du seiest die himmlische Venus, welche im Urbeginn aller Dinge durch ihr allmächtiges Kind, den Amor, die verschiedensten Geschlechter gepaart und also das Menschengeschlecht fortgepflanzt hat, von dem sie zu Paphos in dem meerumflossenen Heiligtum verehrt wird, oder des Phöbus Schwester, welche durch den hilfreichen Beistand, den sie den Gebärerinnen leistet, so große Völkerschaften erzogen hat und in dem herrlichen Tempel zu Ephesus angebetet wird. Oder du seiest endlich die dreigestaltige Proserpina, die nachts mit grausigem Geheul angerufen wird, den tobenden Gespenstern gebietet und die Riegel der Erde verschließt, während sie entlegene Haine durchirrt, wo ein mannigfacher Dienst ihr geweiht ist: Göttin, die du mit fraulichem Schein alle Regionen erleuchtest, mit deinem feuchten Strahl der fröhlichen Saat Nahrung und Gedeihen gibst und nach der Sonne Umlauf dein wechselndes Licht einteilst; unter welchem Namen; unter welchen Gebräuchen, unter welcher Gestalt dir die Anrufung immer am wohlgefälligsten sein mag, hilf mir in meinem äußersten Elend. Stehe mir bei, daß ich nicht gänzlich zugrunde gehe; nach so vieler, so schwer überstandener Trübsal verleihe mir endlich einmal Ruhe und Frieden. Ich habe genug des Jammers, genug der Gefahren. Nimm von mir hinweg die schändliche Tiergestalt. Laß mich wieder werden, was ich war: laß mich Lucius werden, und gib mich mir selbst wieder.[2] Oder habe ich gar eine unversöhnliche Gottheit beleidigt: ach, so sei lieber mir erlaubt zu sterben, als so zu leben, o Göttin!› Nachdem ich so gebetet und mein Leid geklagt hatte, kehrt' ich auf meinen vorigen Ruheplatz zurück, und ein süßer Schlaf bemächtigte sich aufs neue meiner Sinne.»[3]

Lucius fleht die große Göttin in den vier Gestalten Demeter, Venus, Artemis und der Unterweltgöttin Proserpina an; drei Lichtaspekte der großen kosmischen Göttin der Natur und ein vierter dunkler Aspekt. Ihm hat sich nun der ganze Kreislauf geschlossen, er hat alle Facetten dieser großen archetypischen Erscheinung erfahren, und daß er sie in vierfacher Weise anrufen kann, bedeutet: er ist sich der wesentlichen paradoxen Aspekte dieser großen, unbekannten Macht, die sein Leben regiert hat, voll bewußt geworden. Er weiß, das Unglück, das ihn verfolgt hat, ist das Werk dieser Göttin unter ihrem Aspekt der Nemesis, und nur sie, die die Ursache all seines Mißgeschicks war, ist fähig, es auch zu wenden. Zuerst bittet er nicht einmal, weiterleben zu dürfen. Er ist des Lebens überdrüssig, und es ist ihm nicht wichtig, ob sie ihm weiteres Leben gewähren oder ihn durch den Tod erlösen wird. Das einzige, was er erbittet, ist, sie möge ihn sich selbst zurückgeben. Diese Haltung ist das Wesentliche in der Individuation, sie muß das Ich einnehmen, wenn es mit dem Schicksal konfrontiert wird: nicht dies oder das zu wünschen; den Willen des Ich, dies, das oder anderes zu wollen, aufzugeben; weder den Wunsch haben, zu leben noch zu sterben oder nicht mehr länger zu leiden. Lucius ist so abgekämpft, und es ist ihm klar geworden, daß nichts anderes mehr wichtig ist, als wieder er selbst sein zu dürfen.

Hier wendet Lucius sich zum ersten Mal direkt seinem Unbewußten zu. Dies ist so unendlich einfach und doch in der psychologischen Alltagssituation die schwierigste Tat: wenn man von etwas verfolgt wird, ihm lieber seine Aufmerksamkeit zuzuwenden als aus dem Hinterhalt davon ergriffen zu werden. Diese Hinwendung, die man auch Reflexion nennen könnte, für die man innere Ruhe, ein Stillhalten, Stehenbleiben und Anschauen der Situation, in die man hineingetrieben wurde, braucht, damit man sich fra-

---

2 Ich übersetze hier lieber wörtlich: «*redde me meo Lucio*» mit: «gib mich mir, Lucius, wieder», statt: «gib den Meinigen mich wieder», wie Rode fälschlicherweise interpretiert.
3 Ebenda, S. 300 f.

gen kann, was einen getrieben hat, was dahinter steht, das ist unendlich einfach und unendlich schwierig zugleich. Aber nachdem Lucius durch soviel Unglück gegangen ist, hat er dieses Stadium endlich erreicht. Dann badet er im Meer.

Und nun folgt das berühmte Gebet, das mit den Worten beginnt: «Regina coeli, Oh Königin des Himmels». Das Gedicht ist von der Kirche im Marienkult teilweise übernommen worden und hat als Vorbild und Inspiration für viele Gebete und Litaneien an die Madonna gedient. Nach diesen Eingangsworten folgt etwas, das ein wenig künstlich erscheinen mag, eine Erwähnung verschiedener Göttinnen, aber hier müssen wir uns erinnern, daß es die Zeit der Spätantike ist, in der viele gebildete Menschen von der Tatsache beeindruckt waren, daß all die verschiedenen Völker gleichartige Typen von Göttern anbeteten und angefangen hatten, den Archetypus hinter diesen verschiedenen Namen zu entdecken. Lucius glaubt, daß es nur *eine* große Muttergöttin gibt und daß verschiedene Menschen sie mit unterschiedlichen Namen anrufen und sie auf verschiedenartige Weise verehren. Er wendet sich an das absolute Sein hinter diesen regionalen Göttinnen. Er spricht den Archetypus der Großen Mutter selbst an. Wir würden sagen, daß er eine transzendente Macht hinter all diesen verschiedenen Göttinnen erkennt. Deshalb sagt er: «Du seist nun die allernährende Ceres, des Getreides erste Erfinderin, welche in der Freude ihres Herzens über die wiedergefundene Tochter dem Menschen, der gleich den wilden Tieren mit Eicheln sich nährte, eine mildere Speise gegeben hat und die eleusinischen Gefilde bewohnte.» Hier weist er auf die eleusischen Mysterien hin, bei denen der geheime Kult auf der Vorstellung beruht, daß Proserpina, die Tochter Demeters, von dieser gesucht wurde und daraus der große Kult eines Wiederfindens der Tochter entstand.[4] Lucius deutet im geheimen auch auf die Mysterien hin, wenn er sagt: «...oder du seiest die himmlische Venus, welche im Urbeginn aller Dinge durch ihr allmächtiges Kind, den Amor, die verschiedensten Geschlechter gepaart und also das Menschengeschlecht fortgepflanzt hat.» Er ruft die Göttin als die Mutter des Amor an, «...wie sie zu Paphos in dem meerumflossenen Heiligtum verehrt wird, oder des Phöbus Schwester...» (Das wäre Artemis), «...die den tobenden Gespenstern gebietet und die Riegel der Erde verschließt».[5] Persephone ist

---

4 Ebenda, S. 300f.
5 Ebenda, S. 301.

die Göttin des Todes. Lucius gibt der Großen Mutter vier Namen: Ceres-Demeter; Diana-Artemis; Venus-Aphrodite; Persephone-Hekate (die Unterweltgöttin). Persephone ist der dunkle Unterweltaspekt, Herrscherin über den Tod und die Geister, aber auch Beschützerin der Lebenden vor den Geistern.

Er leiht der Göttin nicht mehr und nicht weniger als einen unabsichtlichen Quaternio[6] von Aspekten, was eine Ganzheitserfassung ihrer Gestalt bedeutet. In diesem Augenblick der Anrufung ist die Anima mit dem Selbst identifiziert. Das kommt in dem Anfangsstadium der Entwicklung des Selbst öfters vor: In einer Traumserie, die Jung in *Psychologie und Alchemie*[7] kommentiert hat, gibt es zum Beispiel Träume, in denen eine Frau mit einem runden Objekt erscheint, das wie die Sonne leuchtet, und Jung führt dort aus, daß in diesem Fall Anima und Selbst noch identisch sind.

Später erkennt Lucius, daß die Göttin nur eine Führerin zum Selbst ist oder eine Mittlerin, die dazu verhilft, das Symbol des Selbst[8] zu finden. Erst am Ende unseres Buches erscheint dann die direkte Realisierung des Selbst. Aber im gegenwärtigen Zeitpunkt erscheint es ihm durch die Vermittlung der Göttin, was durch ihren vierfachen Aspekt angedeutet ist. Sie ist für ihn die Ganzheit im weiblichen Aspekt, ohne Beziehung zu seiner Männlichkeit, was sich an seiner momentanen freudigen Erregung, einem vergänglichen Augenblick religiöser Emotion zeigt. Wenn wir an seine sinnliche Einstellung und seine zynisch intellektuelle Haltung zurückdenken, können wir diese neue Einstellung als einen erstaunlichen Wandel ansehen. Selbst der Stil, der Ton, hat sich gewandelt (obgleich einige Manierismen bleiben), was sogar einige Philologen veranlaßte anzunehmen, daß dieser Teil von einem anderen Verfasser hinzugefügt worden sei. Wenn Apuleius jedoch aufhört, ironisch und spöttisch zu sein, ist dies ein gewaltiger Fortschritt, weil er sich nun naiv der inneren Erfahrung hingibt. Es ist eine Erfahrung der Ganzheit der Gottheit, gefördert durch die Anima, die ihm offenbart, was wirklich hinter all den Erlebnissen stand, durch die Lucius hindurchging.

Persephone-Hekate ist speziell der magische Aspekt der Muttergöttin.

6 C.G.Jung, *Versuch einer psychologischen Deutung des Trinitätsdogmas*, GW 11, §§ 243 ff., über die Ganzheitsbedeutung der Vier.

7 C.G.Jung, *Psychologie und Alchemie*, GW 12, §§ 67 f.

8 Für eine Frau würde der Prozeß offensichtlich umgekehrt verlaufen, die Integrierung des Animus zu einem weiblichen Bild des Selbst führen.

Sie verwandelt ihre Liebhaber in Tiere. Lucius hatte den Venusaspekt in seiner Erfahrung mit Photis. Alles, was er durchmachte, lag auf der Linie persönlichen Betroffenseins, aber nun scheint ihm die archetypische Bedeutung klarzuwerden. Am Ende des Gebets erreicht Lucius eine Haltung, bei der Leben oder Sterben nicht mehr wichtig sind, einzig wichtig ist ihm, er selbst zu sein. Hier zeigt sich dasselbe Thema wie bei dem Gespräch des Lebensmüden mit seinem Ba, einem ägyptischen Text, den H. Jacobsohn kommentiert hat.[9] Der Ba verkörpert in jenem Text die Seele oder das Selbst des Menschen, und er sagt dem Verzweifelten, es sei nur ein geringes Problem, ob man in das Leben zurückkehrt oder sich tötet. Die Essenz liegt in der Beziehung zu dem Ba-Osiris, das heißt, eins mit dem Selbst zu sein. Die Realisierung des Selbst ist eine «Ewigkeitserfahrung» und vermittelt das Gefühl, jenseits von Tod und Leben zu stehen. Zu leben oder zu sterben wird nebensächlich im Licht einer Erfahrung, die über das Ich hinausgeht und über unsere Gewohnheit, Raum und Zeit Bedeutung beizumessen. Menschen, die eine solche Erfahrung gemacht haben, können mit Würde und Ruhe und ohne den Kampf des Ich sterben.

Nach diesem Gebet folgt die Offenbarung der Göttin. Lucius schläft ein und träumt, die Göttin erscheine ihm in persönlicher Gestalt.

«…Erst zeigte sich ihr selbst den Göttern ehrwürdiges Antlitz, darauf entstieg nach und nach ihre ganze Gestalt den Wellen. Das herrliche Bild schien vor mir stillzustehen. Ich will versuchen, euch diese wunderbare Erscheinung zu schildern, wenn anders die Armut menschlicher Sprache zu der Beschreibung hinreicht oder die mir erschienene Gottheit mir Fülle der Beredsamkeit will angedeihen lassen:

Reiche ungezwungene Locken spielten sanft in angenehmer Verwirrung um den Nacken der Göttin; ihren hohen Scheitel schmückte ein reichgestalteter Kranz mit mancherlei Blumen. Über der Mitte der Stirn glänzte mit blassem Schein ein flaches Rund nach Art eines Spiegels oder vielmehr der Scheibe des Mondes, darumher auf beiden Seiten sich gewundene Schlangen aufrichteten und darüberhin wie bei der Ceres Kornähren gelegt waren.

Ihr Kleid war von feinem Leinen, das bald weiß schimmerte, bald safrangelb leuchtete, bald rosenrot flammte. Es umhüllte sie ein Mantel, der meinen Blick sehr verwirrte, ein Mantel von blendender Schwärze, der un-

---

9 Helmuth Jacobsohn, *Das Gespräch eines Lebensmüden mit seinem Ba*, Gesammelte Werke, Hildesheim 1992.

ter dem rechten Arm hindurch über die linke Schulter geschlagen war und da einen buckelförmigen Wulst bildete. Der Zipfel fiel in mannigfachen Falten über den Rücken hinab, und die Fransen des Saumes flatterten zierlich im Wind. Sowohl auf der Verbrämung als auf dem Mantel selbst flimmerten zerstreute Sterne, in deren Mitte der Vollmond in seiner ganzen Pracht glänzte, und ein Gewinde allerlei künstlich geordneter Blumen und Früchte irrte allenthalben verloren darüber hin.»[10]

Diese Beschreibung der Göttin enthält einige Einzelheiten, die wert sind, erörtert zu werden. In ihrem Haar trägt sie einen mondähnlichen Spiegel, etwas wie ein drittes Auge. Der Spiegel würde reflektierendes Sehen bedeuten, Sehen durch Widerspiegelung, denn er wirft das Bild des gegenüberliegenden Objektes zurück. Genau wie wir uns körperlich nur teilweise und niemals ganz sehen können und unserer eigenen Gestalt unbewußt sind, benötigen wir die Außenwelt, uns darin zu spiegeln. So ermöglicht uns der Spiegel als Symbol, uns objektiv zu sehen. Es gibt einem einen Schock, wenn man sich plötzlich in einem Spiegel sehen oder zum ersten Mal seine Stimme in einem Recorder hören kann. All solche Erfahrungen zeigen, wie wenig Kenntnis wir von unserer äußeren und inneren Erscheinung haben.

Wenn man durch die Analyse ein gewisses Maß an objektivem Wissen erlangt hat und dann die ehrlichen Versuche von Menschen, die keine solche Erfahrung haben, hört oder liest, sich besser kennenzulernen und über sich nachzudenken, so wird einem die extreme Begrenzung solcher Selbsterkenntnis klar, weil diese Leute nur mit dem Ich allein und ohne die Hilfe des widerspiegelnden Unbewußten, das heißt ohne die Träume, sich zu erkennen suchen. Es ist einzig die Gottheit im Inneren, das Selbst, das uns widerspiegelt, derentwegen wir reflektieren müssen und ohne die wir uns nicht objektiv sehen können. In den Paulusbriefen heißt es: «Wir werden ihn erkennen, wie er mich zuerst erkannt hat» (1. Korinther 13,12). Gott kannte uns, bevor wir ihn erkannten, und er sieht uns, ehe wir uns sehen. Psychologisch ausgedrückt, geht es dabei um Reflexion und Einblick in unser Inneres. Reflektiertes Wissen von uns selbst können wir nur durch Träume erhalten, genauso wie wir auch Beziehungen zu anderen Menschen brauchen, um mehr über uns selbst zu erfahren. Die Göttin bringt daher mögliche Einsicht; der runde Spiegel ist ein Symbol des Selbst, das Lucius

---

10 Apuleius, *Der goldene Esel,* Übersetzung Rode, S. 302.

objektive Selbsterkenntnis schenkt.[11] Vom Dichter Lucianus wird der Mond selbst als riesiger Spiegel interpretiert, und das Mondlicht ist ein Symbol der diffusen Helligkeit des Unbewußten, im Gegensatz zu dem künstlichen Licht des Bewußtseins. In unserem Beispiel ist der Spiegel von Schlangen umwunden, dem Symbol des tieferen Unbewußten und der Weisheit der Göttin.[12]

Als nächstes bleibt das Motiv der verschiedenen Farben zu erörtern: das Gewand der Göttin schimmert manchmal weiß, manchmal gelblich, manchmal rosenfarben, und alles ist bedeckt von einem schwarzen Mantel. Das Schwarz würde der «nigredo» der Alchemisten entsprechen, gefolgt von der «albedo», der Weißung, dann von der «rubedo», der Rotfärbung, und zuletzt der «citrinitas», dem Gelb oder Gold als der vierten Farbe.[13] All diese Farben wurden in der Antike der Unterwelt zugeschrieben. Sie waren die Farben des Jenseits, und daher entsprechen sie auch den vier Stufen im alchemistischen Prozeß. Schwarz ist die erste Farbe, auf die man beim Auflösen in die prima materia trifft, aber selbst bei tieferem Vordringen in das Unbewußte bleibt Schwarz vorherrschend. Das trifft auch auf Lucius zu, denn bis jetzt hat er nur die «nigredo», ein Stadium der Depression und Verwirrung, erfahren.

Auch die Girlanden aus Blumen und Früchten finden sich in den Texten der Alchemie. Im allgemeinen erschien in dem Zwischenstadium zwischen der «nigredo» und der «albedo» ein Zwischenstadium bunter Farben, ein Erlebnis der Pflanzen- und Tierwelt. Schwarz, Weiß und Rot sind nicht nur die typischen Farben im alchemistischen Prozeß. Viel früher waren sie die Farben, die speziell bei der Ausschmückung der Särge benutzt wurden und bei allem, was mit dem Totenkult zu tun hatte. In der griechisch-römischen ebenso wie in ägyptischer Zeit waren sie die Farben des Jenseits. Schwarz und Weiß sind in gewisser Hinsicht keine Farben, daher kann man wirklich sagen, daß sie auf das Jenseits hinweisen. Sie sind die äußersten Gegenpole außerhalb des «Farbenspiels des Lebens». So war zum Beispiel in Sparta

---

11 In Japan wird die Sonnengöttin Amaterasu in den Shinto-Tempeln durch einen Spiegel dargestellt.

12 Man kann diese Schlangen mit den Urai der Könige und der Götter in Ägypten vergleichen.

13 Marcellin Berthelot, *Collection des Anciens Alchimistes Grecs,* Vol. I, S. 30–32: «La Prophétesse Isis à son fils», S. 162, vgl. auch Marie-Louise von Franz, C. G. Jung. *Sein Mythos in unserer Zeit,* passim.

Weiß die Farbe der Trauer und des Todes, wie Schwarz bei uns; in China ebenfalls Weiß die Farbe des Todes. So werden Schwarz und Weiß in der ganzen Welt mit dem Jenseits in Verbindung gebracht, mit allem, was außerhalb des sichtbaren menschlichen Erdenlebens liegt, während Rot mehr als Symbol für die Essenz des Lebens angesehen wurde. Rote Farbe findet man in ägyptischen Gräbern, und selbst früher, in prähistorischen Zeiten, wurden oft die Leichen oder das ganze Innere der Gräber mit Rot gefärbt oder angestrichen, was wohl die geheime Fortsetzung des Lebens im Jenseits und die Vorstellung symbolisieren sollte, daß die Toten nicht tot sind, sondern noch ihr eigenes Leben haben.

Diese vier Farben der Alchemie wurden von Jung in Vergleich gesetzt zu den typischen Stadien beim Abstieg des modernen Menschen ins Unbewußte, wobei Schwarz der ersten Realisierung des Unbewußten, der des Schattens, entsprechen würde, wenn die frühere bewußte Einstellung verdunkelt wird. Das ist ein Stadium, in dem meist das Schattenproblem heraufkommt, denn die «nigredo» entspricht in gewisser Weise der Begegnung mit dem Schatten. Der Schatten repräsentiert in diesem Stadium das ganze Unbewußte und alles, was von der früheren Bewußtseinshaltung «im Schatten» verblieben war. Deshalb verursacht sehr häufig die erste Begegnung mit dem Schatten eine tiefe Depression, ein Gefühl der Verwirrung, die Vernichtung der früheren Bewußtseinshaltung, ein Verlorensein im Dunklen. Dann folgt der bunte Aspekt mit seinen Blumen und Tieren, was bedeutet, daß nach dem Stadium der Auseinandersetzung mit der Schattenbegegnung das positive Lebensgefühl zurückzukehren beginnt.

Aber dies ist nur ein vorübergehender Aspekt. Dann folgt der nächste Schritt, das Problem der Realisierung von Animus und Anima, während welcher man weit von der äußeren Wirklichkeit ferngehalten ist. Die Integration dieser beiden Mächte bedeutet harte Arbeit an sich selbst über Jahre hinaus. In diesem Stadium weilt man sozusagen immer noch im Land des Todes, denn man kann das Anima- und Animusproblem nur in einer Periode großer Introversion herausarbeiten. Selbst wenn die beiden in der Form der Übertragung, das heißt in projizierter Form auftreten sollten, kann man sie nur im subjektiven inneren Aspekt angehen. Das ist ein Stadium der Entfernung von der äußeren Realität, in dem man die Vorgänge in der Retorte des eigenen Inneren verschlossen halten und ganz sich selbst reflektieren muß – im buchstäblichen Sinn des Wortes.

In dem Schwarz- und Weiß-Stadium der Alchemie hat der Alchemist hart zu arbeiten, und in der Analyse geht es dem Analysanden genauso. Der Versuch, sich dieser Mächte bewußtzuwerden, ist ein schweres Werk, jedoch wenn es geschafft ist, sagen die Alchemisten, sei die harte Arbeit vorüber. Danach muß man nur fortfahren und seine eigene Substanz mit einem milden schwachen Feuer wärmen ohne weitere Anstrengung. Dann erscheint von selbst die «rubedo». Wenn diese eintritt, kann man die Retorte öffnen, und es wird – in alchemistischer Sprache ausgedrückt – die Sonne oder der Stein der Weisen herauskommen und die Weltherrschaft übernehmen.

In weniger poetischer Sprache würde das den Anfang der Realisation des Selbst bedeuten, das in diesem Moment die Führung des Prozesses übernimmt, so daß sich das Ich nicht länger abmühen muß. Die zurückgezogene reflektierende Introversion kann nun auch gelockert werden, denn bei der Verwirklichung des Selbst ist es ebenso wichtig zu wissen, ob man innerlich etwas realisieren oder seine Dynamik in die äußere Realität weitergeben sollte. Man wird der Diener eines pulsierenden Prinzips, das sich manchmal introvertiert und manchmal extravertiert manifestiert. Man kann vom Selbst einen Befehl erhalten, etwas in der äußeren Welt zu tun, oder einen Hinweis, etwas in sich selbst zu verwirklichen. Die Retorte ist deshalb überflüssig geworden, weil das Selbst nicht mehr etwas ist, was auseinanderfällt: Aus der Festigkeit des Gefäßes ist nun die Festigkeit des «Steins der Weisen» geworden, das heißt eine ständige innere Erfahrung des Selbst, welche der Persönlichkeit tiefinnere Stabilität gibt, die jede künstliche äußere Verfestigung oder Erstarrung überflüssig macht.[14] In vielen alchemistischen Texten sind das Gefäß und das, was darin bereitet wird, der Stein der Weisen, ein und dasselbe. Es handelt sich um ein Symbol für den festen Kern der innersten Persönlichkeit. Dieser ist nicht identisch mit dem Ich, viel eher verwirklicht das Ich sich in einer *dienenden* Funktion. Darum wird der Stein der Weisen in der Alchemie unter anderem auch König genannt, der große Herrscher, der an Kraft weit über den Ichkomplex hinausreicht.

Im Gewand der Isis wird mit der dreifarbigen Schönheit auf alle diese Möglichkeiten angespielt, und sie hat ja wirklich zu diesem Zeitpunkt die Fortführung des Prozesses übernommen. Obgleich man häufig in Zusammenfassungen der Ideen Jungs liest, daß im Prozeß der Individuation zu-

---

14 Etienne Perrot, *La voie de la transformation d'après C.G.Jung et l'alchimie*, S.191, 215–239.

nächst eine Realisierung des Schattens, danach der Anima oder des Animus und dann des Selbst erfolgen kann, stimmt dies nur cum grano salis. Tatsächlich begegnet man zunächst dem *ganzen* Unbewußten, dem Selbst mit Animus und Anima und Schatten. Aber die Schattenelemente sind im allgemeinen das, was Menschen von dem gewaltigen Eindruck, den sie erhalten, zu realisieren vermögen. Das allein ist nahe genug, um begriffen zu werden, das einzige, was man durchsichtig und wirklich machen kann. Alles andere bleibt gewöhnlich rein abstrakt; erst nach der Arbeit am Schatten beginnt man einiges Weitere zu unterscheiden. Ein Mann kann einige weibliche Elemente hinter dem sehen, was er nun als unbewußten Teil seiner Persönlichkeit erkennt, und die Frau könnte gewisse typisch männliche Elemente in sich erkennen. In diesem Stadium realisiert man den weiblichen oder männlichen, gegengeschlechtlichen Aspekt der eigenen unbewußten Persönlichkeit. Auf dieser Stufe enthalten die Animus- oder Animagestalten gleichsam wieder das ganze Unbewußte, so daß es sich hier bei Lucius um eine Begegnung mit der archetypischen, absolut mit dem Selbst identischen Anima handelt.

Wir werden sehen, daß Apuleius erst, nachdem er durch eine Einweihung in die Isismysterien gegangen ist und eine gewisse Zeit in Rom in gewöhnlicher Weise als Eingeweihter und Diener der Göttin Isis gelebt hat, zum zweiten Mal durch Träume zur weiteren Initiation aufgerufen wird. Diesmal soll er den Gott Osiris in sich erleben oder den Teil des Unbewußten, der sich als Kern der ganzen Persönlichkeit offenbart: das Selbst. Aber im gegenwärtigen Zeitpunkt sind Isis und Selbst eins. Sie verkörpert vorläufig den Auftrag des Unbewußten. All die zukünftigen Entwicklungsmöglichkeiten von Lucius sind in ihr enthalten, so daß sie ihn ganz zu Recht auffordert, ihr in einer bedingungslosen Art zu dienen.

Später wird Lucius, wie erwähnt, in den Osiriskult eingeweiht. Da Isis und Osiris die weiblichen und männlichen Aspekte darstellen, würde dies der Erfahrung der «rubedo» entsprechen. Er kehrt danach als Jurist nach Rom zurück und nimmt sein Amt als Laienpriester in den Mysterien wahr. Während seines Dienstes für die Göttin Isis bleibt er im Tempelbereich, das heißt in sich verschlossen, aber wenn der innere Bezirk fest genug geworden ist, besteht keine Notwendigkeit für diesen äußeren Rahmen mehr. Man hat nun innere Festigkeit gegenüber dem Anprall der äußeren Welt und kann in scheinbar unreflektierender Weise wieder ins Leben zurückkehren.

Auf das vierte oder gelbe Stadium geben die Alchemisten sehr merkwürdige Hinweise, indem sie es multiplicatio nennen und dem Getreidekorn vergleichen, das sich sterbend tausendmal vervielfacht. Mit dem Stein der Weisen kann man jedes unedle Metall in Gold umwandeln. Der Lapis besitzt eine umwandelnde Emanation, die selbst in den Kosmos hinauswirkt. Das würde in symbolischer Form aussagen: mit der Realisierung des Selbst befindet man sich in völliger Harmonie mit der ganzen Welt, in einer synchronistischen Übereinstimmung mit dem Innen und Außen. Ein Stadium, das die meisten Menschen nur für einige wenige Augenblicke erreichen können und das die Chinesen als Einssein mit dem Tao bezeichnen.

Dies erinnert an die berühmte zenbuddhistische Bilderserie *Der Ochs und sein Hirte*[15], mit denen der chinesische Maler den inneren Gang der Entwicklung in symbolischer Form darstellte. Erst erfolgt das Befreien, dann das Einfangen und danach das Zähmen des Rindes. Das entspräche der «nigredo» und gehört zum «animalischen» Stadium der Selbsterziehung und seinen Problemen. Dann folgt das Bild des Vollmondes und des ihn anbetenden Schülers. Er hat das Rind vergessen und auch die Peitsche, mit der er es zähmen sollte, das ganze Triebproblem ist verschwunden. Das nächste Bild ist die runde Mondscheibe, das Stadium der Erleuchtung, die weit über das Ich hinausgeht. Diese Erleuchtung ist «Buddha». Nichts kann mehr hinzugefügt werden. Und dann erscheint ein blühender Kirschbaumzweig. Man kann nicht ganz erkennen, was er ankündigen soll, nur, daß es sich wahrscheinlich um eine Rückkehr ins Leben handelt. Das letzte Bild zeigt einen alten Mann mit dickem hängendem Bauch, der lächelnd seines Wegs geht. Sein Diener ist bei ihm und trägt eine Bettelschale, und einige Zweige von Kirschblüten befinden sich hinter ihm. Er geht auf den Markt, bettelnd, und der Text sagt: «Er hat den Büffel vergessen; er hat seine eigene große Erfahrung vergessen; er hat sogar sich selbst vergessen, aber wohin immer er geht, blühen die Kirschzweige.» Das würde dem gelben oder goldenen Stadium der Alchemie entsprechen. Es besteht dann eine Einheit mit dem Kosmos. Scheinbar ein Stadium völliger Unbewußtheit, handelt es sich in Wirklichkeit aber genau um das Gegenteil. Ich möchte in diesem Zusammenhang die beiden letzten Kapitel des *Mysterium Coniunctionis* von Jung über den unus mundus empfehlen, weil darin dieselbe Erfahrung aus alchemistischer und psychologischer Sicht beschrieben ist.

15 *Der Ochs und sein Hirte*. Eine altchinesische Zen-Geschichte, hrsg. und kommentiert von Daizohkutsu R. Ohtsu, Pfullingen 1988.

Die Göttin in unserem Text trägt in der rechten Hand ein Sistrum aus Erz, ein im Isiskult verwendetes Instrument, die bösen Dämonen und Geister zu verscheuchen.[16] Man könnte es mit der in der katholischen Messe verwendeten Glocke vergleichen, deren Klingeln die Aufmerksamkeit der Gläubigen dem heiligen Akt zuwendet und ebenfalls die Funktion hat, alles Profane fernzuhalten. In der Linken hält sie ein goldenes Gefäß, das zentralste und wichtigste Symbol, das in seiner Bedeutung dem früher bei den Wassern des Styx erwähnten Krug entspricht. Das goldene Gefäß gleicht einem Krug, und die Göttin hält es in ihrer linken Hand. Es ist ein Symbol des Osiris. In römischen Kulten wird alles, was mit den Unterweltgöttern zu tun hat, mit der linken Hand assoziiert. So wurden die heiligen Opfertiere stets mit der linken Hand mit Mehl bestreut, wenn sie den unteren Göttern geweiht waren. Im Gegensatz dazu war alles, was mit den Göttern in der Höhe zu tun hatte, mit der Rechten verbunden. Die Göttin bei Apuleius hält demnach etwas in der Hand, was symbolisch den noch unbewußten nächsten Entwicklungsschritt anzeigt, die Realisierung des Selbst, die noch über die Realisierung der Anima hinausgeht. Es gleicht der geheimnisvollen Umhüllung eines Inhalts, den man noch nicht kennt. Sie trägt die potentielle Kraft von Osiris in ihrer Hand und spricht: «Schau, dein Gebet hat mich gerührt. Ich, Allmutter Natur, Beherrscherin der Elemente, erstgeborenes Kind der Zeit, Höchste der Gottheiten, Königin der Geister, Erste der Himmlischen; ich, die ich in mir allein die Gestalt aller Götter und Göttinnen vereine, mit einem Wink über des Himmels lichte Gefilde, die heilsamen Lüfte des Meeres und der Unterwelt vielbeklagtes Schweigen gebiete. Die alleinige Gottheit, welche unter so mancherlei Gestalt, so verschiedenen Bräuchen und vielerlei Namen der ganze Erdkreis verehrt: mich nennen die Erstgeborenen aller Menschen, die Phrygier, pessinuntische Göttermutter; ich heißte den Athenern, den Ureinwohnern Attikas, kekropische Minerva, den eiländischen Kypriern paphische Venus, den pfeilführenden Kretern dictynnische Diana, den dreizüngigen Siziliern stygische Proserpina, den Eleusiniern Allgöttin Ceres. Andere nennen mich Juno, andere Bellona, andere Hekate, Rhamnusia andere. Sie aber, welche die aufgehende Sonne mit ihren ersten Strahlen beleuchtet, die Äthiopier beider Länder, und die Besitzer der ältesten Weisheit, die Ägypter, mit den

---

16 Hierfür gibt es Parallelen: in Afrika vertreibt man Gewitter oder eine Sonnenfinsternis verursachende Dämonen durch soviel Lärm wie möglich.

angemessensten eigensten Gebräuchen mich verehrend, geben meinen wahren Namen mir: Königin Isis. Ich erscheine dir aus Erbarmen über dein Unglück; ich komme zu dir in Huld und Gnaden. Hemme denn den Lauf deiner Tränen, stelle ein dein Trauern, dein Klagen. Der Tag deines Heils ist da, kraft meiner Allmacht; öffne nur deine betrübte Seele meinem göttlichen Gebot!

Der Tag, welcher auf diese Nacht folgt, ist mir durch uralte Gewohnheit geheiligt. Die Winterstürme sind vorüber, des Meeres Ungestüm hat sich gelegt; die Schiffahrt beginnt: Meine Priester weihen mir ein neugezimmertes Schiff und opfern mir die Erstlinge jeglicher Ladung. Erwarte ihren heiligen Zug weder mit schüchternem noch mit unheiligem Gemüt. Auf mein Geheiß wird der Hohepriester einen Rosenkranz in der rechten Hand an der Klapper hängen haben. Dränge dich nur unverzüglich durch die Menge hindurch, gehe im Vertrauen auf meinen Schutz getrost am Zuge entlang, bis du dich so nahe bei dem Hohepriester befindest, daß du unter dem Schein eines Handkusses unbemerkt einige Rosen ihm rauben kannst: sofort wirst du die Gestalt dieses garstigen, mir längst verhaßten Tieres ablegen. Fürchte bei der Ausführung meines Gebotes keine Schwierigkeit, denn in diesem Augenblick, da ich hier vor dir stehe, bin ich dort meinem Hohepriester im Traum gegenwärtig und offenbare ihm, was geschehen wird und wie er sich dabei zu verhalten hat. Auf meinen Befehl soll vor dir das herzudrängende Volk Platz machen.»[17]

Die Isisprozession mit ihren Daten und ihrer Bedeutung ist Teil des griechisch-römischen Gezeitenkalenders und ebenso des großen Jahreskalenders, den es in Ägypten seit ältesten Zeiten gab[18] und den man mit unserem Kirchenjahr vergleichen könnte. Gewisse Perioden des Jahres haben ihre heilige Bedeutung, so daß die Zeit auch psychologisch in die religiöse Kultübung verwoben ist. Im Winter wurden die Schiffe im Bereich des Mittelmeeres an Land gebracht, die Seefahrt hörte praktisch auf und wurde an einem bestimmten Termin im Frühjahr mit einer Prozession der gesamten Bevölkerung ans Meer wieder aufgenommen, bei der es sich um das hier beschriebene Fest handelt (5. März).

Die Göttin Isis war die Schutzpatronin der Seefahrt und der Seeleute, wie es in katholischen Ländern die Jungfrau Maria noch immer ist. Als «stella

---

17 Apuleius, *Der goldene Esel*, Übersetzung Rode, S. 303 f.
18 Rudolf Merkelbach, *Isisfeste in griechisch-römischer Zeit*. Daten und Riten, Meisenheim 1963.

maris» hat die Jungfrau Maria Funktion und Würde von Isis geerbt. Lucius werde während dieser Prozession die Rosen finden, verspricht ihm die Göttin. Doch zweierlei Gefahr besteht noch: einmal, daß er beim Essen der vom Priester gehaltenen Rosen von aufgebrachten Menschen weggeschlagen oder nach der Rückverwandlung in menschliche Gestalt plötzlich nackt dastehen würde. Isis hat aber auch das vorausgesehen und den Priester in einem Traum benachrichtigt, daß Lucius schnell Gewänder erhalten sollte und also weder Aufregung noch Skandal über die seltsame, öffentlich vor sich gehende Verwandlung entstehen würde.

Kapitel XI

Die Göttin Isis

Man kann die ganze Größe der Göttin Isis und das, was sie in jeder Hinsicht bedeutet, nicht rational verstehen, denn man kann niemals sagen oder ausschöpfen, was ein Archetypus beinhaltet. Aber man kann ihn bis zu einem gewissen Grad umschreiben, indem man seine verschiedenen Aspekte und Funktionen innerhalb der psychischen Situation aufzeigt. Deshalb möchte ich die Rolle der Göttin Isis kurz beschreiben und zeigen, warum und in welchen Verbindungen sie plötzlich in der späten griechisch-römischen Periode der Antike eine so außerordentliche Bedeutung gewann.[1]

Dazu ist es notwendig, in großen Linien auf die Geschichte der ägyptischen Religion einzugehen. Obwohl ich meine Ausführungen selbst verantworten will, bin ich im ganzen von den Thesen und Amplifikationen Helmuth Jacobsohns inspiriert worden.[2] Was er hervorragend herausgearbeitet hat, ist das Prinzip der göttlichen Trinität und die trinitarische Gottesidee sowie das Problem des Vierten in der ägyptischen Religion.[3]

In Ägypten gab es zwei Götter namens Horus: Horus der Ältere und Horus der Jüngere. Die beiden wurden in späterer Zeit miteinander verschmolzen, aber zunächst waren sie zwei verschiedene Götter. Der Ältere war eine Art pantheistischer Gottheit, die den ganzen Kosmos umschloß, Materie, Geist, die Welt, die Ganzheit von Natur und Leben; der Jüngere war der wiedergeborene Osiris. Die ägyptische Religion hat ihre Ursprünge – und erhielt ihre Haupteinflüsse – sicher mehr aus zentralafrikanischen als aus mittelmeerafrikanischen oder europäischen Quellen. Ihre wesentlichen Bestandteile stammen höchstwahrscheinlich von afrikanischen Stämmen im Bereich der Nilquellen und breiteten sich langsam nilabwärts bis nach

---

1 Für die religionsgeschichtliche Situation läßt sich heute auf das hervorragende Werk von Reinhold Merkelbach verweisen: *Isis regina – Zeus Serapis. Die griechisch-ägyptische Religion nach den Quellen dargestellt*, Stuttgart und Leipzig 1995.

2 Helmuth Jacobsohn, *Das Gespräch eines Lebensmüden mit seinem Ba*, Hildesheim 1992.

3 Zum Problem der Quaternität siehe vor allem C.G. Jung, *Versuch einer psychologischen Deutung des Trinitätsdogmas*, GW 11, Kapitel V: Das Problem des Vierten.

Ägypten aus.⁴ Wer dieses Land einmal besucht hat, ist zweifellos beeindruckt von der absolut uneuropäischen Fremdheit der frühen ägyptischen Religion. Sie ist echt afrikanisch, was nach meiner Meinung ihren ganz besonderen Wert ausmacht. Horus würde daher ein afrikanisch gesehenes kosmisches Naturprinzip sein. In der klassischen Zeit spielte dieser Gott jedoch keine große Rolle mehr, sondern war ersetzt durch eine göttliche Trinität, die vom Sonnengott Re (oder Ra) beherrscht wurde.

Der Pharao war sozusagen die inkarnierte Darstellung des Sonnengottes Ra, und in unzähligen Anrufungen und Bezeichnungen wird er als solcher gepriesen. Er war aber nicht nur eine irdische Verkörperung des Gottes, er *war* der Gott. Wenn der Pharao zum Beispiel zum ersten Mal das Schlafgemach der Königin aufsucht und seinen Nachfolger, seinen ältesten Sohn, zeugt, wird er in den Texten bezeichnet als der Sonnengott Ra, der der Göttin Isis beiwohnt und mit der Hilfe von Ka-mutef seinen Sohn zeugt. Seine zeugende Kraft wird durch Ka-mutef symbolisiert, was «der Stier seiner Mutter» bedeutet. So ist die erste Vereinigung des Königs und der Königin, in welcher ein Nachfolger empfangen, das heißt der neue Sonnengott gezeugt wird, ein hieros gamos zwischen Mutter und Sohn. Die Königin ist zugleich Mutter, Gattin und Schwester des Königs. Jacobsohn hebt richtig hervor, daß der Ka-mutef in gewisser Weise dieselbe Rolle innehat, die der Heilige Geist in der christlichen Trinität spielt. Er steht als Mittler zwischen Vater und Sohn und zeugt den Sohn aus dem Vater.

Der Ka-mutef ist jedoch auch ganz allgemein *die* Zeugungskraft, nämlich das, was Mensch und Vieh fruchtbar erhält; er ist die dynamische Kraft der Gottheit, die im ganzen Reich wirkt. Aber nun fehlt noch das Vierte, und dies unsichtbare Vierte, das vom lichten, sonnenhaften, trinitarischen Prinzip⁵ ausgeschlossen ist, war in Ägypten die weibliche Figur der Isis, welche auch die Materie symbolisierte, oder auch Osiris, der in diesem System der beiden älteren Reiche das darstellt, was nicht in der oberen Sonnen-Trinität miteinbeschlossen war: das passive Prinzip der Natur, das Leidende, das, was geopfert und weggeschoben wird. Er ist das Irrationale, das, was in der bewußten Ordnung einer Zivilisation fehlt. Deshalb gilt Osiris als der ge-

---

4 A. Noguera, *How African was Egypt?* New York 1976, passim. – Zu 3 und 4 siehe Marie-Louise von Franz, *Zahl und Zeit*. Psychologische Überlegungen zu einer Annäherung von Tiefenpsychologie und Physik, Stuttgart 1990, Kapitel V und VI.

5 C.G. Jung, *Versuch einer psychologischen Deutung des Trinitätsdogmas*, GW 11, Kapitel V, 2: Die Psychologie der Quaternität.

heime Herrscher der Unterwelt. Man könnte ihn die Personifizierung des kollektiven Unbewußten nennen, alles dessen, was in der kollektiven Psyche zwar existierte, aber nicht in den bewußten religiösen Formen dieser Zeit anerkannt war.[6] Das Sonnenprinzip in seiner trinitarischen Gestalt ist eindeutig mit religiöser Ordnung assoziiert. Seine Verehrung fällt zusammen mit der Erfindung der Feldmessung und der Schrift, mit der Festlegung endgültiger Grenzen auf der Erdoberfläche, der Abgrenzung der Ländereien wandernder Stämme und Nachbarn in eine Ordnung, die vom König und von seinem Staatswesen garantiert wurde. Das war damals einer der großen Fortschritte in Richtung einer größeren Bewußtheit.

Zum ersten Mal wurde im ältesten ägyptischen Reich auf diese Weise eine fortlaufende bewußte Ordnung geschaffen, die nicht dauernd durch Einbrüche aus dem Unbewußten ausgelöscht oder korrumpiert werden konnte. Osiris jedoch fehlte weiter; denn je stabiler und stetiger, fester und systematischer das Bewußtsein sich verhält, desto mehr werden die anderen Aspekte der Psyche, die irrationalen, verbannt und fallen ins Unbewußte. Dieser irrationale Teil des Ausgeschlossenen wurde mit der Zeit differenzierter erfaßt. Es wurde möglich, eine andere Trinität von der ersten zu unterscheiden:

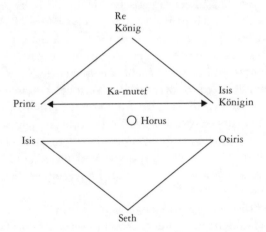

Osiris, der leidende König und Gottmensch, war nach der Sage ursprünglich ein gütiger König und ein großer Musiker und Künstler gewesen, aber er wurde von seinem Feinde Seth grausam ermordet. Seth könnte

6 C.G. Jung, *Die Beziehungen zwischen dem Ich und dem Unbewußten,* GW 7, Kapitel I: Das persönliche und das kollektive Unbewußte.

man als den in der bewußten Ordnung ausgeschlossenen Aspekt des Bösen sehen. Die rote Farbe ist Seth zugeordnet, und in der ägyptischen Sprache heißt «rote Dinge tun», böse Dinge tun. Seth stand für Emotionalität, für Mord und Brutalität. Osiris wurde durch die schwarze oder grüne Farbe dargestellt. «Grüne Dinge tun» hieß, im Sinne von Osiris handeln. In modereneren Werken über die ägyptische Religion wird Osiris zuweilen als Vegetationsgott bezeichnet. Das ist zu einfach gesehen, obgleich er mit der Vegetation verbunden war, mit dem Wachsen des Getreides im Frühling oder nach der Nilüberschwemmung. Aber in seinem tieferen Sinn ist es das Symbol des Grünen in der Bedeutung von Auferstehung. Wie Jacobsohn deutlich herausgearbeitet hat, ist er deshalb mit der Vegetation assoziiert, weil er das passive Lebensprinzip im Unbewußten, das Lebendige und Irrationale, das nichts Böses tut, darstellt und auf der anderen Seite der große Leidende vom Anbeginn der Welt ist. Jedes Tier, jede Laus, jede Ameise frißt die Vegetation auf, und still wächst sie wieder nach. Osiris ist dies Lebensprinzip, dies immergrüne Leben in der menschlichen Psyche – das, was immer fortlebt. Seth war wirklich böse, und deshalb habe ich Seth auf den Grund des unteren Dreiecks gesetzt, denn er ist nicht nur der Feind von Osiris, sondern in unzähligen ägyptischen Texten auch der große Feind des Sonnengottes Ra. Ra fährt in seinem Sonnenboot jede Nacht im Westen hinunter und muß mit Seth kämpfen, um am Morgen im Osten wieder heraufkommen zu können. So ist Seth der große Gegenspieler, der dunkelste Punkt im unteren Prinzip gegenüber dem Sonnengott Ra.

Der chthonische, erd- und naturhafte Vermittler zwischen den beiden Gegensätzen ist in den meisten Texten Thot, der Affengott, der Gott der ärztlichen Kunst, des Geistes und der Weisheit. Er ist nicht wie der Ka-mutef nur mit dem Sonnenprinzip verbunden, sondern auch mit der materiellen Natur selbst. Thot ist der ägyptische Vorläufer und teilweise Vorbild für den alchemistischen Geist Mercurius. Er verkörpert die Naturweisheit des Unbewußten.

Nachdem Osiris getötet war, flog Isis in Gestalt eines Falken auf seinen Leichnam und konnte ein wenig Sperma aus seinem Penis herausholen, so daß sie nach seinem Tod schwanger wurde und ihn wiedergebären konnte.

Sie gebar ihn in der Gestalt des Horusknaben, Harpokrates; dieser ist das «göttliche Kind» aller späten ägyptischen Mysterien und wurde im allgemeinen als kleiner Knabe mit dem Finger vor dem Mund dargestellt, weil er das große Geheimnis der ägyptischen Mysterien ist, wenigstens nach der

Deutung der Spätantike. Er wird ganz treffend Horus genannt, weil er wirklich die wiederhergestellte kosmische Ganzheit, die wiederhergestellte Vollständigkeit in all ihren Aspekten ist. Ich habe ihn im Schema deshalb in das Zentrum, zwischen die zwei entgegengesetzten Dreiecke gesetzt. Er enthält «in nuce» all die verschiedenen Aspekte der anderen Götter: er ist der neue Sonnengott, das erneuerte Sonnenprinzip und das göttliche Kind, das alles Leben auf Erden erneuert. Er ist das geheime geistige Ziel der Göttin Isis. Als diese sich Lucius enthüllt, gibt sie auch ihm das Versprechen einer geistigen Wiedergeburt. Sie zeigt sich ihm als Herrin des Kosmos, und das ist einer der Namen, die wir auch der Jungfrau Maria (domina rerum) geben. «Ich bin die Herrscherin der ganzen Natur: ich bin die höchste aller Götter und Göttinnen; ich bin die Königin der Ahnengeister (Manium).»

Im späten Griechenland und in Ägypten bestand eine starke Tendenz zum Monotheismus, der den Höhepunkt mit der Göttin Isis, der in Ägypten Nut genannten Göttin, erreichte. Gerade wie in Ägypten das himmlische Firmament die *eine* allumfassende Gottheit ist und alle anderen Götter Sterne daran sind, so enthält ihr Polytheismus einen inneren Aspekt von Einheit. Der Monotheismus fördert, psychologisch gesehen, das moralische Bewußtsein und die Einheit der Persönlichkeit. Wir erben verschiedene Charakterzüge und haben gegensätzliche Vorfahrenelemente in uns, die uns von einem psychischen Zustand zum anderen zerren und die das Ich nicht ganz zusammenbringen kann. Erziehung und Wille versuchen alles mögliche, uns zur Einheit zu formen, können aber ohne Hilfe des Selbst keinen Erfolg haben. Diese Einheit, die Individualität, kann nur mit Hilfe der transzendenten Funktion[7] erreicht werden, die sich im wesentlichen durch Träume ausdrückt.

Isis, die Herrscherin über die Ahnengeister, ist ein Symbol der psychischen Ganzheit, das Selbst in weiblicher Gestalt. Sie regiert die menschliche Gesellschaft durch Träume. Sie gibt zum Beispiel Lucius und den Priestern Anweisungen im Schlaf, und synchronistische Ereignisse begleiten den Traum.[8] In unserem Fall erscheint sie Lucius und dem Priester zum ersten

---

7 C.G. Jung, *Psychologische Typen*, GW 6, Definitionen unter «Symbol».
8 C.G. Jung, *Synchronizität als ein Prinzip akausaler Zusammenhänge*, GW 8. – Marie-Louise von Franz, *Zahl und Zeit*, vor allem Teil V: Die Zahl und die parapsychologischen Aspekte des Synchronizitätsprinzips. – Dies., *C.G. Jung. Sein Mythos in unserer Zeit*, Kapitel XII: Durchbruch zum Unus Mundus, außerdem Etienne Perrot, «Le sens du hasard», *Revue Psychologique*, No. 93, Oct. 1977.

Mal in derselben Nacht, so daß zwei Menschen durch das Synchronizitätsprinzip zusammenkommen und tun können, was nötig ist.⁹

Lucius handelt völlig unter der Führung der Träume, auch bezüglich der Geldsumme, die er zur Einweihung benötigt. Wenn heutzutage eine Mindestgebühr für eine analytische Sitzung festgelegt ist und ein Therapeut hat einen Traum, daß er einen Patienten für weniger Geld nehmen solle, was ist zu tun? Ich täte es, aber den meisten verbieten es die Kassen- und Berufsregeln. Das soziale Eingreifen durch die Götter wird durch jegliche Art von Bürokratie und Totalitarismus abgetötet. Man sollte deshalb möglichst wenig Organisation in einer Gesellschaft haben, denn sie tötet den spontanen Geist und zerstört das geheime Wirken der transzendenten Funktion. Zu intensive Organisation und zuviel Regeln schließen das geheime Spiel der Götter aus, die Erscheinung von etwas Irrationalem, das der Beginn einer Wandlung sein kann. Man glaubt an Normen und daran, daß Programme aufgezogen werden müssen, und schließt so die Möglichkeit eines viel größeren spontanen *psychischen* Ereignisses aus. Falls sich etwas Derartiges doch ereignet, wird es entweder nicht wahrgenommen, beiseite geschoben oder abgewertet. Auf diese Weise wird die *natürliche* menschliche Gemeinschaft gesprengt.

Die heutigen Menschen behaupten, daß sie das Bedürfnis haben, näher beieinander zu sein, und doch tun wir alles zur Entfremdung durch Organisation und schließen das eine Wichtige aus: das irrationale Spiel der Träume. Die Mysterienkulte waren geheime Zusammenschlüsse derjenigen, die eins im Geiste waren und unter denen das irrationale Spiel der Träume sich ungehindert entfalten konnte. Ebenso gab es in den frühen Kirchen einen lebendigen Geist, einen spirituellen Elan, der nicht nur nützlich und organisatorisch-vernünftig wirkte.¹⁰

Vor allem soll Lucius nun seine menschliche Gestalt zurückerhalten. Die Göttin gibt ihm die Anweisung, sich am nächsten Tag an der Prozession zu ihren Ehren zu beteiligen, und spricht zu ihm: «Niemand soll bei der frohen Feierlichkeit und dem festlichen Schauspiel Scheu vor deinem häßlichen

---

9 Ähnliches wird in der Apostelgeschichte berichtet. Philippus erhält in einer Vision den Auftrag, einen hohen äthiopischen Würdenträger zu treffen, um ihn zu taufen (Apg. VIII, 26–40). Petrus wird ebenfalls durch eine Vision angekündigt, daß er einen römischen Centurio taufen und die Nichtjuden in die christliche Gemeinschaft aufnehmen soll (Apg. X, 1–48 und XI, 1–18).

10 Apostelgeschichte IV, 32–35 und V, 12–16.

Aussehen haben, noch soll irgend jemand deine plötzliche Umwandlung boshaft verunglimpfen. Nur sei eingedenk und verliere nicht aus deinem Gedächtnis, daß mir von nun an deine übrigen Tage bis auf deinen letzten Atemzug verbürgt sind!

Denn nur billig bist du der, durch deren Wohltat du wieder unter die Menschen zurückkehrst, dein ganzes Leben schuldig. Inzwischen wirst du glücklich, wirst du rühmlich unter meinem Schutz leben, und wenn du hier deinen Weg vollendet hast und zur Unterwelt hinabwandelst, so wirst du auch dort, auf jener unterirdischen Halbkugel, mich, die du vor dir siehst, die ich des Acherons Finsternisse erleuchte und in den stygischen Behausungen regiere, als ein Bewohner der elysischen Gefilde fleißig anbeten und meiner Huld dich zu erfreuen haben. Ja, sofern du dich durch unablässigen Gehorsam, durch gewissenhafte Beobachtung meines Dienstes, durch strenges Fasten und Keuschheit genugsam um meine Gottheit verdient machst: so wirst du auch erfahren, daß es allein in meiner Macht steht, dir selbst das Leben zu fristen über das vom Schicksal dir bestimmte Ziel hinaus.»[11]

Sobald die göttliche Erscheinung diese Worte gesprochen hat, verschwindet sie. Was sie sagt, ist sehr bedeutsam. Sie erwartet von ihm ein «Ja» aus innerer Überzeugung. Er ist seinem religiösen Erlebnis verpflichtet und daran gebunden, und ohne das ist religiöse Erfahrung nicht möglich. Die Regeln der Dankbarkeit beziehen sich nicht nur auf unsere Gesellschaft, sondern auch auf die Götter. Auch die inneren Mächte haben ein Anrecht auf die menschliche Haltung der Dankbarkeit und Treue und das Festhalten an der Erfahrung. Manche Menschen vergessen dies in trüben Stimmungen und Extraversion und fühlen die Verpflichtung nicht. Sie essen zwar Früchte des Paradieses, aber nachher geht die Erfahrung in den Nöten des Lebens verloren, weil sie nicht die Konsequenzen aus ihrer Erfahrung gezogen haben.

Man könnte sich fragen, warum solch ein numinoses und bewegendes Ereignis wie die Rückverwandlung des Lucius in ein menschliches Wesen sich in so schockierender öffentlicher Weise vollziehen mußte? Die letzten Zeilen des Buches könnten einen Hinweis geben. Lucius spricht von sich als Priester der Isis: «... er [Osiris] erhob mich aus dem gemeinen Haufen seiner Diener in das Kolleg der Pastophoren, ja er erkor mich sogar zu einem

---

11 Apuleius, *Der goldene Esel*, Übersetzung Rode, S. 304.

seiner fünf Jahre amtierenden Vorsteher. Flugs ließ ich mir die Haare wieder glatt scheren; und ohne meinen geschorenen Kopf auf irgendeine Art zu verbergen, trat ich voller Freude in dies sehr alte Kollegium ein, das schon zu Sullas Zeiten gestiftet worden war.»[12] Die Tonsur deutet den Isisdienst an, denn alle ihre Priester und Eingeweihten hatten den geschorenen Schädel, genau wie die Mönche der katholischen Kirche. Der Satz geht dann weiter, und viele Übersetzer lassen ihn aus: «*...ohne mich dessen zu schämen*». Darin liegt der Schlüssel für die Frage, warum sich die Rückverwandlung in der Öffentlichkeit vollziehen muß.

Eine religiöse Erfahrung bedeutet eine Ganzheitserfahrung, bei der nichts ausgeschlossen sein darf. Für einen mokanten intellektuellen Feigling wie Lucius würde es größten Mut bedeuten, zu seinen inneren religiösen Gefühlen und zu seiner Verwandlung vor dem Publikum zu stehen, selbst angesichts der Spötteleien der gebildeten römischen Gesellschaft, der er angehörte, treu zu bleiben gegenüber einer leichtfertigen kollektiven Haltung, die früher auch die seine war. Er macht so seine innere Erfahrung zu etwas Ganzem, indem er sich auf diese Weise von sozialer Eitelkeit und Intellektualismus ausschließt. Dies trifft alles auch auf die Haltung des Autors Apuleius zu.

In der Bibel steht, daß der Mann, der die Perle, das Himmelreich findet, sie wieder verbirgt.[13] Sie *muß* verborgen werden und ist nur von Wert, wenn man sie inwendig bewahrt und nichts öffentlich darüber verkündigt, eine neue Sekte gründet oder versucht, andere Leute zu bekehren. Apuleius spricht auch nicht genauer davon, was er bei seinem Abstieg in die Unterwelt erlebte. Er endet mit drei kurzen Sätzen: «daß er in die Unterwelt hinabstieg, daß er die Mitternachtssonne sah und daß er auf die Schwelle der Oberwelt zurückkehrte». Er bewahrt völliges Stillschweigen über seine Erlebnisse während der Einweihung, und das ist richtig. Das ist das Verbergen der «Perle», der Kostbarkeit, die man niemand zeigen soll, es sei denn, auf Grund eines inneren Befehls. Aber dies bedeutet auf der anderen Seite nicht, daß man sich nicht mehr an allgemeinen sozialen Aktivitäten beteiligen sollte. Man muß nur mit stetiger Aufrichtigkeit an seiner eigenen inneren Erfahrung festhalten, ohne sie unnötig kundzutun, aber auch ohne sie zu verleugnen. Wenn dieses numinose Erlebnis mit Ernst, Echtheit und

---

12 Apuleius, ebenda, S. 325. – Pastophoren waren Priester, welche die heiligen Gegenstände in der Prozession trugen.
13 Matthäus XIII, 44–46.

Mut angenommen wird, ist es eine Konversion oder eine «Metamorphose», eine tiefgehende Wandlung des ganzen Wesens. Dies wird sich dann in Einzelheiten des Verhaltens schon bemerkbar machen und Auswirkungen im sozialen Leben haben.

Zwei Verhaltensweisen sollte man also vermeiden, einmal seine Erfahrung nicht um jeden Preis jedem erzählen wollen, denn das birgt die Gefahr, unverstanden und lächerlich zu wirken. Es erfolgt häufig bei einer Inflation[14], wenn aus Eitelkeit die Umgebung beeindruckt werden soll und so alles Geschenkte verlorengeht. Ebenso falsch ist es aber andererseits, alles für sich behalten zu wollen und sich äußerlich als derselbe alte intellektuelle oder fromme Pharisäer oder was immer man vorher war zu geben.

Soweit möglich kann man die numinose Erfahrung unter der «persona»[15] verbergen, aber wenn irgendeine innere Aufforderung erfolgt, sie zu enthüllen, sollte man das auch mutig tun. Man könnte etwa veranlaßt sein, zu sagen: «Ich werde diese Sache morgen nicht tun», wobei es nicht notwendig ist, hinzuzufügen, daß man auf Grund eines Traumes so handelt, oder einen inneren Grund anzugeben. Es kann aber auch vorkommen, daß man eine innere Anweisung erhält, jetzt aufzustehen und zu sagen, was man denkt, selbst wenn einem das irgendeine Art von Verfolgung einbringt. Man kann zum Beispiel dazu geführt werden, gegen ein kollektives Unrecht anzugehen, ohne sich deshalb für den großen Weisen zu halten, dessen Mission die Aufklärung der anderen ist, noch sich als Märtyrer aufzuspielen. Natürlich wird der Introvertierte immer geneigt sein, die Dinge zu sehr in sich zu verschließen, und der Extravertierte, sie auszuplaudern.[16] Beides ist falsch. Das Schwingen zwischen diesen beiden Rhythmen gehört zum Wirken des Selbst, wenn die innere Erfahrung richtig verstanden wurde. Im allgemeinen geben die Träume einem klar zu verstehen, wie man handeln soll. Das Selbst bestimmt, wann man das Geheimnis preisgeben und wann man es verschweigen soll.

Es ist sehr bedeutungsvoll, daß Apuleius, der eine Scheu davor hegte, für eine naive Gefühlserfahrung einzustehen, vor die römische Gesellschaft hin-

---

14 C.G.Jung, *Die Beziehungen zwischen dem Ich und dem Unbewußten*, GW 7, § 227.
15 In der Antike war die persona die Maske des Schauspielers. Jung gebraucht diesen Begriff für die soziale Rolle des Individuums, mit der es sich manchmal fälschlicherweise zu identifizieren pflegt. C.G.Jung, ebenda, §§ 243–253: Die Persona als ein Ausschnitt aus der Kollektivpsyche.
16 C.G.Jung, *Psychologische Typen*, GW 6, passim.

treten sollte, wo mit Sicherheit all die netten kleinen spöttischen Gelächter und spitzigen Kommentare der anderen auf ihn gerichtet würden. Spötteleien, Intellektualismus und Ästhetizismus waren seine früheren Abwehrmechanismen gegen das emotionale Ergriffenwerden. Offen dazu stehen wäre deshalb sein Beweis für eine völlige Annahme. Diesmal ist es nicht nur ein neuer kleiner Nervenkitzel, den er für sich behalten könnte, um wie vorher in seinem früheren äußeren Leben fortzufahren. Isis wußte, was sie tat, als sie ihm das öffentliche Bekennen auferlegte.

Es stellt sich nun die Frage, warum die Erlösung des Lucius gerade durch einen *ägyptischen* Mysterienkult erfolgt und warum das Isis-Osiris-Mysterium eine so erlösende Kraft für ihn hatte. Warum nicht der christliche oder der Mithraskult? Wir haben Kenntnis davon, daß Apuleius viel auch über die anderen Mysterienkulte wußte und deshalb einen persönlichen Grund gehabt haben muß, weshalb er von dem ägyptischen mehr angezogen und bewegt wurde. Auf Grund seines Mutterkomplexes würde ein rein patriarchaler mystischer Kult mit dem männlichen Archetyp des Gottesbildes im Vordergrund ihm nicht viel bedeutet haben. Am Anfang hätte es eine Hilfe für ihn sein können, wenn er in einen männlichen Kult, wie den Mithraskult, eingetreten wäre, statt in die Hände der Räuber zu fallen. Aber nun, wo es sich darum handelt, auf den Grund seines Mutterkomplexes zu kommen und dessen tiefste Bedeutung zu realisieren, würden der Mithraskult oder die christliche Religion, die beide eine patriarchale Note haben, nicht in Frage kommen. Ein weiterer Grund, der eine gewisse Rolle gespielt haben mag, war der, daß Apuleius aus Nordafrika stammte und daß die ganze afrikanische Zivilisation damals unter der Vorherrschaft Ägyptens stand. Wenn daher der Kult aus dem Unbewußten nun in dieser ägyptischen Ausprägung erscheint, wirkt sich darin sein Heimatboden wieder aus. Seine frühesten Kindheitserinnerungen sind mit diesem Erlebnis verbunden. Es sind seine «Roots», um auf modernere Beispiele hinzudeuten.

Ehe wir die Frage aber weiter beantworten können, müssen wir die Rolle und Bedeutung des Isis- und Osiriskultes in der späten ägyptischen Religion betrachten, in der die Göttin zwar immer noch eine Rolle spielte, aber nur am Ende der ägyptischen Religion die absolute Herrschaft antrat.[17]

Helmuth Jacobsohn vertrat in seinem hervorragenden Aufsatz die An-

---

17 Vgl. Jan Bergman, *Ich bin Isis*, Uppsala 1968, auch Rex E. Witt, *Isis in the Graeco-Roman World*, London 1971.

sicht, daß sich durch die dreitausendjährige Lebenszeit dieser Religion eine Entwicklung zieht, die sich innerhalb der christlichen Zivilisation zu vollenden scheint.[18] Es sieht so aus, als handle es sich um das Urbild der Entwicklung religiöser Vorstellungen, wie sie ungefähr zu Beginn des Zeitalters unserer Zivilisation lebendig wurden. Nachdem er die Analogie zwischen der ägyptischen und der christlichen Trinität hervorgehoben hat, bemerkt Jacobsohn, daß es bei der Emanation und Bewußtwerdung eines Gottes zwei Grundrhythmen gibt. Der erste Rhythmus würde die Phase der Emanation und Erschaffung sein, der zweite die Phase des Zurücktretens und Zusammenfassens des Getrennten. Der Rhythmus von Brahma entspräche zum Beispiel der Diastole, der des Atman, als zurückschwingendes Moment, der Systole, was in Indien manchmal durch eine Spinne, die ein Netz ausspinnt und es dann wieder einzieht, veranschaulicht wird. Der Gott verliert sich in seiner eigenen Schöpfung, nimmt sich in einem entgegengesetzten Prozeß zurück und wird sich so Seiner Selbst bewußt. Osiris' Erhöhung in der späten ägyptischen Religion würde dem systolischen Prozeß entsprechen, dem Zurückziehen des Gottes aus seiner Schöpfung, sein Sich-wieder-Verdichten und Bewußtwerden. Während es sich in Indien um einen Zyklus handelt, der sich über Billionen von Jahren erstreckt, enthält der ägyptische Mythos ein neues Element der Evolution, wobei die «Wiederkehr» nicht der ersten Erscheinung gleicht. Sie ist nicht einfach eine Wiederholung, auch nicht zyklisch, sondern hat die Bewegung in einer Spirale, die durch die Ra-Ähnlichkeit des auferstehenden Osiris ihre Qualität erhält; es wird der Gottheit etwas hinzugefügt, welches als Neues die menschliche Individualität in sie hineinbringt.

Der Prozeß wiederholte sich bei dem Erscheinen jedes neuen Sonnenkönigs. Wenn in Ägypten der Pharao starb, wurde er Osiris. Dann kam die Gestalt des Nachfolgers, der all die sakralen Riten zu leiten und die Rolle des Sempriesters zu übernehmen hatte, und öffnete mit einem eisernen Haken den Mund des Toten, damit der Verstorbene im Jenseits essen, trinken und sprechen konnte.

Was würde das psychologisch bedeuten? Lassen Sie uns diesen Mythos mit dem Vorgang vergleichen, der sich in einem menschlichen Wesen ereignet. Ein Mensch identifiziert sich zuerst im Leben mit dem Prinzip der Bewußtheit und macht sich dessen Bedeutung zu eigen: er versteht seine

---

18 Helmuth Jacobsohn, *Das Gegensatzproblem im altägyptischen Mythos,* passim.

eigenen Impulse zu zügeln, er kann arbeiten, seine Gattung fortpflanzen, kurz, er wird ein sozial angepaßtes Ich. Auf kleinste Weise repräsentiert er die Entwicklung der Sonnen-Gottheit. Er fühlt «Ich bin», «Ich denke». Er glaubt sich Herr seiner Gedanken und hält sich für eine kleine Sonne. Für den Fall, daß er im Lauf seines Lebens in eine Depression fällt, kommt das einem Sonnenuntergang gleich: All seine Werte sind verschwunden, er weiß nicht mehr, was er denkt, und zweifelt noch, wer er ist. Das würde dem Tod des Sonnenkönigs in dieser Welt entsprechen. Als Analytiker versucht man dann, ihm vor allem zum Durchhalten zu helfen. Eine bestimmte innere Einstellung ist während dieses Stadiums notwendig, und ich würde sie mit Horus dem Jüngeren vergleichen: Er ist das Bild eines Bewußtseins, das im inneren Tod überlebt und auf den «toten König», die alte Lebensform, einwirkt. So führt Horus «die Auferstehung seines Vaters herbei».[19]

Im analytischen Prozeß würde dies einer psychologischen Haltung entsprechen, die genug Ich-Aktivität hat, um zu sagen: «Ich werde meine Träume aufschreiben (das Öffnen des Mundes), weil die Depression mir übermitteln muß, welcher Art sie ist.» Wenn man in einer tiefen Depression wie in einem toten Stadium über sich selbst wacht, ist es in Wirklichkeit das Selbst, das einen in diesem Stadium ernährt und hütet. Das ist «Horus», der diese psychologische Haltung im Moment völliger Dunkelheit repräsentiert. In den Tagen des Interregnums, nach dem Tod eines Pharaos, konnte in Ägypten jedermann drei Tage lang stehlen und morden, wie er wollte. Es gab keine Gesetze mehr. Man kann sich vorstellen, was dann alles geschah. Doch brach kein wirklicher kollektiver Wahnsinn aus, weil die «Horusgestalt» wachte. Sie repräsentiert daher das psychologische Halbbewußtsein, das weiterbesteht, noch während jemand äußerlich erschöpft ist, bis das neue Bewußtseinsprinzip erwacht.

Auch der Gott Thot hatte Anteil an der Funktion der Erneuerung aus dem Unbewußten, aber da weder Thot noch Anubis bei Apuleius ausführlicher erwähnt werden, will ich nicht auf deren Funktionen eingehen, sondern lediglich erwähnen, daß Seth bei der Auferstehung des Königs eine positive Rolle spielte, wenn er mit dem oberen Licht verbunden war und jede Nacht die Apophisschlange tötete. Da er so mit dem Sonnengott zusammenwirkte, repräsentierte er eher die integrierte Aggressivität statt nur die Autonomie und Brutalität der Aggression.

---

19 Jacobsohn, ebenda, S. 55.

Diese Entwicklung der ägyptischen Religion erscheint uns als eine Projektion, ein Prozeß der Integration der psychischen Ganzheit. Es handelt sich um das, was wir heute den Individuationsprozeß[20] nennen würden, aber hier ist der Prozeß auf mythische Bilder und Dramen der Götter- und Königsschicksale projiziert. Man kann sagen, daß im Laufe dieses Prozesses «der Gott» schrittweise im menschlichen Wesen bewußt wurde. Zuerst nahm man vom Pharao an, daß er diesen Prozeß, der zur Unsterblichkeit führt, durchmachte, aber später dehnte er sich auf die Allgemeinheit aus und wurde nicht länger als königliches Vorrecht angesehen.

Zur selben Zeit, gegen Ende des alten Reiches, begann des Unbewußte den Mythos des weiblichen Prinzips zu beleben, wahrscheinlich um das Jahr 2500 v. Chr. Diese End-Phase gleicht derjenigen des Christentums, in der der Papst (Pius XII.) das weibliche Prinzip hervorgehoben und die Himmelfahrt der Jungfrau Maria zum Dogma erklärt hat. Damals, als das Problem der Wiederherstellung der Ganzheit dringend wurde, war die einzige Gestalt, die die Ganzheit behielt und niemals in drei statt vier aufgespalten wurde, Isis. Deshalb muß es Isis sein, die Lucius zur Ganzheit führt. Im Mythos sammelt Isis die Gebeine des toten Osiris und verrichtet die Wiedergeburtszeremonie. Sie ist das Instrument seiner Wiedergeburt, weshalb ägyptische Särge häufig den Toten in den Armen der Muttergöttin ruhend zeigen. Sarg und Deckel trugen sein Bild; der Verstorbene wartet in ihren Armen auf die Wiedergeburt. So würde Isis psychologisch das emotionale und gefühlsmäßige Erlebnis der Ganzheit repräsentieren, das den Weg weist. Man mag den Prozeß später auch gedanklich realisieren, aber *sie* ist das Element der religiösen *Gefühlserfahrung*.

Aber das Ganze bedeutet noch etwas anderes. Im Fall eines Mannes, der wie Apuleius durch einen negativen Mutterkomplex seine Gefühle verdrängte, erscheint die Anima manchmal als Prostituierte, und im Traum wird das gewöhnlich als Sexualität oder sexuelle Phantasie auf einer relativ unpersönlichen Stufe interpretiert. Oft hat es auch wirklich diese Bedeu-

---

20 Über den Individuationsprozeß, den Begriff, mit dem C.G. Jung die Realisierung der Ganzheit des Individuums im Selbst bezeichnet, siehe unter anderem Jungs Ausführungen in der Einleitung zu *Psychologie und Alchemie*, GW 12, und Marie-Louise von Franz, *Der Individuationsprozeß*, in dies., *Archetypische Dimensionen der Seele*, Einsiedeln 1994, S. 315–390, ebenso in C.G. Jung, *Der Mensch und seine Symbole*, Olten und Freiburg i. Br. 1968, S. 160–218. – Perrot, Etienne, *La voie de la transformation d'après C.G. Jung et l'alchimie*, I. Teil, Kapitel III und IV.

tung, aber ich habe Menschen gesehen, in denen solche Gestalten nichts mit sexuellen Phantasien zu tun hatten, sondern vielmehr die Bedeutung einer geistigen Prostitution annahmen, nämlich, daß ein solcher Mann einer Idee oder einem geistigen Bild nicht treu sein konnte, sondern mit Ideen flirtete und sie mißbrauchte, genau wie eine Prostituierte ausgenutzt werden kann, indem man ihr Geld bezahlt und einfach fortgeht. Solche Männer sind nicht fähig, eine Wahrheit zu erkennen und ihr treu zu bleiben, weil sie kein Gefühl dafür haben. Für sie reduzieren sich intellektuelle und geistige Prozesse auf eine Art Vergnügen oder Spiel oder etwas, mit dem man sich wichtig machen kann. Wenn sie meinen, damit einen großen Erfolg zu erreichen, werden sie zu etwas stehen, selbst wenn sie nicht daran glauben. Das geistige Leben wird somit für sie ein Instrument zur Erlangung von Prestige und zur Unterstützung persönlicher Eitelkeit.

Solche Männer verteidigen eine Meinung also nicht aus Überzeugung, sondern nur, um ihre eigene Intelligenz zu zeigen. Mit diesen Methoden wird oft eine enorme intellektuelle Leistung produziert, ohne daß etwas dahintersteht. Das ist geistige Prostitution und wird in Träumen oft so gekennzeichnet. Die Anima oder Seele eines solchen Mannes ist eine Hure, die mit allerlei philosophischen Ideen oder politischen Theorien flirtet, ohne sich mit einer ehelich zu verbinden und Kinder zu bekommen, so daß seine Gedanken steril bleiben. John Dee, ein Alchemist des 17. Jahrhunderts, sprach öfters mit Gott. Eines Tages griff Gott ihn an, indem er ihn eine Hure nannte. Der arme Dee konnte sich nicht erklären, was das bedeuten sollte, bedachte alle seine Sünden und sexuellen Phantasien und fand nichts, was dieser Beleidigung entsprechen konnte. Aber wie Jung betonte, lag seine Hurerei in der Tatsache, daß er nicht an dem festhielt, was er für wahr erkannt hatte, und daß er seiner geistigen Aufgabe nicht treu blieb.

Auch Apuleius flirtete praktisch mit jedem philosophischen System und jedem Mysterienkult, ohne sich zu entscheiden. Man kann dieses Verhalten vom Aspekt seiner sexuellen Unbeständigkeit und der Degenerierung seiner Gefühlsfunktion in bezug auf Frauen her sehen, aber es ist ebenso eine geistige Prostitution. Das hielt an, bis er die Isisvision hatte, die er in seinem Buch beschreibt, wo es in den Worten des Lucius heißt, daß er «ohne Scham mit geschorenem Haupt einherging». Er hat sich endlich entschieden, eine ehrliche Haltung gegenüber der inneren Wahrheit einzunehmen.

Apuleius waren all diese tiefen Wahrheiten in der hier diskutierten Form wohl kaum bewußt. Aber man fragt sich, wie die Isismysterien einen so erlösenden Effekt haben konnten, daß er von da an fühlte, er habe seinen Platz gefunden, seine Verbindung zum Göttlichen und den Sinn seines eigenen Lebens. Ich denke, man kann erkennen, wie stark dieses Motiv zu Apuleius gehörte, wenn man sich all der Abenteuer erinnert, durch die er seinen Lucius gehen ließ. So lange, wie er ein rein intellektuell interessierter idealistischer neuplatonischer Philosoph war, identifizierte sich Apuleius-Lucius mit dem Sonnengott Ra. Das ist buchstäblich so, weil die Idee vom Guten und Schönen tatsächlich über die platonischen Ideen herrschte, wie die Sonne am Himmel im Mittelpunkt aller Sterne.

Die früher behandelte Erzählung von der Ermordung des Sokrates ist von diesem neuen Blickfeld aus auch einer Geschichte in der ägyptischen Mythologie vergleichbar. Als der Sonnengott alterte, wünschte Isis seine Kraft zu erwerben und schuf deshalb eine riesige Schlange, die auf seinem Weg lag und den Gott biß, so daß er leiden mußte, aber, weil er ja ein Gott war, nicht sterben konnte. Hierauf bot Isis an, ihn zu heilen, falls er ihr seinen geheimen Namen verraten würde. Um geheilt zu werden, mußte er folglich seine Macht opfern. Das überalterte philosophische Prinzip, der alte König, das erstarrte handlungsunfähige Ich wird von einer dunklen Muttergestalt überwältigt, dem Bild des Unbewußten.

Die Verwandlung des Lucius in einen Esel entspricht in der Mythologie der Tötung von Osiris durch Seth. Seine menschliche Seite wird überdeckt von der Eselsgestalt oder dem Eselsprinzip, vergleichbar dem Moment, in dem Seth Osiris tötet. Aber Osiris überlebt in ihm insoweit, als er darunter leidet, ein Esel zu sein: Lucius ist in all seinen Abenteuern eigentlich niemals ein wirklicher Esel, weil er immer darunter als Mensch leidet. Man kann sagen, daß in diesem Fall das Göttliche des menschlichen Wesens vom Schatten überflutet wird, zusammen mit der Sexualität und allen brutalen Impulsen. Die Menschlichkeit ist im Esel verhüllt. Was Lucius bewußt sein könnte, ist noch da, aber dem zerstückelten Osiris vergleichbar. Dann erscheint Isis, und in der griechischen Mythologie ist sie es, die die Teile des Osiris wieder einsammelt und ihm zu seiner Wiedergeburt und Erlösung verhilft. Immer vollbringt sie, was gerade getan werden muß. Sie tut Negatives, um Bewußtheit zu schaffen, dann Positives, um den Prozeß der Individuation zu beenden. Als die destruktive und zugleich erlösende Große Mutter ist sie überall. Sie ist das weibliche Prinzip, das die innere Wandlung fördert. In der Welt des Ra ist sie die göttliche Mutter und unsterblich, und deshalb können wir sagen, daß sie, wenn sie sich des Lucius annimmt, in ihm die Osirisqualität fördern will. Worum sie wirklich besorgt ist, das ist sein psychischer, innerer Kern. Sie ist die Gefühlserfahrung, die der höheren inneren Persönlichkeit des Lucius zur Geburt verhelfen und die innere Spaltung heilen kann. Deshalb erhält er durch die Einweihung in die Mysterien subjektiv das Gefühl, daß sein Schicksal in kleinerem Maßstab dem von Isis und Osiris zu vergleichen sei. Er erkennt die tiefere Bedeutung dessen, was sich mit ihm ereignet hat. Unter den Schattenkomplikationen zu leiden, ohne um ihre Bedeutung zu wissen, ist das Schlimmste, was man erleben kann; aber die Gesetzmäßigkeiten dahinter zu erkennen bedeutet schon eine halbe Heilung. Man kann dann seine Schwierigkeiten als Teil eines sinnvollen Prozesses sehen, was einem dazu verhilft, sie anzunehmen und umzuwandeln.

Zuerst ereignet sich für Lucius die Realisierung der Anima (Isis) und dann die des Selbst (Osiris). Der Isiskult wird von Apuleius mit poetischer Emotion beschrieben, aber über seine Erfahrungen im Osiriskult sagt er praktisch nichts aus. Das Erlebnis der Isis war ein emotionales und konnte in poetischer Sprache übermittelt werden. Über das andere konnte er offenbar nicht sprechen, weil es noch wesentlicher war und ein wirkliches Mysterium.

Aber was wurde aus dem Archetypus der Göttin-Mutter, als das Christentum sich in dem sterbenden Römischen Reich ausbreitete? Man gab der Mutter Christi die Namen Theotokos (Gottesgebärerin) und Sophia (Weisheit), und als solche spielte sie eine gewisse Rolle in der Ostkirche, doch in der westlichen katholischen Kirche verschwand sie fast ganz. Natürlich überlebte sie örtlich in Legenden und Märchen, und so muß es als nur relativ verstanden werden, wenn ich sage, daß mit Isis der Archetyp der Gottesmutter verschwand. In der offiziellen christlichen Kirche herrschte jedenfalls eine starke Tendenz vor, das Problem des Weiblichen nicht ernst zu nehmen, und der Kult der Jungfrau Maria stand nicht im Mittelpunkt der Aufmerksamkeit. In der westlichen Kirche wurden sie eigentlich durch das Bild der Institution der Kirche, der Mater Ecclesia, ersetzt. Jung erörtert dieses Problem in den Psychologischen Typen anhand der Visionen des Hermas.[21] In diesen erscheint dem Hermas eine alte Frau, die er Domina nennt. Sie gibt ihm Ratschläge und zeigt ihm die Vision eines die Kirche darstellenden Turmes. Wahrscheinlich ist nicht dies ganze Material ur-

---

21 C. G. Jung, *Psychologische Typen,* GW 6, §§ 430–451 (neuere Auflagen §§ 381–406).

sprünglich, und es wurde viel Bewußtes hinzugefügt. Aber die Idee seiner Einweihung in die katholische Kirche durch eine alte Frau, die dunkle Gestalt, ist sicher echt und zeigt, wo die Göttin weiterlebt. Sie ist in die Ecclesia, die Mutter Kirche, umgewandelt worden, so daß ihre mystische Qualität auf die Institution der Kirche projiziert wurde und die Gestalt der Isis ersetzte.

Zwei Aspekte gingen durch diese Entwicklung verloren: Erstens der *menschlich*-persönliche Aspekt der Göttin (eine Institution ist nie sehr menschlich) und zweitens die Beziehung zur Materie. Denn Isis war zum Teil ein Bild für die kosmische Materie, und auch diesen Aspekt gibt es in der Institution der Kirche nicht. Es ist zwar dort ein gewisser Konkretismus vorhanden: Der Papst vertritt Gott auf Erden, und die Materie ist in die Kirche insoweit einbezogen, als sie eine konkrete Organisation ist. Aber die Materie ist auch ein geheimnisvolles kosmisches Prinzip, wie die modernen Physiker wiederentdecken. Diese beiden Aspekte also verschwanden aus dem allgemeinen Bewußtsein, während einige andere in der Institution überlebten. Wenn man katholische Priester in der Analyse hat, sieht man zuweilen, daß ihre Anima auf die Kirche projiziert ist. Sie ist der Träger des mütterlichen Animabildes und ersetzt zum Teil die wirkliche Frau. Der Priester erlebt die Kirche als Mutter-Gattin nicht nur allegorisch, sondern ganz konkret. Andererseits ist der Priester die Braut Christi, er ist deshalb «Frau» und trägt weibliche Kleidung. Er ist männlich und weiblich zugleich. Wenn er versteht, was er tut, könnte dies ihm die Möglichkeit einer Erfahrung psychischer Ganzheit bieten, die allerdings nur durch das schmerzvolle Opfer des sexuellen Lebens erlangt werden kann. Andererseits schafft die Tatsache, daß eine menschliche Institution eine Vergottung erfährt, offensichtlich ein schwieriges Problem.

Diese Situation hat noch zu anderen Konsequenzen geführt; das heißt, wenn der menschliche und der materielle Aspekt des Göttlichen, gewisse Elemente eines Archetyps, aus dem bewußten Wahrnehmungsfeld weichen, muß man dessen Rückkehr in der Form von Obsessionen erwarten. Wenn etwas Wesentliches aus dem Bewußtseinsraum verschwindet, wird es anderswo verstärkt in Erscheinung treten. Man sieht dies später in den Hexenverfolgungen, auf die der Schatten der verschwundenen Großen Mutter projiziert wurde. Eine andere, wie ich glaube, wichtige und für die gesamte christliche Theologie typische Obsession äußert sich in einem gewissen Ideen-Konkretismus, wie ich es nennen möchte. Darunter leidet die christliche Lehre mit all ihren Dogmen. Wenn wir versuchen, die Denkformen der Psychologie mit denen der Theologie zu vergleichen – und es spielt dabei keine Rolle, ob mit katholischen, protestantischen oder jüdischen –, so begegnen wir immer demselben Argument der Theologen, dem oft wiederholten Einwand, der respektiert werden muß, weil er überaus wichtig ist: «Gott», so sagen die Theologen, «ist nicht nur ein Bild in der menschlichen Seele oder im kollektiven Unbewußten. All eure psychologische Interpretation der Trinität ist ‹nur psychologisch›, die Trinität muß aber auch eine metaphysische Realität haben, und wir, die Theologen, sprechen allein davon und nicht vom psychologischen Aspekt.» Das bezieht stillschweigend mit ein, daß diese ihre metaphysische Realität «die einzig wahre» ist. Wenn man näher hinsieht, handelt es sich um eine Unterteilung der Idee von der Realität, vergleichbar der platonischen Vorstellung, daß unser Universum nichts als ein Schattenbild eines anderen geistigen Reichs sei. Es gibt für die Theologen etwas wie eine metaphysische oder transpsychische Realität, die aber *konkret* wahr ist, und was dort hineinströmt, ist der unterdrückte stoffliche Aspekt der Isis, eine Art von idealistischem Materialismus. Theologen sind im allgemeinen in diesem geistigen Materialismus gefangen durch das, was sie eine «metaphysische Tatsache» nennen. Es ist eine Namens-Obsession, die bei vielen besteht. Die große Muttergöttin, zur Kirche umgewandelt, wurde als Materie nicht wahrgenommen. Das provozierte eine kompensierende unbewußte Konkretheit der Ideen. So zum Beispiel, wenn die mittelalterlichen Theologen darüber in Streit gerieten, ob Christus beschnitten oder unbeschnitten auferstanden sei. O sancta simplicitas!

Was einen nun an der ägyptischen Religion berührt und schon von den Griechen und Römern erkannt wurde, ist ebenfalls ein seltsamer Konkretismus einer Idee. Es bestand ein Glaube an die Unsterblichkeit, der durch *chemische Behandlung des Leichnams* erreicht wurde – ein unwahrscheinlicher, primitiv-magischer Gedanke! Im Museum von Kairo liegt ein Papyrus[22] mit der Vorschrift für die Einbalsamierung des Leichnams: «Achte darauf, daß das Haupt nicht zurückfällt; entferne die Eingeweide, die verwesen werden...» Es ist eine vollständige Beschreibung dessen, was mit dem Leichnam geschehen sollte, zusammen mit den exakten Worten, der Litur-

---

22 Veröffentlicht von Günther Roeder, *Urkunden zur Religion des alten Ägypten,* Jena 1923 (Nachdruck Düsseldorf-Köln 1978), S. 297–305.

gie und den Texten, die wiederholt werden mußten während der Ausführung der Arbeit. Worte und Werk gingen Hand in Hand. Alles wurde konkret so getan, als handle es sich darum, das menschliche Wesen tatsächlich chemisch unsterblich zu machen.

Dieser Konkretismus verschwand scheinbar, tauchte aber im Christentum im geheimen als die konkretistische «Realität metaphysischer Fakten» wieder auf. Der alte primitive Konkretismus macht daher viele Menschen ganz unfähig, religiöse Tatsachen in einer objektiven empirischen Weise zu diskutieren. Er erzeugt eine Art fanatischer Besessenheit von Ideen, die allzuoft jede wissenschaftliche Verständigung blockieren. Immer besteht dabei die Hoffnung, daß die Ideen irgendwo eine absolute Realität haben müssen, was keine psychologische Diskussion erlaubt. Psychologie wird behandelt als «nichts als» Psychologie, eine geringere Realität, verglichen mit der «absoluten Wahrheit». Das ist es, wozu die Mißachtung der weiblichen Gottheit führte!

In der jüdischen Religion erscheint dieser selbe Konkretismus im Gesetz. In gewissen Kreisen orthodoxer Juden war es ein ethisches Problem, ob am Sabbath elektrisches Licht brennen dürfe, da es ja verboten war, ein Feuer anzuzünden. Das ergab ein Thema für ernsthafte Diskussionen. Abgesehen von der zur chassidischen Mystik gehörenden Schechina existiert eben die Muttergöttin auch in der jüdischen Religion nicht. So liegt sie verborgen in dem konkretistischen Aspekt des Gesetzes und in der Idee, daß das angekündigte Reich des Messias *auf dieser Erde,* also materiell real sein wird.

Alle totalitären Anschauungen, gleich welcher Richtung, verfolgen denselben Weg. Sie predigen Glaubensvorstellungen ganz konkreter Art, nämlich daß das «Himmelreich» hier, und nur hier auf der Erde, etabliert werden muß, egal um welchen Preis. Die Segnungen, das Glück, das seelische Gleichgewicht ist für sie einzig auf der Erde zu erreichen. Wenn man an solch ein marxistisches, faschistisches oder anderes derartiges Ideal glaubt, ist man gerettet, wenn nicht, wird man getötet. Hier erreicht der Ideenkonkretismus seinen Höhepunkt.

Heute ist dieser positivistische Materialismus allerdings überlebt; die moderne Physik hat erkannt, daß man aufhören muß, die Materie «an sich» zu beschreiben und sich mit der Herstellung mathematischer Modelle, also psychischer Vorstellungen, zufrieden geben muß. Wie aber Jung erklärt hat, ist die Psyche die einzige Realität, die wir durch unmittelbare Erfahrung wahrnehmen können. Die Bezeichnungen «materiell» oder «spirituell» sind dabei nichts als Etiketten, die wir unseren *psychischen* Erfahrungen anheften; das erste enthält die von außen und über unseren Körper gemachten Erfahrungen, das zweite die inneren Erlebnisse. Diese Dualität der Wahrnehmung ist der Struktur unseres bewußten Ich inhärent, scheint im Unbewußten aber nicht gegeben zu sein. Außerhalb dieser von uns gesehenen Dualität ist die Welt wahrscheinlich eins, ein unus mundus[23], wie Jung formuliert, der über unsere bewußte Sicht hinausgeht. Mit Recht beginnen die modernen Physiker sich deshalb auch für parapsychologische Phänomene zu interessieren.[24] Auf der höhergelegenen Windung der Spirale befinden wir uns damit an einem Punkt, der dem Bereich entspricht, in dem die Neugier (curiositas) von Lucius-Apuleius gegenüber dem Okkulten wieder geweckt ist!

Obwohl das Geheimnis der Materie in der christlich-katholischen Kirche wenig und später in der protestantischen Kirche gar nicht anerkannt wurde, überlebte es dennoch in verdeckter Form, und zwar in der Alchemie, deren ganze Bemühung darin bestand, die «Seele im Stoff» zu finden. Jung hat dies in *Psychologie und Alchemie*[25] und in *Mysterium Coniunctionis*[26] dargelegt und versucht, die Beziehung zur «Göttin» der Materie in unser Bewußtsein zurückzubringen, die in der Alchemie als die Muttergöttin Materia oder als eine weibliche «anima mundi» auftritt, als die Seele in der kosmischen Materie, und in anderen Texten als «Mater Alchemia»[27] oder gar direkt als Isis.

Der zweite, bereits erwähnte Aspekt der Göttin, der verlorenging, sobald sie als Ecclesia interpretiert wurde, war ihr Aspekt als persönlich-menschliches Wesen. So wurde das Erosprinzip, das heißt die individuelle Beziehung und Wärme, durch eine Organisation, die aus Gesetzen und Hierarchien besteht, ersetzt. Dieser Verlust ist heute derart offensichtlich und schlimm geworden, daß wir ihn nicht lange zu diskutieren brauchen. Es ist das menschliche Problem unserer Zeit par excellence.

23 Marie-Louise von Franz, *Zahl und Zeit*, S. 152–205.
24 *Quantum Physics and Parapsychology*. Proceedings of an International Conference held in Geneva 1974, ed. L. Otari, New York 1975.
25 C.G.Jung, *Psychologie und Alchemie*, GW 12.
26 C.G.Jung, *Mysterium Coniunctionis*, 2 Bände, GW 14/I und II.
27 Marcellin Berthelot, *Collection des Anciens Alchimistes Grecs*, Vol. I, S. 28 ff.: «Isis à Horus».

Kapitel XII

Die Materie und das Weibliche

Am nächsten Morgen, einem wundervollen Frühlingstag, begann die Prozession zum Meer zu Ehren der Göttin Isis. Das Fest wurde nach dem Winter, wenn die Boote und Schiffe wieder zur See gingen, gefeiert, und die Menschen begaben sich mit Laternen und Fackeln zum Meer, um das erste Schiff ins Wasser zu lassen. In der Prozession trugen die Priester des Mysterienkultes verschiedene Symbole der Göttin[1], die ich kurz erläutern möchte:

Die von einem Priester getragene goldene Lampe in der Form eines Schiffes weist darauf hin, daß das Licht der Göttin einen sicher über die Wasser des Unbewußten bringt. Andere Priester trugen kleine Altäre, was der ägyptischen Gewohnheit entspricht, die Götterstatuen zu baden und in den Tempel zurückzutragen. Einer trug den Caduceus (Merkurstab), und auf das Symbol der Gerechtigkeit wurde durch die linke Hand der Isis hingewiesen, die ein anderer Priester trug. Dieser Brauch ging auf eine Zeit zurück, die älter ist als die ägyptische Zivilisation, denn die linke Hand ist ein uralter apotropäischer Talisman. Im Islam wurde sie später zur Hand von Fatima, der Tochter Mohammeds, und sie schützt noch heute gegen den bösen Blick.

Ein anderes mitgetragenes Objekt war ein goldenes Gefäß in Form einer Brust, einem Symbol der Muttergöttin als Spenderin von Milch und Nahrung. Auch auf das Grab von Osiris wurde immer ein Milchopfer ausgegossen, da Milch die Kraft haben sollte, den Toten zu ernähren und wieder zu beleben.[2] Vom historischen Standpunkt aus gesehen ist es interessant, daß der ägyptische Alchemist Zosimos[3] eine längere Abhandlung über dieses Gefäß in der Form einer Brust schreibt, weil auch die Alchemisten es bei ihrer Arbeit benutzten. Er sagt, daß es ein heiliges Gefäß der «Kunst» war, so daß sich hier eine unmittelbare Verbindung zwischen einem Sym-

---

1 John G. Griffiths, *The Isis Book*, S. 207.
2 Jan Bergman, *Ich bin Isis*, S. 147.
3 Zur Interpretation siehe C. G. Jung, *Die Visionen des Zosimos*, GW 13.

bol der Isismysterien und einem der frühesten alchemistischen Dokumente findet.[4]

Tatsächlich bestehen zahlreiche noch unentdeckte Zusammenhänge zwischen diesen beiden Welten. Zosimos war wohl als Ägypter in die Isismysterien eingeweiht worden und benutzte deshalb auch die Gefäße und Instrumente ihres Kultes in seiner alchemistischen Praxis. Ein weiteres mitgeführtes Objekt war ein goldener Getreidekorb, ebenfalls ein Symbol für Osiris, der stirbt und aufersteht wie das Korn. Im Museum von Kairo gibt es eine Kornmumie in der Gestalt von Osiris, die mit Leinen bedeckt, gewässert und feucht gehalten wurde, so daß Korn darauf wuchs. Dies war ein Teil des Auferstehungsrituals.

In der Prozession folgte des weiteren ein Gefäß, das nicht beschrieben wird, und dann ein Priester mit dem Anubiskopf. Er ist der Verantwortliche für das ganze Totenritual in Ägypten, denn Anubis, der Gott mit dem Kopf eines Schakals, fand nach dem Mythos die Knochen des toten Osiris und fügte sie wieder zusammen.

Alle Objekte, die in der Prozession getragen werden, haben also eine tiefe Bedeutung. Einige deuten auf Isis und andere auf Osiris hin. Aber dann hebt der Text ein besonders heiliges Symbol hervor: Einen kleinen, runden, golden glänzenden Krug, mit Hieroglyphen bedeckt, einem Mundstück an einer Seite und einem breiten Griff an der anderen, auf dem eine zusammengerollte Schlange ruht. Apuleius gibt nichts über die tiefere Bedeutung dieses Kruges an, sagt aber, daß er «unbeschreiblich heilig» sei und man ihn «in tiefem Schweigen verehren müsse». Dieses runde goldene Gefäß erinnert uns in erster Linie an das heilige mystische Gefäß in der Alchemie, wo es als Symbol der kosmischen Ganzheit galt. Zosimos sagt zum Beispiel vom alchemistischen Gefäß, daß es ein runder Kelch sei, der die Ganzheit des Kosmos darstelle und in dem der heilige alchemistische Prozeß stattfinde.[5] Er repräsentiere das allumfassende Prinzip, sozusagen die «Auffassung» des Enthaltenen selbst: Dies symbolisiert eine psychische Haltung der Sammlung oder die unerläßliche Introversion für die richtige Annäherung an die Materie und an das Mysterium des Kosmos. All das wird durch das Gefäß symbolisiert, ja, einige alchemistische Philosophen sagen sogar,

---

4 Marcellin Berthelot, *Collection des Anciens Alchimistes Grecs*, Vol. I, S. 199, 220 und 291, «Le livre de Komarius», S. 208.

5 In den älteren Texten ist das Gefäß der Wandlung der Substanzen bereits mit dem Grab des Osiris verglichen, siehe Berthelot, ebenda, Vol. I, S. 95.

daß der Lapis philosophorum, der Stein der Weisen, im Gefäß und das Gefäß selbst ein und dasselbe seien, verschiedene Aspekte des gleichen Mysteriums. Bei Apuleius repräsentiert das Gefäß wahrscheinlich Osiris. Man hat in Ägypten unzählige Krüge und Gefäße mit menschlichen Köpfen, die Osiris darstellen, gefunden. Häufig veranschaulichte man den Gott auch durch ein mit Nilwasser gefülltes Gefäß. Dies war das heiligste von allen, das unaussprechliche Symbol; es würde in seiner Bedeutung der verwandelten Hostie, dem großen Mysterium in der katholischen Kirche entsprechen.

Wie andere Symbole hat auch dieses Gefäßsymbol seine sehr tiefreichenden primitiven Wurzeln ursprünglich in Zentralafrika und kam den Nil herunter nach Ägypten. Leo Frobenius fand am oberen Nil Stämme, die beim Tod eines Häuptlings folgenden Begräbnisbrauch hatten: Der Häuptling war der Träger des Mana, der göttlichen Kraft, die in ihm inkarniert war, und sein Leichnam wurde in einer besonderen Hütte über eine Art Rost gelegt. Darunter stand ein Gefäß, in das die Sekrete des Leichnams langsam herabtropften. Nach einiger Zeit war der Leichnam ausgetrocknet, und in dem Gefäß erschien ein unappetitlicher Saft, gewöhnlich voll von Würmern und Larven. Dieser wurde in ein separates Gefäß umgefüllt, weil es sich um die Seele des Toten handelte, die mit dieser Flüssigkeit den Körper verlassen hatte. Sodann wurde das Gefäß verschlossen und nur in ein Loch ein kleiner Bambusstock als Öffnung gesteckt. Es wurde Tag und Nacht bewacht, und wenn ein Wurm oder Insekt sichtbar wurde, nahm man an, daß nun die Seele herausgekommen sei. Danach verschloß man es ganz und legte den ausgetrockneten Körper sowie das Gefäß getrennt in einem Grab nieder. Hier repräsentiert das Gefäß mit der Flüssigkeit die geistige Seelenessenz des toten Königs. Man glaubte, daß die als Insekt das Gefäß verlassende Seele in den Nachfolger überginge, der dann der Repräsentant des göttlichen Prinzips wurde. (In Ägypten ist das Insekt der Skarabäus.) In einigen anderen Stämmen gibt es etwas abweichende Bräuche, aber die Idee ist immer die der Übertragung der Seele und geistigen Essenz des toten Königs in die nachfolgende Reihe der Könige oder Häuptlinge des Stammes.

So enthält das Gefäß die psychische Essenz des Gottkönigs während seiner Verwandlung vom Tod zur Wiedergeburt. Entsprechend der ägyptischen Mythologie würde es Osiris im Prozeß seiner Umwandlung in Horus darstellen.[6] Wenn Osiris tot ist, hält Isis das Gefäß seiner Seelen-

---

6 Siehe John G. Griffiths, *The Isis Book*, S. 228 ff.

substanz.⁷ Später wird er daraus als Horus wiedergeboren, als der neue Sonnengott, das Sonnenkind. Psychologisch gesehen handelt es sich dabei um den mystischen Augenblick der Verwandlung, wenn die bewußte Vorstellung Gottes «tot» ist und in der menschlichen Seele wiedergeboren wird. Das Mysterium des Gefäßes nun besteht darin, daß es das Geheimnis von Tod und Wiedergeburt des Horusknaben, des Gottessymbols darstellt, nach Jung ein Symbol des Selbst, das nicht länger ein Teilprinzip ist, sondern die Ganzheit der Existenz umschließt. Horus ist identisch mit dem wiedergeborenen Osiris, wenn dieser das Gefäß verläßt: Das ist der Sonnenaufgang. Primitive Stämme machen anbetende Gebärden nicht zur Sonne, sondern zu dem numinosen Moment des Sonnenaufganges.⁸ Steht die Sonne nur ein wenig über dem Horizont, ist sie nicht mehr göttlich. Der Sonnenaufgang – die Aurora consurgens – ist der Augenblick, in dem die Realisierung des Selbst aus dem Gefäß der unbewußten Psyche aufsteigt.⁹

In Abomey in Nigerien lebte ein alter «Medizinmann», der den Orakelgott mit Namen Gbaadu verehrte. Er personifizierte die Wahrheit, die sich in Orakeln ausdrückt.¹⁰ Es hieß, daß Gbaadu die *höchstmögliche Selbsterkenntnis darstellte, die ein menschliches Wesen erreichen könne.* Ein Paralleles ist der Gott Fa. Fas Namen besteht ebenfalls aus einem ganzen afrikanischen Satz: «Die Sonne geht auf, und die Mauern bekommen einen rosigen Schein.» Der alte Medizinmann fügt hinzu: «Wenn dir die Wahrheit aufgeht, ist das, wie wenn die Sonne aufgeht und all die grauen Mauern rosig gefärbt werden.» Das ist Horus-Osiris, wenn er aus dem Gefäß aufsteigt!

Der Esel Lucius sieht die Prozession vorüberziehen und hält – in Erinnerung an seinen eigenen Traum – nach dem Priester mit den Rosen Ausschau. Sobald er diesen sieht, drängt er sich durch die Menge. Der Priester, der im Traum die Anweisung erhalten hatte, dem Esel die Rosen entgegenzustrecken, kommt der Forderung nach, und sowie Lucius die Blumen gefressen hat, verliert er seine Eselsgestalt, die wie ein Mantel von ihm abfällt, und steht als nackter Mann da. Der Priester ruft einem Anwesenden zu, ihm

---

7 Er ist zum *Osiris Hydreios* geworden.
8 C.G.Jung, *Erinnerungen, Träume, Gedanken*, S. 270–272.
9 Marie-Louise von Franz, *Aurora Consurgens*. Ein dem Thomas von Aquin zugeschriebenes Dokument der alchemistischen Gegensatzproblematik (1957). 3. Band von C.G.Jung, *Mysterium Coniunctionis*, GW 14/III, passim.
10 Bernard Maupoil, *La Géomancie à l'Ancienne Côte des Esclaves*, Paris 1943, S. 24 und 89.

ein Leinengewand zu bringen, und spricht Lucius vor allen Leuten an, indem er sagt, daß er nun durch die große Göttin Isis befreit und gerettet sei und deshalb in ihre Dienste treten solle. Jedermann ist überrascht, und die Menschen jubeln der Göttin zu. Dann nimmt die Prozession ihren Fortgang:

«Zusehends fiel die häßliche Tiergestalt von mir ab. Es verging das schmutzige Haar. Die Haut verdünnte sich. Der fette Ranzen zog sich ein. Aus den Hinterhufen drängten sich Zehen hervor. Zu Händen, zu Fingern wurden die Vorderhufe. Der lange Hals verkürzte sich. Kopf und Gesicht wurden rund. Die ungeheuren Ohren nahmen ihre vorige Kürze wieder an. Die tölpischen Zähne wurden menschlich. Und er, der wahrlich mich mehr denn alles übrige gekränkt hatte, der lange Schwanz, verschwand.

Es staunte das Volk. Die Priester beteten an die Allmacht der Göttin, die sichtbarlich im Nu, gleich wie in einem Traumgesicht, meine Verwandlung bewirkte. Aller Hände waren gen Himmel gestreckt, und man hörte einen Schrei des Erstaunens über das so große Wunder.»[11]

In der Antike waren die Rosen der Aphrodite-Venus und dem Dionysos geweiht und symbolisierten das Prinzip des Eros. Man hat auch in Gräbern Rosenkränze gefunden, wo sie wahrscheinlich «die Krone des Sieges» darstellten, die der Verstorbene nach der Auferstehung erhielt.[12]

Sodann erwähnt der Text, daß Lucius zu dem innigstgeliebten Aspekt der Göttin zurückkehrte und ein Haus innerhalb ihres heiligen Bezirkes (temenos) bezog, in dem er bis zu seiner Einweihung lebte:

«Ich mietete mir ein Haus innerhalb der Ringmauern des Tempels, wo ich meine Wohnung eine Zeitlang aufschlug, um desto bequemer mit den Priestern der Göttin Umgang zu pflegen und unzertrennlich mit ihnen die große Göttin vorläufig noch als Uneingeweihter zu verehren. Da ging auch keine Nacht hin – der Schlaf schloß kein einzig Mal meine Augen –, daß die Göttin mich nicht in einem Gesicht ermahnt hätte, mich, der ich schon längst zu ihrem Dienst berufen wäre, doch endlich weihen zu lassen. Indessen, so sehnlich ich's auch selbst begehrte, so hielt mich dennoch eine heilige Furcht davon zurück. Ich hatte beobachtet, daß diese Religion schwer zu erfüllende Pflichten auferlege, zu vielerlei Enthaltsamkeit fordere und das Leben, das leider der Mühen schon genug hat, durch gar zu strenge

---

11 Apuleius, *Der goldene Esel*, Übersetzung Rode, S. 309f.
12 John G. Griffiths, *The Isis Book*, S. 160ff.

Selbstverleugnung noch mehr erschwere. Je mehr ich das bedachte, desto mehr eilt' ich mit Weile.»[13]

Dieser Textteil spielt auf eine in der Antike verbreitete Einrichtung an, die Katoché genannt wurde. Katochoi waren Menschen, die von einem Gott oder einer Göttin ergriffen waren, sich ihrem Dienst weihten und über Monate oder sogar Jahre im Tempelbezirk lebten. Diese Personen waren von der Steuer befreit, und wenn sie zu Gefängnis verurteilt wurden, konnten sie nicht verhaftet werden. Deshalb nahmen manche Interpreten an, daß dies alles nichts mit ekstatischer Ergriffenheit durch die Göttin zu tun hatte, sondern einfach solche Leute meinte, die sich im Heiligtum aufhielten, damit weder die Polizei noch sonst jemand sie belangen konnte. Streitigkeiten über dieses Thema sind aber vom psychologischen Standpunkt aus unfruchtbar. Man könnte ganz einfach sagen, es bedeutet, unter der Herrschaft eines Archetyps oder im Dienst archetypischen Gestalt zu stehen, sich in einem Zustand der Trance oder in einer Umwandlung zu befinden. Man unterwarf sich freiwillig der Gefangennahme und zog sich zurück, was Jahre dauern konnte. Ein Krimineller, der sich in den Tempelbezirk geflüchtet hatte, war hier eingeschlossen, denn sobald er seinen Fuß heraussetzte, wurde er ergriffen; wenn er ein Vergehen begangen hatte, blieb ihm also nur die Wahl zwischen sozialem oder religiösem Gefängnis, aber ein Gefängnis war es in jedem Fall.

Vor etwa dreißig Jahren wurde ein Papyrusdokument gefunden, von einem Mann mit Namen Ptolemaios geschrieben, der in der Katoché eines Serapistempels lebte. Er schrieb hier seine Träume nieder, was obligatorisch war, und es scheint, als hätten die Priester sie interpretiert. Wenn man Artemidors Traumbuch liest, könnte man meinen, die Menschen hätten früher anders als heute geträumt, da sie nur von synchronistischen Ereignissen träumten, nur «große Träume» hatten. Jedoch ist das nicht so. Die wissenschaftliche Traumliteratur der Antike registrierte eben nur große Träume. Aber in diesem erwähnten Papyros des Ptolemaios wurden die Träume eines gewöhnlichen Mannes aufgefunden, der von seiner Familie, von Geldproblemen usw. träumte. Diese Träume sind uns zwar nicht verständlich, weil wir die persönlichen Assoziationen nicht kennen, doch wissen wir letztlich durch sie, daß diese Menschen seinerzeit genauso träumten wie wir, obgleich die sonstige Literatur nur die archetypischen Träume ein-

13 Apuleius, ebenda, S. 314.

gehend berichtet. Im «temenos» oder in der Katoché um den Tempel gab es sogar Priester, die auf die Interpretation von Träumen spezialisiert waren. So befanden sich die Katochoi tatsächlich «in der Analyse». Die Prozedur war dieselbe wie heute, nur die aus den Träumen gezogenen Schlüsse waren etwas anders.[14] Es war ein freiwilliger Status völliger Introversion und Konzentration auf das eigene Traumleben.[15]

Während dieser Zeit träumte Lucius eines Nachts:

«...ich sähe den Hohenpriester mir den Schoß voll Sachen bringen, und als ich ihn fragte, was ich denn damit solle, da gäb er mir zur Antwort: Soeben wären mir diese Sachen[16] aus Thessalien samt meinem Diener Schimmel nachgeschickt worden.

Lange sann ich beim Erwachen hin und her, was dies Gesicht wohl zu bedeuten habe; zumal da ich gewiß war, niemals einen Kerl, der Schimmel geheißen, in meinen Diensten gehabt zu haben. Wie ich aber auch meinen Traum drehen und wenden mochte, so konnt ich dennoch nichts weiter draus entnehmen, als allenfalls eine Hoffnung zu einem bevorstehenden Glück, weil mir doch Sachen waren gebracht worden.

Unruhig in der Ahnung irgendeines frohen Ereignisses harrte ich der Eröffnung des Tempels am Morgen.

Die weißen Vorhänge wurden endlich aufgezogen; wir beteten vor dem ehrwürdigen Bildnis der Göttin. Der Hohepriester ging von einem der umherstehenden Altäre zum anderen, verrichtete Opfer und goß unter feierlichen Gebeten aus dem Weihgefäß, das aus einem Quell im Allerheiligsten des Tempels gefüllt worden, Wasser aus. Dies auf gebührende Weise vollbracht, begannen alle Eingeweihten laut mit frommem Gesang die erste Stunde zu verkünden. Und siehe da, die Bedienten, die ich zu Hypata gelassen hatte, als Photis aus Versehen mich zum Langohr gemacht, traten herein. Sie hatten natürlich meine Geschichte gehört und brachten mir auch mein Pferd, das sie, nachdem es schon durch verschiedene Hände gegangen war, an einem Zeichen auf dem Rücken wiedererkannt und zurückerworben hatten. Zu meiner großen Verwunderung sah ich also meinen Traum vollkommen in Erfüllung gehen, sah die mir verheißenen Sachen, sah meinen treuen thessalischen Schimmel, der als Bedienter mir war angedeutet worden.»[17]

14 Bernhard Büchsenschütz, *Traum und Traumdeutung im Altertum,* Berlin 1868.
15 Vgl. Erwin Preusschen, *Mönchtum und Serapiskult,* Giessen 1903.
16 Lat. *partes illas,* also eigentlich: jene Teile.
17 Apuleius, *Der goldene Esel,* Übersetzung Rode, S. 314f.

Dem beeindruckenden Traum folgte am nächsten Morgen also tatsächlich die Ankunft seines Dieners und seines weißen Pferdes (Candidus). Entsprechend der klassischen Trauminterpretation wurde Candidus als der im Traum angekündigte Diener angesehen. Der Rest des Traumes wird nicht interpretiert, da für Apuleius-Lucius nur das synchronistische Ereignis von Bedeutung war, das er als «Zeichen» nahm, daß die Göttin ihn im Auge hatte und daß er sich auf dem richtigen Weg befände. Man könnte mehr über diesen Traum sagen, obgleich ich der Meinung bin, daß die alte Interpretation auf jener Stufe durchaus gültig ist. Zum Beispiel bietet der Priester Lucius Teile einer Mahlzeit an, die ihm aus Thessalien, der Heimat seiner Mutter, gesandt wurden, aus eben der Gegend, in die er gereist war, um etwas über Zauberei zu erfahren, und wo er in einen Esel verwandelt wurde. Man könnte sagen: alles, was Lucius bis hierher erlebte, war negativ, nun aber vollzog sich eine Wendung, und er bekam von der mütterlichen Erde innere Nahrung, die ihm zu menschlichen Kontakten verhalf. Das alles kündet die Umwandlung seines negativen Mutterkomplexes an. Aus Thessalien kommt nun die Möglichkeit zu Beziehung, Gemeinschaft und Nahrung aus dem Unbewußten, und schließlich findet Lucius sogar sein weißes Pferd wieder.

Wir sagten bereits am Anfang, daß es sich bei dem Schimmel um das Pferd des Sonnenheros handelt, diesen Teil der Libido, der uns eher in die Richtung des Geistigen als zum Chthonischen trägt. Lucius hatte schon lange sein helles Pferd verloren und sich ganz zum Erdhaften hinbewegt. Nun kehrten das Lichte und die Bewegung zum Bewußtsein, die verleugnet worden waren, zurück. Candidus bedeutet im Lateinischen weiß, unschuldig im Sinne der Unkompliziertheit und Spontanität, auch Weiß. Man könnte deshalb sagen, daß Lucius zu einer ungekünstelten, spontanen Haltung zurückkehrt. Die meisten Neurotiker, speziell Männer mit negativen Mutterkomplexen, haben große Schwierigkeit, spontan zu sein, weil ihr Gefühl verletzt und empfindlich ist. Solch ein Mann wagt nicht, offen zu sein, weil er in jeder Frau die «schreckliche Mutter» fürchtet. In einer unschuldigen, spontanen und offenen Atmosphäre kann ihn jede Frau verletzen. Wir können daraus schließen, daß Lucius sein Gefühl und seine optimistische Seite wiederentdeckt, die durch die negative Mutter so sehr verletzt worden war, im Moment der Invasion des Dunklen verlorenging und nun in neuer Form wiedergefunden werden kann.

Wir können annehmen, daß nun seine reinsten und spontansten Gefühle dem Mysterium des Isiskultes gehören, wo auch sein Herz wieder leben kann. Das bei der Verwandlung erhaltene weiße Gewand würde darauf hinweisen. Das weiße Gewand wurde auch von den Christen bei der Taufe benutzt, um die neue Einstellung zu veranschaulichen, durch die alle Sündhaftigkeit abfallen und ein Neuanfang gemacht werden konnte. Die christliche Interpretation stand zwar mehr mit Moral und Sünde in Zusammenhang. Aber man kann auch sagen, daß jede Art unbewußter Verunreinigung bedeutet, uneins und nicht treu zu sich selbst zu sein. Wenn jemand sich selbst treu ist, findet er eine neue Einstellung und neue Impulse zum Leben, eine Rückkehr zu Spontanität und Natürlichkeit. Der Traum zeigt uns, daß Thessalien, wo Lucius verzaubert wurde, nun für etwas Positives steht. Es handelt sich um denselben Archetyp, der nach all den Entwicklungen nun seine andere Seite zeigt. So gesehen, waren sogar schon die zwei Mörderinnen des Sokrates, am Anfang der Geschichte, Isis.

Es ist die große Göttin unter ihrem Doppelaspekt, die das Leben des Lucius beherrscht. Nachdem die negative Erscheinungsform des Archetyps erschöpft ist, hat die Enantiodromie zum positiven Aspekt eingesetzt.

Während der Zeit, in der Lucius auf die Einweihung in die Isismysterien warten muß, wird er sehr ungeduldig, aber der Text sagt aus, daß der Priester ihn zurückhält, indem er ihm freundlich zuspricht, «genau wie Eltern auf die unreifen Wünsche ihrer Kinder antworten». (Man kann dies mit dem Verhalten von Patienten vergleichen, die oft nach drei Wochen Analyse den Wunsch äußern, selbst Analytiker zu werden!) Aber der Priester rät zu Geduld:

«Die Göttin, sagt er, bestimme durch unmittelbare Eingebung allemal zuvor sowohl den Tag der Weihe als auch den Priester, welcher diese zu verrichten, und den zur Feierlichkeit erforderlichen Aufwand. Ob diese Weissagung auch auf sich warten lasse, so müsse ich ihrer dennoch mit geziemender Geduld harren. Zudringlichkeit sei ebenso gefährlich wie Widerspenstigkeit. Ich versündige mich nicht minder an der Göttin, wenn ich ihrem Rufe voreilig zuvor-, als wenn ich ihm saumselig nachkäme. Niemand aus seinem Orden sei so ruchlos und wage es, das Geschäft der Einweihung zu übernehmen, ohne gleichfalls selbst ausdrücklich Befehl der Göttin dazu erhalten zu haben: Das hieße, sich des Todes schuldig machen. In den Händen der Isis läge überhaupt das Leben eines jeglichen Menschen, lägen die Schlüssel zum Reiche der Schatten; in ihren Mysterien würde

Hingebung in einen freiwillig gewählten Tod und Wiedererlangung des Lebens durch die Gnade der Göttin gefeiert und vorgestellt.»[18]

Lucius hat nun tatsächlich später einen weiteren Traum, der ihm den Tag und den Ort der Einweihung sowie den Namen des Einweihe-Priesters mitteilt, weil der «durch eine geradezu göttliche Übereinkunft der Gestirne mit ihm verwandt sei». Als er am folgenden Morgen diesem Priester von seinem Traum berichtet, erfährt er, daß diesem ebenfalls im Traum mitgeteilt worden war, er solle Lucius einweihen, und alles wird nun dafür hergerichtet.

Daß dieser Priester «Mithras»[19] heißt und daß eine Übereinstimmung der Horoskope beider besteht, weist auf eine psychologische «Verwandtschaft» hin, genauso wie eine bestimmte alchemische «Affinität» oder Seelen-Verwandtschaft zwischen Analytiker und Analysanden bestehen muß, damit sich die richtige Beziehung herstellt. Man sollte nicht jemand, der einem unsympathisch ist, in die Analyse nehmen, obgleich sich hinter einem negativen Gefühl manchmal auch eine «Verwandtschaft» verbergen kann.

Lucius wird durch die heiligen Texte belehrt, von denen einige in spiralig angeordneten Hieroglyphen aufgezeichnet sind. Solche Textzeichnungen in Spiralform existieren noch und sind auch in manchen frühen alchemistischen Texten zu finden. Die Schrift beginnt am äußeren Ende der Spirale und bewegt sich nach innen zum Zentrum.

Alchemistische Vorschriften und magische Formeln wurden manchmal in dieser Form geschrieben, was einmal mehr die enge Beziehung zwischen der Alchemie und den Mysterienkulten zeigt. Wieder erzählt uns Lucius-Apuleius fast nichts über den Inhalt dieser Instruktionen: «Wie gern wollte ich's sagen, wenn ich es sagen dürfte. Wie treu solltest du es erfahren, wenn es dir zu hören erlaubt wäre. Allein Zunge und Ohr würden gleich hart für den Frevel zu büßen haben!»[20]

Selbst in Fällen christlicher Propaganda gegen die Mysterien wurden die tatsächlichen Inhalte niemals preisgegeben, was beweist, wie numinos sie waren, denn selbst wo Initiierte sich später einer anderen Religion zuwandten, waren sie so tief berührt, daß sie das Mysterium nicht verraten konnten.

18 Apuleius, ebenda, S. 315.
19 Mithras, iranischen Ursprungs, ist der Sonnenheld, der auch mit seinem Vater, dem Sonnengott, eins wird.
20 Apuleius, Übersetzung Rode, ebenda S. 318.

Nur einige dürftige Hinweise wurden von den frühen Kirchenvätern über die Mysterien überliefert. Lucius selber sagt: «Ich ging bis zur Grenzscheide zwischen Leben und Tod, ich betrat Proserpinens Schwelle, und nachdem ich durch alle Elemente gefahren, kehrte ich wiederum zurück. Zur Zeit der tiefsten Mitternacht sah ich die Sonne in ihrem hellsten Licht leuchten; ich schaute die unteren und oberen Götter von Angesicht zu Angesicht und betete sie in der Nähe an.»[21]

Das ist alles, was wir von diesem Teil der Einweihung wissen: eine Vision der Mitternachtssonne, das heißt einer Erleuchtung, die von unten kam, und das Erkennen der unteren und oberen Götter. Entsprechend der ägyptischen Kosmologie überquert Ra am Tag den Himmel und geht dann im Westen unter. Während der Nacht fährt er zu Schiff durch die Unterwelt. Der Gott Seth tötet jede Nacht die Apophis-Schlange, dann erscheint Ra wieder im Osten als Khepera, als Skarabäus, worauf seine tägliche Reise über den Himmel folgt. Hier wäre darauf hinzuweisen, daß auch Isis in einem Grabtext die «Herrin des Lichtes im Reich der Finsternis» genannt wird.[22]

Die Einweihungen in die Mysterien von Isis und Osiris waren somit Unterweltkulte mit einem chthonischen Aspekt, und deshalb betet Lucius die *Mitternachtssonne* an. Seine Einweihung entspricht einem Abstieg in das Unbewußte und einer Erleuchtung durch ein Bewußtseinsprinzip, das aus dem Unbewußten kommt im Gegensatz zu allen Lehren des kollektiven Bewußtseins. Lucius macht die Erfahrung in symbolischer Form durch und «verehrt all die oberen und unteren Götter»; wahrscheinlich handelt es sich hier um die verschiedenen Götter der Tag- und Nachtstunden, die verschiedene Personifikationen des Sonnengottes darstellen. Der Initiant wandert so durch die ganze Nacht, und dann heißt es weiter:

«Durch zwölfmal gewechselte Kleidung geheiligt, ging ich endlich aus dem Innersten des Tempels in einem Aufzug hervor, der zwar auch mystisch war, von dem aber kein Gesetz verbietet, ganz frei zu reden; da mich darinnen sogar sehr viele Anwesende gesehen haben.

Mitten in dem Tempel mußte ich vor der Göttin Ebenbild auf eine hölzerne Bank hintreten. Mein Gewand war von Leinen, bunt bemalt, und von den Schultern herab bis zu den Fersen fiel mir ein köstlicher Mantel, auf

---

21 Ebenda.
22 Jan Bergman, *Ich bin Isis*, S. 281, Anm. 2.

dessen beiden Seiten allerlei Tiere von verschiedenen Farben zu sehen waren: hier indische Drachen, dort hyperboreische Greife mit Adlerköpfen und Flügeln, wie sie die andere Welt hervorbringt. Bei den Eingeweihten heißt dieser Mantel die olympische Stola.

Ich trug eine brennende Fackel in der rechten Hand und war mit einem Kranz von Palmblättern geziert, die so geordnet waren, daß sie um mein Haupt gleich Strahlen herumstanden. So als Bild der Sonne geschmückt, stand ich gleich einer Bildsäule da. Ein Vorhang öffnete sich und zeigte mich den neugierigen Blicken des Volkes. Hierauf beging ich den erfreulichen Einweihungstag in die Mysterien mit leckern und fröhlichen Gastmählern.»[23]

Dieses Ende weist auf die Tatsache hin, daß Lucius während seiner Einweihung nicht nur den Weg des Sonnengottes gegangen ist, sondern am Ende dem Sonnenprinzip assimiliert worden ist. Am Morgen selbst ist er der neue Sonnengott geworden. Er wird als das neue Sonnenprinzip dargestellt und vom Volk umjubelt. Seine Erscheinung als ein Sonnengott vor dem Volk verweist auf die berühmte solificatio hin, die unter anderem in den Mithrasmysterien praktiziert wurde und auf die sich auch einige alchemistische Texte beziehen.[24] In letzteren wird die Vollendung des Werkes beschrieben als das Erscheinen einer neuen Sonne, die über dem Horizont aufgeht, was eine neue Form des Bewußtseins bezeichnet. Die solificatio entspricht psychologisch der Vollendung des Individuationsprozesses. Nachdem Lucius sich später von dem großen Priester Mithras, «seinem Vater», verabschiedet hat, kehrt er nach Rom zurück.

«Mein Sinn war nach meiner Heimat gerichtet, von der ich nun so lange Zeit getrennt gelebt hatte. Indessen, nach wenigen Tagen mußt ich auf Antrieb der Göttin meine Sachen Hals über Kopf zu Schiffe bringen und nach Rom segeln. Mit günstigem Wind erreichte ich schnell und glücklich den Hafen des Augustus, nahm einen Wagen und kam wohlbehalten am zwölften Dezember gegen Abend in dieser hochheiligen Hauptstadt an.

Täglich war meine vornehmste Sorge, die Königin Isis anzubeten, deren erhabene Gottheit dort unter dem von der Lage des Tempels hergenommenen Namen Isis vom Marsfeld mit der größten Heiligkeit verehrt wird. Ich ward ihr eifrigster Diener, zwar fremd im Tempel, doch in der Religion heimisch.

Siehe, als die große Sonne nach durchlaufenem Tierkreis das Jahr voll-

---

23 Apuleius, Übersetzung Rode, S. 319.
24 Marcellin Berthelot, *Collection des Anciens Alchimistes Grecs*, Vol. I, S. 118.

endet, da erschien mir die wohltätige Göttin wiederum im Traum und ermahnte mich zu einer abermaligen feierlichen Aufnahme und Einweihung in die Geheimnisse. Ich konnte nicht begreifen, was dies vorstellen, was dies bedeuten sollte. Denn eingeweiht glaubt ich schon aufs vollkommenste zu sein. Endlich, nachdem ich lange Bedenken mit mir herumgetragen hatte, zog ich die Priester darüber zu Rate. Welch ein neues, wunderbares Licht ging mir da auf! Ich wäre zwar, sagten sie, in der Göttin Geheimnisse eingeweiht, aber in die des großen Gottes, des höchsten Vaters der Götter, des unüberwindlichen Osiris, wäre ich noch nicht aufgenommen.»[25]

Wie wir gesehen haben, erhebt sich Ra-Osiris nach seinem Gang durch die Unterwelt über den Horizont als eine neue Sonne. Das war auch der Weg aller Eingeweihten, in gewisser Weise wurde jedermann diesem allumfassenden kosmischen Gott assimiliert, der die göttliche Einheit alles Seins verkörperte.

Das Christentum lehrt die Sterblichkeit des Individuums und seine Verwandlung in ein unsterbliches Wesen nach dem Tod und letzten Gericht. Doch im Christentum ist diese Unsterblichkeit eine Hoffnung oder ein Versprechen und deshalb ein Inhalt des Glaubens. In den antiken Mysterien-Kulturen bestand im Gegensatz dazu eine Art symbolischen Rituals, das diese Verwandlung in das Unsterbliche bereits im irdischen Leben bewirken sollte. Dieselbe Idee lebte auch in der Alchemie, wo die Texte oft versichern, daß die Herstellung des «Steins der Weisen» zugleich einen unzerstörbaren Auferstehungsleib zu bereiten bedeutet. Nach christlicher Vorstellung sollen wir beim Jüngsten Gericht in eine neue Form umgegossen werden, um das ewige Leben zu erhalten; die Alchemisten dagegen hielten es für eine zu Lebzeiten geschehende innere Erfahrung; es soll der unsterbliche oder verklärte Leib durch Meditation und durch den alchemistischen Prozeß gewonnen werden, genau wie nach Ansicht der östlichen Kulturen der «Diamantleib» schon in diesem Leben aufgebaut werden kann. Aus dem sterblichen Leib wird ein unsterblicher Kern extrahiert, von hauchkörperlicher Qualität. Dieselbe Idee findet sich in den antiken Mysterienkulten: die unsterbliche Persönlichkeit wird schon in diesem Leben gebildet und nicht erst in ein postmortales Leben projiziert.

Später kehrte Lucius-Apuleius nach Rom zurück und lebte ein gewöhnliches profanes Leben, bis ein weiterer Traum ihm ankündete, daß er nun in

25 Apuleius, ebenda, S. 321.

die Mysterien von Osiris eingeweiht werden sollte. Zunächst ist er überrascht, weil er geglaubt hatte, daß es sich dabei um den Isismysterien ähnliche handele, aber die Träume bedeuten ihm, daß es noch höhere Bereiche gibt, die er bisher nicht kennt. Alles verläuft wie beim ersten Mal:

«In einem Gesicht sah ich in der folgenden Nacht einen von den Priestern. Mit einem linnenen Gewand angetan, brachte er mir Thyrsusstäbe und Efeuzweige und andere Dinge, die ich nicht nennen darf, in das Zimmer vor meine Hausgötter, er setzte sich auf meinen Stuhl und gebot mir, einen Einweihungsschmaus zu veranstalten. Zuletzt zeigte er mir als Merkmal, woran ich ihn wiedererkennen möchte, daß an seinem linken Fuß der Knöchel verrenkt sei, so daß er hinke.

Nach einer so offenbaren Willenserklärung der Götter waren alle meine Zweifel behoben. Sobald also der Göttin Morgenbegrüßung vorbei war, betrachtete ich mir alle Priester aufmerksam, ob keiner darunter sei, der gleich meinem Traumgesicht hinke. Ich entdeckte wirklich einen. Es befand sich jemand unter den Pastophoren, der nicht nur wegen des Merkmals am Fuß, sondern auch an Statur und Miene vollkommen dem ähnlich war, der mir im Traum erschienen. Wie ich nachher erfuhr, hieß er Asinius Marcellus, ein Name, der mit meiner vormaligen Verunstaltung in Verwandtschaft stand.

Unverzüglich trat ich zu ihm. Er wußte aber schon, was ich ihm sagen wollte, denn er hatte gleichfalls Befehl erhalten, meinen Mystagogen abzugeben. In vergangener Nacht hatte es ihm geschienen, als habe ihm der große Gott, während er ihm Kränze aufsetzte, mit dem Mund, der aller Menschen Schicksal bestimmt, deutlich verkündet: Er werde ihm einen Madaurer zuschicken, den er trotz seiner Armut sogleich in seine Mysterien einweihen solle: weil dieser dereinst durch seine Fügung sich sehr in den Wissenschaften hervortun, er aber einen ansehnlichen Schatz finden würde.

Solchergestalt zur Einweihung auserwählt, wurde ich gleichwohl durch meine wenige Barschaft, aber sehr wider meinen Willen, davon zurückgehalten. Nicht nur daß meine geringen Mittel des väterlichen Vermögens auf der Reise ziemlich geschmolzen waren, so überstieg auch der Aufwand in Rom bei weitem denjenigen, welchen ich in der Provinz zu machen genötigt gewesen. Man kann nicht mehr als ich bei dieser Gelegenheit die drückende Last der Armut fühlen. Das Messer stand mir, mit einem alten Sprichwort zu reden, an der Kehle, da die Gottheit mich immerfort zur Erfüllung meiner Berufung antrieb. Endlich, nachdem ich lange, nicht ohne große Bestürzung, einmal über das andere erinnert worden und ich mir gar nicht anders mehr zu helfen wußte, so verkaufte ich meine Kleider, womit ich denn, so gering sie auch waren, die erforderliche Summe noch zusammenbrachte.»[26]

Diesmal wird Lucius nicht nur ein Initiant des Osiris, sondern selber auch einer seiner Priester, ein Pastophor. Pastophoren waren die Priester, die die heiligen Gegenstände in der Prozession trugen. Er träumte sogar von dem Gott, der ihn selbst als seinen Priester auswählte.

«Indessen, es währte nicht lang, so erschienen mir, ehe ich mir's versah, die Götter aufs neue und heischten von mir, zum dritten Male mich weihen zu lassen.

Sorgenvoll wußte ich nicht, was ich darüber denken sollte. Sosehr ich mir auch den Kopf zerbrach, so konnte ich doch auf keine Weise weder die Absicht der Himmlischen erraten, noch mir vorstellen, was nach einer wiederholten Weihe mir noch fehlen könnte.[27]

Hierauf zeigte mir der durch göttliche Allmacht zugesandte überredende Traum an, was ich anzuschaffen und weiter zu tun hätte.

Darauf zögerte ich nicht, sondern hinterbrachte gleich meinem Erzpriester das Gesicht…»[28]

Nachdem sich Lucius für die Einweihung vorbereitet hatte, fügt er weiter hinzu:

«Und wahrlich, niemals habe ich mich weder diese Kasteiung des Fleisches noch die gemachten Ausgaben gereuen lassen; auch hätt' ich nicht Ursache. Ungerechnet, daß mit der Götter Segen ich mir schon ein ansehnliches Vermögen durch Plädieren erworben hatte, so würdigte mich nach wenigen Tagen der großen Götter Größter, der Größten Höchster, der Höchsten Gewaltigster und der Gewaltigsten König: Osiris, nicht mehr unter eines anderen Abbild, sondern von Angesicht zu Angesicht mit mir zu reden. Im Traum schien er in seiner eigenen ehrwürdigen Gestalt mir zu befehlen: Unverzüglich mich den allerrühmlichsten Rechtshändeln zu widmen, trotz der Neider, welche der Ruf meiner durch unermüdlichen Fleiß erworbenen Gelehrsamkeit mir zuziehen möchte. Ferner erhob er mich aus dem gemeinen Haufen seiner Diener in das Kollegium der Pastophoren; ja, er erkor mich sogar zu einem seiner fünf Jahre amtierenden Vorsteher. Flugs ließ ich mir die Haare wieder glatt abscheren, und ohne meinen geschorenen Kopf auf

---

26 Ebenda, S. 322 f.
27 Ebenda, S. 323 f.
28 Ebenda, S. 324.

irgendeine Art zu verbergen oder zu bedecken, trat ich voller Freude in dies sehr alte Kollegium ein, das schon zu Sullas Zeiten gestiftet worden war.»[29]

Osiris ist der göttliche Sohn, Gatte und Bruder der Isis, daher bedeutet diese neue Einweihung, daß Lucius nun der göttliche Gatte und Sohn der großen Muttergöttin geworden ist. Früher war er zwar schon negativ besessen gewesen vom Puer-aeternus-Gott, aber nun ist die Entwicklung so weit gediehen, daß er erkennt: *er* ist der Gott selbst, der ewige Sohn der Großen Mutter.[30] Der göttliche Aspekt des Individuums wird hier in einer symbolischen Form erkannt. Lucius wird seines größeren göttlichen inneren Wesens gewahr. Das ist die Realisierung des Selbst. Die Erkenntnis im Kult der Isis bedeutet die Realisierung der Anima, aber nun folgt die Erkenntnis des Selbst, seiner eigenen göttlichen inneren Natur. Der Wert der Erfahrung, durch die er jetzt eine positive Beziehung zur Göttin besitzt, kann aus seinem Leben ersehen werden. Nach dieser letzten Einweihung erkennt Lucius sich selbst. Als ein Gott und auch als ein Diener des göttlichen Prinzips, er ist beides, dessen Meister und Diener zugleich.

Es wurde bereits erwähnt, daß im Christentum eine Analogie zum Osirismythos in Gestalt des Legendenkreises um den Heiligen Gral bestand.[31] Nachdem Christus am Kreuz gestorben war, legte man ihn in ein Grab, das mit einem Stein verschlossen wurde. Als die Frauen kamen, den Leichnam zu salben, sagte ihnen ein Engel, daß Christus nicht mehr dort, sondern auferstanden sei. Nach einer Legende aus dem 2. oder 3. Jahrhundert n. Chr. gewahrte Joseph von Arimathia eine Erscheinung des Auferstandenen, der ihm ein mit seinem Blut gefülltes Gefäß übergab und sagte, daß er ihn, Joseph, auserwählt hätte, die geheime Tradition und den Kult seines Grabes weiterzutragen. Hier ist wie im Osiriskult das Symbol des toten Gottes ein Gefäß, in dem sein Blut und seine Lebenssubstanz enthalten sind. Später wurde die Legende verändert, und man nahm an, daß das Gefäß verlorengegangen, über das Meer geschwommen und in einem Feigenbaum bei Marseille gelandet sei, wo es entdeckt und in das Kloster Fécamp gebracht wurde. Auf diese Weise kam der Heilige Gral nach Frankreich.

Hier haben wir wieder eine Analogie zum Osirismythos, zum die Gottes-Essenz enthaltenden Gefäß. Es ist das archetypische Motiv des inkarnierten

---

29 Ebenda, S. 324f.
30 Dies erinnert an den Ausspruch Christi, Johannes X, 34: «Ihr seid Götter.»
31 Emma Jung und Marie-Louise von Franz, *Die Graalslegende in psychologischer Sicht* (1960), Olten und Freiburg i. Br. 1991.

Gottes, der nach einem kurzen menschlichen Leben getötet wird und dann in seiner wesentlichen Seelensubstanz als Reliquie weiterlebt in einem Gefäß; aus ihm strahlt sein Geist unsichtbar aus. Aus dem Heiligen Gral ertönt nach der Legende manchmal eine Stimme und hilft den Rittern bei ihren Aufgaben. Warum bedurfte es einer solchen Nebenüberlieferung, fragt man sich, um die Vorstellungen des christlichen Glaubens zu ergänzen? Wenn wir allgemeiner die Religionsgeschichte betrachten, zeigt sich, daß es in vielen Religionen Phasen gibt, in denen die religiösen Symbole, bei denen es sich ursprünglich um individuelle Erfahrungen handelte, in Institutionen und auf kollektiv beobachtete Riten und Litaneien übergegangen sind. Christus wurde zuerst als der göttliche Gottmensch von dem kleinen Kreis seiner Apostel *erlebt*. Der Apostel Paulus erfuhr ihn in seiner Vision[32]; die Tatsache, daß das Christentum sich so schnell ausbreitete, basiert weitgehend auf den Träumen und Visionen einzelner Individuen. Die Beschreibungen vom Leben der Mönche, der Märtyrer und Heiligen berichten zum Beispiel von einer Gestalt in einem Lichtgewand mit einem Rosenkranz auf dem Haupt oder von einem übergroßen Hirten. In solchen Träumen wurde oft nicht gesagt, daß es sich um Christus handle, aber jede göttliche Männergestalt wurde sofort als Christus interpretiert, die so für Männer zum Träger all dieser Visionen des Selbst oder für die Frauen zum positiven Animus wurde.[33]

Zu dieser Zeit war Christus noch ein lebendiger Archetyp, zu dem viele Menschen durch persönliche innere Erfahrung eine Verbindung fanden. Er war für sie ein erfahrbares göttliches Wesen, etwas, das zwischen ihnen lebte und wirkte. Später verlor das lebendige Symbol an Leuchtkraft, an Emotion und Numinosität, das heißt, mehr und mehr Menschen wußten nur noch aus der Überlieferung, daß es einen solchen Gott gäbe, aber sie selber hatten kein Gefühl einer Verbindung mehr zu ihm. Sie beteten zwar noch in der alten Form, weil man sie diese lehrte, aber von einer persönlichen religiösen Erfahrung konnten sie nicht mehr sprechen. Das ist der Grund, warum Nietzsche in einem entscheidenden Moment seines Lebens sagte: «Gott ist tot.» Er ist aber auch dann nicht tot, nur sein Leben ist unsichtbar geworden, zurückgekehrt in den Schoß, aus dem er kam, in seine im Unbewußten ruhende archetypische Urform; in diesem Zustand ist er der im Gefäß der Seele eingeschlossene Gott.

32 Apostelgeschichte IX, 1–19.
33 Marie-Louise von Franz, *Die Passio Perpetuae* (1951), Zürich 1982.

Man kann daher sagen, daß das runde Gefäß das Geheimnis der menschlichen Psyche symbolisiert, die die lebendige Gottessubstanz enthält, das heißt ein lebendiges göttliches Etwas, das niemals stirbt. Obwohl die Menschen zu manchen Zeiten Gott verehren und zu manchen Zeiten nicht an ihn glauben, existiert immer diese weiterlebende archetypische Essenz. Die Gestalt Christi steht heute in Gefahr, ein toter Gott zu werden, aber in dem Maß, als er einen Archetyp verkörpert, ist seine Gestalt unsterblich. Er bedeutet die Erfahrung einer archetypischen Wirklichkeit, und in diesem Sinne ist er ewig. Er überlebt seinen eigenen Tod durch einen Rückzug in den Schoß der unbewußten menschlichen Psyche, aus dem er kam. Das Gefäß und die Gottessubstanz darin sind das Symbol einer psychologischen Haltung und Erfahrung, bei der alles Religiöse innerlich im Individuum erfahren und nichts in den äußeren Formen mehr gesehen wird. Nichts ist mehr in Bildern oder Rituale oder in eine Institution projiziert. Dann ist es wieder die persönliche, überwältigende Erfahrung des einzelnen menschlichen Wesens geworden. In diesem Moment ist der tote Gott in das Gefäß zurückgekehrt, aus dem er als das wiederkommt, was er immer war, eine unsterbliche psychische Wirklichkeit. Deshalb hat das Symbol des Gefäßes mit der Essenz des Gottes auch im späteren Christentum überlebt. Wenn gewisse Zweifel an der Gestalt von Christus sich erhoben, erwachten plötzlich all die Legenden zum Leben, die um die Idee des Heiligen Grals kreisen, von dem aus eine Neuorientierung erfolgen könnte. Die Kirche sah in den Überlieferungen vom Heiligen Gral eine gewisse Gefahr, wegen des darin enthaltenen individuellen Elementes. Deshalb bekämpfte sie eine Zeitlang diese Ideen und erklärte sie für häretisch. Aber die Ideen lebten in der Alchemie und in den Geheimgesellschaften wie der fedeli d'amore weiter, einer Gruppe, zu der Petrarca und vielleicht auch Dante gehörten.

Aber wie weit wurde in diesen Zeiten wirklich verstanden, daß der Gralskelch die unbewußte Psyche des Individuums oder das Individuum als Gefäß der Gottheit symbolisiert? Wie weit wußte man, daß jedes Individuum tatsächlich das Gefäß ist, das Gott enthält? Wir können das nicht beurteilen. Aber zumindest hatten die Dichter eine Ahnung davon, wie aus manchen ihrer Schriften hervorgeht.

Der geheime Weg der Welt des Minnedienstes, die die psychischen Erfahrungen der antiken Mysterien weitertrug, ist vom 17. Jahrhundert an praktisch verschwunden. Sie machten der Aufklärung, dem Rationalismus und der wissenschaftlichen und technischen Entwicklung Platz, welche die

Gesellschaft vorbereiteten, in der wir heute leben. Aber da archetypische Werte nicht sterben können, zeigen sie sich in unseren Tagen in überall wuchernden Sekten, in Drogensucht, in esoterischen Schwärmereien jeder erdenklichen Form.

Zugleich lebten diese irrationalen Werte, die zur Zeit aus dem kollektiven Bewußtsein verschwunden sind, in unerwarteter Form durch die Jungsche Psychologie wieder auf. Indem Jung bereit war, in sich hinabzusteigen und sich mit den unbewußten Mächten auseinanderzusetzen («die unteren und oberen Götter anzubeten»), hat er einen Weg gewiesen, wie mit diesen Mächten umzugehen sei. Es braucht ein starkes Bewußtsein, das zugleich anpassungsfähig und bescheiden genug ist, um das, was das Unbewußte – die Götter – ihm zu sagen hat, annehmen zu können, um den Willen der Götter, des sich in ihm manifestierenden Gottes zu realisieren und sich in seinen Dienst zu stellen, ohne die individuellen Grenzen seiner menschlichen Natur zu vergessen.

Nicht umsonst hat Jung über der Tür seines Hauses in Küsnacht die Worte des antiken Orakels einschreiben lassen: «vocatus atque non vocatus deus aderit» (gerufen oder nicht gerufen, wird Gott anwesend sein). Selbst wenn es uns unbewußt ist, überlebt Gott im Gefäß unserer Seele, wie im Gefäß des Osiris oder des Grals[34], seinen eigenen Tod. Es ist an uns, aufmerksam zu sein und der Entwicklung, die sich in uns vollenden will, Raum zu geben.

Für den antiken Menschen war dieser Weg noch leichter zu finden als für uns heute, weil – wie wir am Beispiel unseres Romans sehen – der Mensch noch die Symbolik der Mysterienkulte besaß, die ihm das Erlebnis des Unbewußten und des Selbst vermittelten. Wir haben diese Bilder nicht mehr und sind dadurch viel ungeschützter mit den Mächten des Unbewußten konfrontiert.

Ich hoffe, daß diese oft nur angedeuteten psychologischen Deutungsversuche dem Leser *eines* vermittelt haben: daß dieser Roman des Apuleius ein hochbedeutendes «document humain» ist, das sich sogar neben Goethes *Faust* stellen läßt. Es führt in tiefste Probleme des westlichen Menschen hinein und deutet in symbolischer Form Entwicklungen an, die wir heute erst noch im Bewußtsein nachvollziehen müssen.

34 Die hier nur angedeuteten Gedanken sind ausgeführt in Marie-Louise von Franz, *C.G. Jung. Sein Mythos in unserer Zeit,* Zürich und Düsseldorf, überarbeitete Neuauflage 1996, Kapitel 14: Le cri de Merlin.

Anhang

Horus mundus.
Athanasius Kircher, *Oedipus aegyptiacus* (1652).

Bibliographie

Abt, Adam, *Die Apologie des Apuleius von Madaura und die antike Zauberei.* Beiträge zur Erläuterung der Schrift De magia (Religionsgeschichtliche Versuche und Vorarbeiten, 4,2), Töpelmann, Giessen 1908.

Andreae, Johann Valentin, *Chymische Hochzeit Christiani Rosencreutz,* Anno 1459 [1616]. Eingeleitet und hrsg. von Richard von Dülmen, Calwer Verlag, Stuttgart 1973.

Apuleius, *Der goldene Esel,* aus dem Lateinischen von August Rode, Insel Taschenbuch 146, Frankfurt 1975.

– *Metamorphosen oder Der goldene Esel,* lateinisch und deutsch von Rudolf Helm (Schriften und Quellen der Alten Welt, 1), Akademie-Verlag, Berlin ^{4}1956.

– *The golden Ass,* transl. by Robert Graves, Penguin, Edinburgh 1958.

– *Verteidigungsrede (Apologia), Blütenlese (Florida),* lateinisch und deutsch von Rudolf Helm (Schriften und Quellen der Alten Welt, 36), Akademie-Verlag, Berlin 1977.

– siehe auch Griffiths, John Gwyn.

Augustinus, *Confessiones/Bekenntnisse,* lateinisch und deutsch, eingeleitet, übers. und erläutert von Joseph Bernhart, Kösel, München ^{2}1960.

Aurigemma, Luigi, *Le signe zodiacal du Scorpion dans les traditions occidentales de l'antiquité gréco-latine à la Renaissance,* éd. Mouton, Paris-La Haye 1976.

Bergman, Jan, *Ich bin Isis.* Studien zum memphitischen Hintergrund der griechischen Isisaretalogien, Uppsala 1968.

Berthelot, Marcellin, *Collection des Anciens Alchimistes Grecs,* 2 Vol., Steinheil, Paris 1887/88.

Binder, Gerhard, und Reinhold Merkelbach, *Amor und Psyche* (Wege der Forschung CXXVI), Wissenschaftliche Buchgesellschaft, Darmstadt 1968.

Büchsenschütz, Bernhard, *Traum und Traumdeutung im Altertum,* Berlin 1868.

Danckert, Werner, *Unehrliche Leute.* Die verfemten Berufe, Francke Verlag, Bern und München 1963.

De Gubernatis, Angelo, *Die Thiere in der indogermanischen Mythologie,* aus dem Englischen übers. von M. Hartmann, Leipzig 1874 (Neudruck Sändig, Walluf-Nendeln 1978).

Diels, Hermann, *Doxographi Graeci,* Berlin 1879.

Eliade, Mircea, *Das Mysterium der Wiedergeburt,* Rascher, Zürich-Stuttgart 1961.

Franz, Marie-Louise von, *Passio Perpetuae* (1951). Das Schicksal einer Frau zwischen zwei Gottesbildern, Daimon, Zürich 1982.
– *Aurora Consurgens.* Ein dem Thomas von Aquin zugeschriebenes Dokument der alchemistischen Gegensatzproblematik (1957). 3. Band von C.G.Jung, *Mysterium Coniunctionis,* GW 14/III.
– *The Problem of the Puer aeternus* (1970), 2nd Ed., Sigo Press, Santa Monica 1981.
– Dt. Übersetzung: *Der Ewige Jüngling. Der Puer aeternus und der kreative Geist im Erwachsenen,* Kösel, München ²1992.
– *Der Individuationsprozess,* in dies., *Archetypische Dimensionen der Seele,* Daimon, Einsiedeln 1994, ebenso in C.G.Jung, *Der Mensch und seine Symbole,* Walter, Olten und Freiburg i.Br. 1968.
– *C.G.Jung. Sein Mythos in unserer Zeit,* Walter, Zürich und Düsseldorf, überarbeitete Neuauflage 1996.
– *Zahl und Zeit.* Psychologische Überlegungen zu einer Annäherung von Tiefenpsychologie und Physik, Klett-Cotta, Stuttgart ²1990.
– siehe auch Jung, Emma.
Friedländer, Ludwig, *Das Märchen von Amor und Psyche* (1897), in Binder und Merkelbach, *Amor und Psyche,* S.16–43.

Graves, Robert, siehe Apuleius.
Griffiths, John Gwyn: Apuleius of Madauros, *Metamorphoses, Book XI: The Isis Book.* Edited with an introduction, translation and commentary by J.G.Griffiths (Etudes préliminaires aux religions orientales dans l'empire romain, 39), Brill/Louvain, Leiden 1975.
Brüder Grimm, *Kinder- und Hausmärchen.*

Hako, Matti, «Das Wiesel in der europäischen Volksüberlieferung», in *Folklore Fellows Communications,* Vol. LXVI, No.167, Academia Scientiarum Fennica, Helsinki 1956.
Harrison, Jane Ellen, *Themis.* Epilegomena to the Study of Greek Religion. Cambridge University Press, Cambridge Mass. 1927.
Heinrici, Georg, *Zur Geschichte der Psyche* (1897), in Binder und Merkelbach, *Amor und Psyche,* S.56–86.
Helm, Rudolf, siehe Apuleius.
– *Das ‹Märchen› von Amor und Psyche* (1914), in Binder und Merkelbach, *Amor und Psyche, S.175–234.*

Hepding, Hugo, *Attis, seine Mythen und sein Kult* (Religionsgeschichtliche Versuche und Vorarbeiten, 1), Giessen 1903.
Hillman, James, *The myth of Analysis*, Spring Publications, Zürich-New York 1972.
Hoevels, Fritz Erik, *Märchen und Magie in den Metamorphosen des Apuleius von Madaura* (Studies in classical antiquity, 1), Radopi, Amsterdam 1979.
Hofmeister, Philipp, O.S.B., *Die heiligen Öle in der morgen- und abendländischen Kirche*, Augustinus Verlag, Würzburg 1948.
Hopfner, Theodor, siehe Plutarch.
– *Griechisch-ägyptischer Offenbarungszauber*, hrsg. von E. Hakkert, Amsterdam 1974.

I Ging. Das Buch der Wandlungen. Aus dem Chinesischen übertragen und erläutert von Richard Wilhelm, Diederichs, Düsseldorf-Köln 1956.
Irenäus, *Contra (adversus) omnes haereses libri quinque* (Migne, *Patr. graeca*, Paris 1857 ff., Tom. 7, col. 493 ff.).

Jacobsohn, Helmuth, *Das Gespräch eines Lebensmüden mit seinem Ba* (1952), Gesammelte Werke, Olms, Hildesheim 1992, S. 1–50.
– *Das Gegensatzproblem im altägyptischen Mythos* (1955), ebenda, S. 51–78.
Jung, Carl Gustav, Gesammelte Werke (= GW), bis 1970 Rascher, Zürich und Stuttgart, seit 1971 Walter, Olten und Freiburg i. Br., ab 1993 Solothurn und Düsseldorf.
– *Aion*, Beiträge zur Symbolik des Selbst, GW 9/II.
– *Antwort auf Hiob*, GW 11.
– *Der Philosophische Baum*, GW 13.
– *Die Beziehungen zwischen dem Ich und dem Unbewußten*, GW 7.
– *Die Frau in Europa*, GW 10.
– *Die Psychologie der Übertragung*, GW 16.
– *Die psychologischen Aspekte des Mutterarchetypus*, GW 9/I.
– *Die Visionen des Zosimos*, GW 13.
– *Mysterium Coniunctionis*. Untersuchungen über die Trennung und Zusammensetzung der seelischen Gegensätze in der Alchemie. Unter Mitarbeit von Marie-Louise von Franz, 2 Bände, GW 14/I und II.
– *Psychologie und Alchemie*, GW 12.
– *Psychologische Typen*, GW 6.
– *Symbole der Wandlung*. Analyse des Vorspiels zu einer Schizophrenie, GW 5.
– *Synchronizität als ein Prinzip akausaler Zusammenhänge*, GW 8.
– *Über den Archetypus mit besonderer Berücksichtigung des Animabegriffes*, GW 9/I.
– *Versuch einer psychologischen Deutung des Trinitätsdogmas*, GW 11.
– *Zum psychologischen Aspekt der Korefigur*, GW 9/I.

- *Erinnerungen, Träume, Gedanken,* hrsg. von Aniela Jaffé (1962), Walter, Olten und Freiburg i. Br. ¹³1988.
- und Karl Kerényi, *Einführung in das Wesen der Mythologie,* Rhein-Verlag, Zürich ⁴1951.

Jung, Emma, und Marie-Louise von Franz, *Die Graalslegende in psychologischer Sicht* (1960), Walter, Olten und Freiburg i. Br. ⁵1991.

Kerényi, Karl, «Urmensch und Mysterium», *Eranos Jahrbuch XV,* Rhein-Verlag, Zürich 1948.
- *Die griechisch-orientalische Romanliteratur in religionsgeschichtlicher Beleuchtung,* Tübingen 1927.
- *Das Göttliche Kind* und *Das Göttliche Mädchen,* in Carl Gustav Jung und Karl Kerényi, *Einführung in das Wesen der Mythologie.*

Lacagnini, Bruno, *Il significato ed il valore del Romanzo di Apuleio,* Pisa 1927.
Lancel, Serge, «Curiosités et préoccupations spirituelles chez Apulée», in *Revue de l'Histoire des Religions 160,* Rom 1961.
Leisegang, Hans, *Die Gnosis,* Krönersche Taschenausgabe 32, Stuttgart ⁴1955.
Lewis, Clive Staples, *Till we have faces: a myth retold* (Roman), London 1955.
Luck, Georg, *Hexen und Zauberei in der römischen Dichtung,* Artemis, Zürich 1962.

Maier, Michael, *Atalanta fugiens.* Hoc est emblemata nova de secretis naturae chymica, Facsimile-Druck der Oppenheimer Original-Ausgabe von 1618 mit 52 Stichen von Matthaeus Merian d. Ae., hrsg. von Lucas Heinrich Wüthrich, Bärenreiter, Kassel und Basel 1964.
Maupoil, Bernard, *La Géomancie à l'Ancienne Côte des Esclaves,* Institut d'Ethnologie, Paris 1943.
Meier, C. A., *Der Traum als Medizin.* Antike Inkubation und moderne Psychotherapie, Daimon, Zürich 1985.
Merkelbach, Reinhold, *Roman und Mysterium in der Antike,* Verlag Beck, München-Berlin 1962.
- *Eros und Psyche* (1958), in Binder und Merkelbach, *Amor und Psyche,* S. 392–407.
- *Isisfeste in griechisch-römischer Zeit.* Daten und Riten (Beiträge zur klassischen Philologie, Heft 5), Verlag Hain, Meisenheim 1963.
- *Isis regina – Zeus Serapis.* Die griechisch-ägyptische Religion nach den Quellen dargestellt, Teubner, Stuttgart und Leipzig 1995.

Neumann, Erich, *Amor und Psyche.* Ein Beitrag zur seelischen Entwicklung des Weiblichen, Rascher, Zürich 1952.

Nitzsche, Jane Chance, *The Genius Figur in Antiquity and the Middle Ages,* Columbia University Press, New York-London 1975.
Noguera, A., *How African was Egypt?* Vantage Press, New York, Washington, Atlanta, Hollywood 1976.

Ohtsu, Daizohkutsu R., *Der Ochs und sein Hirte.* Eine altchinesische Zen-Geschichte, Verlag Günther Neske, Pfullingen ⁶1988.
Onians, Richard B., *The Origins of European Thought,* Cambridge (Engl.) 1954.
Otari, L. (Ed.), *Quantum Physics and Parapsychology.* Proceedings of an International Conference held in Geneva 1974, New York 1975.

Perrot, Etienne, *La voie de la transformation d'après C. G. Jung et l'alchimie,* (2ᵉ éd., revue et corr.), La Fontaine de Pierre, Paris 1980.
– «Le sens du hasard», *Revue Psychologique,* N°. 93, Paris, Oct. 1977.
Plato, *Gastmahl,* übers. von Felix Meiner, Leipzig ⁵1934.
Plinius minor, *Epistulae.* Opera, hrsg. von R. Kukula, Teubner, Leipzig 1957.
Plutarch, *Über Isis und Osiris.* Text, Übersetzung und Kommentar von Theodor Hopfner, 2 Bände, Wissenschaftliche Buchgesellschaft, Darmstadt ²1967.
Preisendanz, Karl, *Papyri Graecae Magicae* – Die griechischen Zauberpapyri, hrsg. und übers. (und für die 2. Aufl. ergänzt) von K. Preisendanz, durchgesehen und hrsg. von Albert Henrichs (Sammlung wissenschaftlicher Commentare), 2 Bände, Teubner, Stuttgart 1973/74.
Preusschen, Erwin, *Mönchtum und Serapiskult,* Rikker, Giessen ²1903.

Regen, Frank, *Apuleius Philosophus Platonicus,* W. de Gruyter, Berlin-New York 1971.
Reitzenstein, Richard, *Das Märchen von Amor und Psyche bei Apuleius* (1912), in Binder und Merkelbach, *Amor und Psyche,* S. 87–158.
– *Noch einmal Eros und Psyche* (1930), ebenda, S. 235–292.
Rode, August, siehe Apuleius.
Roeder, Günther, *Urkunden zur Religion des alten Ägypten,* Diederichs, Jena 1923 (Nachdruck Düsseldorf-Köln 1978).

Seltman, Charles, *The Olympians and their Guests,* Paris-London 1952.
Solié, Pierre, *Médicines Initiatiques,* Editions de l'Epis, Paris 1976.
Swahn, Jan-Öjvind, *The Tale of Cupid and Psyche,* Lund 1955.

Witt, Rex E., *Isis in the Graeco-Roman World,* London 1971.
Wyss, Karl, *Die Milch im Kultus der Griechen und Römer* (Religionsgeschichtliche Versuche und Vorarbeiten, 15,2), Töpelmann, Giessen 1914.

Bildernachweis

Seite 6
- Isidis Magnae Deorum Matris Apuleiana Descriptio.
  Athanasius Kircher, *Oedipus aegyptiacus,* Tomus I,
  Rom 1652, S. 189 (Zentralbibliothek Zürich, Sign. U 21).

Seite 207
- Horus mundus. Athanasius Kircher, ebenda, S. 153.

Namen- und Sachregister

abaissement du niveau mental 8, 16, 33, 38, 40, 45, 55, 59
Aberglaube 19
Adam und Eva 115, 119
Adler 108, 110
Ägypten 17, 22, 49, 50, 57, 78, 102, 104, 106, 112, 116, 128, 159, 165, 167-169, 171, 176. 178, 188 f.
Ägypter 46, 50, 164, 188
ägyptisch 49, 50, 56 f., 78, 93, 112, 121, 157, 159 f., 167 f., 170, 176 f., 179, 181, 184, 187, 189, 197
Aemilla Pudentilla 14
Aenas 35
Aeskulap 15, 22, 76
Ästhetik, ästhetisch 43, 115, 117 f.
Ästhetizismus 118, 122, 176
Afrika 16 f., 44, 46, 164, 167 f., 176, 189
Akeru 112
Aktaion 41 f.
Aktive Imagination 84 f., 126
Alchemie 67, 77, 90, 93, 108, 129, 130, 159-161, 163, 186, 188, 196, 199, 204
Alchemisten 90, 112, 159, 161 f., 187, 199
alchemistisch 68, 76, 112, 130, 159, 161, 163, 170, 188, 196, 198 f.
Alkibiades 33
Alkimus 64
Ameise 102-104, 133, 143 f.

Amor (Eros) und Psyche 7, 9, 56, 66 f., 70-74, 78, 81, 97, 122
Anima 32-34, 37, 48 f., 67, 69-72, 79, 84, 88, 91, 95, 97 f., 100, 105, 114 f., 117-120, 123 f., 126, 141, 145, 150, 156, 160, 162, 164, 179 f., 182 f., 202
Animabild 183
Animagestalt 79, 97, 150, 162
Animaproblem 48, 88, 100, 119
Animaprojektion 119 f.
Animus 67 f., 70, 72, 100, 105, 127, 134, 141, 156, 160, 162, 203
Anpassung 40
Anubis 188
apatheia 32 f.
Aphrodite 75, 103, 156, 191, s. auch Venus
Apokalypse des Johannes 97
Apollo 41
Apuleius 7-11, 13-28, 30, 34, 36, 48, 55, 57, 60, 62, 70 f., 74, 79, 84, 95 f., 100, 106, 119, 127, 129, 138, 147, 150, 156, 174-176, 178-182, 188 f., 194, 196, 205
Apuleius-Lucius 24-28, 48, 95
Archetypen 91, 101
Archetypus 79, 81, 84-86, 125, 132, 138, 154 f., 167, 182, 192, 195, 203 f.
Ares 126
Argonauten 106
Aristomenes 24, 28-32, 36, 38

Artemidor 192
Artemis 41 f., 131, 154-156
Arzt 141, 148 f.
Attis 124, 127, 129
Augustinus 10

Ba (Seele) 157
Bäcker 142-145, 149
Bali 103
Bär 131
Barbarus 143
Beatrice 98 f.
Bekehrung 10 f.
Bewußtseinserweiterung 80
Bienen 103
Böse, das 57, 99, 115, 129, 144, 146-149, 170
Brimo, -s 77 f.
Bruno, Giordano 50
Byrrhena 40, 42 f., 45, 48

Candidus 194
Ceres 152 f., 155-157, 164, s. auch Demeter
Charité 66-70, 72 f., 96, 122-127, 129, 131, 133, 136 f., 145
Charon 111-113
Chinesen 117, 163
Christentum 13, 18-20, 34 f., 58, 77, 118, 134, 143, 179, 182, 185, 199, 202-204
christlich 41, 50, 54, 57, 80, 83, 91, 99, 102, 106, 116, 168, 176 f., 182 f., 195 f., 199, 203
Christus 57 f., 80, 83, 106, 116, 136, 184, 202-204

daimon, -es 20-23, 72, 74, 83 f.
Daimonion (des Sokrates) 20
David-Neel, Alexandra 46

Dee, John 180
Demeter 41, 77 f., 84, 145, 152, 154-156
Depression 58-60, 73, 93, 112, 127, 159 f., 178
Diana 41, 156, 164
Dido 35
Dionysos 19, 54 f., 57 f., 68, 127, 150, 191
Diophanes 44 f.
Diotima 33, 74
Dissoziation 9, 17, 42, 133, 143
Don Juanismus 85 f.
Drache 81, 87, 93 f., 96 f., 132
Drogensucht 66, 139, 205
Dürer, Albrecht 59

Ecclesia 182 f., 186
Ehebruch 131, 141, 143, 145
Eifersucht 79-81, 88, 135
Einbalsamierung 184
Ekstase 57, 66, 138 f., 141, 150
eleusinisch 30, 153, 155
Eleusis 19, 77, 101
Emotion, -en 15, 17, 32 f., 50, 80, 106 f., 128, 131, 135 f., 156, 182
Emotionalität 33, 59, 170
Energie (psychische) 108, 112 f., 132
Epidauros 79
Epona 61
Eros (Beziehungsprinzip) 34, 114, 186, 191
Eros (Gott) 23, 56, 66, 70, 72, 74-79, 81-83, 85-87, 93-97, 99 f., 110, 115, 118, 120 f., 125 f.
Esel 10, 39, 41, 56-61, 72 f., 96 f., 108, 122-124, 128 f., 131 f., 138-147, 149 f., 181, 190 f., 194

Namen- und Sachregister

Fa 190
Farben 113, 159 f., 162 f., 170, 194 f.
Faß 141
Faulheit 126
Faust 11, 25 f., 205
Ficino, Marsilio 59
Freud, Sigmund 118
Frobenius, Leo 189
Funktion, minderwertige 142
Funktion, transzendente 111 f., 171 f.

Ganzheit 23, 26, 72, 75, 90, 99, 125, 156, 171, 179, 183, 188, 190
Ganzheitserfahrung 174
Ganzheitserfassung 156
Gärtner 145-147
Gbaadu 190
Gebet 76, 153-155, 157
Gefäß 108, 110, 161, 164, 187-190, 202-205
Gefühl 32-34, 39 f., 52 f., 69, 73, 79, 87-90, 98, 100, 103, 105, 114 f., 129, 137, 141, 145, 174, 179 f., 194, 196
Gefühlsdefizit 39
Gefühlserfahrung 175, 179, 182
Gefühlsfunktion 51 f., 101 f., 137, 180
Gegensätze (psychische) 69, 90 f., 113, 131
Geist, -er 17, 20-23, 54, 63, 65 f., 75, 145, 156, 164, 170, 172, 194, 203
Geist, Heiliger 116, 139, 168
Geisterbeschwörung 50
Genius 20-22, 74
Gespenst 17, 153, 155
Glauben 23, 29, 102, 185, 199, 203

Gnostiker 23, 92
gnostisch 91
Goethe 25, 86, 205
going black 16
Gold 102, 108, 159, 163
Götter 20, 41 f., 56 f., 74, 78 f., 84, 115-118, 138, 155, 159, 164, 167, 171-173, 179, 197, 201, 205
Göttinnen 36, 41, 155, 164, 171
Göttliche Komödie 11
Gral 202-205
Graves, Robert 134
Griechen, griechisch 13, 34 f., 50, 68, 74 f., 121, 159

Hades 54 f., 77, 133
Haemus 123 f., 127
Hand 64, 100, 164 f., 187
Heiligenkult 22
Heiratsquaternio 67, 72, 127, 133, 137, s. auch Quaternio
Hekate 41, 156, 164
Hellseher 44
Heraklit 54, 150
Hermaphrodit 75
Hermes 29, 74 f., 149
Herodot 50, 102
Hexe von Endor 46
Hexe, Hexen 30-32, 36, 40, 45-48, 51, 65, 71, 73, 88, 122
Hexenverfolgungen 36, 183
Hexerei 38
Hieros gamos 82, 98, 104, 127, 168
Hillman, James 70
Hochzeit 66, 68, 82, 97 f., 127
Homosexualität, -sexuell 14, 27, 33, 62, 74, 88, 131, 138 f.
Honig 29 f., 134
Horaz 143

Horus 93, 104 f., 167 f., 170 f., 178, 189 f.
Huf 108 f.
Humor 51 f., 55, 99
Hunde 41 f., 90
Hypata 38, 193

I Ging 117
Iacchus 78
Ich 20, 23, 25 f., 52, 58, 60, 67, 69, 76, 80, 86, 104, 113, 125 f., 141 f., 154, 157 f., 161, 163, 171, 178, 181, 186
Ichbewußtsein 44
Ichkomplex 25, 85, 161
Identifikation 56, 85, 87, 92, 156, 181
Individuationsprozeß 75, 96, 115, 119, 123, 126, 136, 154, 161, 179, 181, 198
Inkarnation 79-82, 92, 118
Insekten 144
Instinkt, -e 51, 58, 60, 63, 94, 104, 111, 129
Integration 37, 67, 73, 84, 100, 123, 125 f., 145, 156, 160, 179
Intellekt 27, 43, 92
Intellektualismus 174, 176
intellektuell, Intellektuelle 13 f., 17 f., 26, 42, 53, 55, 61, 95, 101, 143, 156, 174, 180 f.
Introversion 59, 110, 112, 160 f., 188, 193
Ironie 17, 53, 55, 156
Isis 7, 9 f., 36 f., 41 f., 57, 61, 68, 78, 80, 95, 100, 104, 106, 110, 115, 124, 132 f., 136, 138, 159, 161 f., 165-168, 170 f., 174, 176, 179-184, 186-189, 191, 195, 197 f., 200, 202
Isiskult 15, 164, 182, 195

Jacobsohn, Helmuth 157, 167 f., 170, 176 f.
Jaldabaôth 92
Jung, C.G. 11 f., 23, 25 f., 32, 34, 40, 44, 60, 62, 67 f., 70, 72, 77, 79, 83-85, 92 f., 95, 97, 100, 109, 111, 114, 118, 120, 142 f., 156, 160, 163, 167-169, 171, 175, 179, 182, 185-187, 190, 205
Juno 21

Ka-mutef 168, 170
Kabiren 63
Karneval 54 f.
Käse 29 f.
Katoché 192 f.
Keller, Gottfried 100
Kenchrae 152
Kenōsis 80
Kerényi, Karl 9, 83, 102
Kirche 22, 34, 50, 92, 117, 119, 155, 172, 174, 182-184, 186, 204
Kirchenväter 77, 91, 106, 197
Koch 139, 149
Kommunisten 52, 135 f.
Komplex 11, 52, 128
Kore 77 f., 83-85, 115
Körner 101
Kristallflasche 108
Krokodil 312
Kybele 138, 140
Kureten 63

Lachen 48, 52-55
Lama (Tibet) 46
Lamachus 64
Lampe 94 f., 187
Lar, -es 21 f.
Larva 21 f.
Lewis, C.S. 82 f.

Licht 26, 37, 66, 95, 104, 107, 154, 159, 187, 197, 203
Liebe 39, 69, 75 f., 79, 82 f., 90, 92, 94–96, 98 f., 101, 111, 114, 116, 120 f., 127, s. auch Minne
Logos 34, 80, 92, 149
Lucius von Patrai 7
Lucius, s. Apuleius-Lucius

Macht, -trieb 58 f., 88 f., 94 f., 127, 154 f., 181
Madaura 13
Maecenas 143
Magie 14 f., 17, 19 f., 24, 46 f., 49 f., 95, s. auch Zauberei
Mandala 99, 123
Mannbarkeit 63 f.
Männlichkeit 27 f., 62-65, 69, 124 f., 127, 134, 156
Maria 35 f., 92, 165 f., 171, 179, 182
Marienkult 155
Materie 91 f., 168, 183-186, 188
Meeresküste 152
Melancholie 58 f., 143
Mercurius 76 f., 170
Merkelbach, Reinhold 9 f., 66, 68, 80, 82, 101, 104, 108, 114, 120, 124, 127, 149, 167
Meroe 30 f., 33, 37, 100
Messer 87, 94, 100, 111
Methē 76, 79
Meyrink, Gustav 130
Milch 187
Milo 37, 39 f., 43 f., 48, 59, 61, 87
Minne 36
Minnedienst 204
Mithras 19, 78, 176, 196, 198
Mithrasmysterien 198
Mitleid 111
Mond 41, 152, 157, 159, 163

Monotheismus 171
Mühle 128, 142 f., 145
Mutter 11, 26-28, 43, 63, 69 f., 78 f., 82-84, 86, 88, 91, 122 f., 134, 145, 168, 181-183, 194
Mutter, Grosse 30 f., 42 f., 63 f., 85, 110, 126, 131, 138, 145, 155, 181, 183, 202
Mutterarchetypus 11, 84, 97, 108, 138, 182
Muttergottheit, -göttin 41 f., 48, 83 f., 101, 145, 152, 155 f., 179, 182, 184-187, 202
Mutterkomplex 14, 26-28, 42 f., 48, 62, 65, 69, 126, 134, 176
Mutterkomplex, negativer 11, 51 f., 66, 87-89, 96, 132, 179, 194
Mutterkomplex, positiver 11, 84 f., 87, 96
Muttersohn 62 f., 85 f., 124, 127, 129
Myrmex 143 f.
Myrmidonen 102
Mysterien 19, 27, 77 f., 101, 127, 133, 138, 149 f., 162, 170, 182, 195-200, 204
Mysterienkulte 19, 23, 30, 77, 155, 172, 176, 187, 196, 199, 205

natural mind 49
Nemesis 109, 154
Nero 134
Nerval, Gérard de 98 f.
Neumann, Erich 70, 87, 96, 101, 103, 105, 110
neuplatonisch 13, 33, 36, 72, 74, 146, 181
Neuplatonismus 22
Neurose, neurotisch 37, 55, 58 f., 61, 80, 86 f., 113, 124, 128, 131

Nigerien 21, 190
Nike 109
Nil 108, 116, 167, 170, 189

ödipal 87
Ödipuskomplex 36
Oknos 113 f.
Öl 95, 116
Olymp 20, 72, 79, 84, 92, 96 f. 108, 115, 121, 133
Orakel 81, 190, 205
Ordnung 101-103, 169 f.
Orphik 78
Osiris 10, 23, 57, 78, 104 f., 108, 112, 120 f., 121, 124, 127, 129, 133, 136, 149, 157, 162, 164, 167-170, 173, 176 f., 179, 181 f., 187-190, 197, 199-202, 205
Ovid 78, 85

Pamphile 37, 39 f., 43, 51, 56
Pan 100
Panthia 31, 33
Parapsychologie 17, 45
parapsychologisch 14, 17 f., 44, 136, 171, 186
Parzen 114
Pastophor 173 f., 200 f.
patriarchal 34, 176
Paulus 10, 13, 80, 158, 203
Persephone 110, 115, 155 f., s. auch Proserpina
persona 119, 175
phallisch 109
Phallus 74 f., 78
Phanes 78
Philesiterus 143 f.
Photis 26, 37, 39-41, 44, 48 f., 51, 56 f., 59 f., 69, 72, 157, 193
Phrixos und Helle 106

Pistis Sophia 91
Plato 29, 33, 74 f., 146
platonisch 10, 33, 115, 181, 184
Plinius minor 18 f.
Plutarch 13, 19 f., 22 f., 57, 121, 149
Ponticianus 14
Preisendanz, Karl 47, 76
primitiv 15-17, 23, 33, 50, 57, 63, 135, 148, 185
Primitivreaktionen 134
Proserpina 115, 153-155, 164, 197
Prostitution 180
Prozeß (analytischer) 116, 125, 131, 140, 149, 178
Prozeß (des Apuleius) 14
Psyche (Seele) 11, 23, 77, 82, 104 f., 109-111, 113, 123, 169 f., 185, 190, 204
Psyche (Tochter der Venus) 35, 66 f., 70, 72, 74 f., 77-80, 82-84, 87-89, 91-97, 99-104, 106, 108, 110 f., 113-115, 117 f., 120 f., 125 f.
Psyche und Eros, s. Amor und Psyche
Psychose 40, 52, 124, 128, 133
psychotisch 98 f.
Ptolemaius 192
puer aeternus 27, 78, 85-87, 89, 96, 124, 129

Quaternio 73, 156, s. auch Heiratsquaternio
Quaternität 125, 167 f.

Ra, Re 104 f., 168-170, 177, 181, 197, 199
Rationalist 24
Räuber 61-66, 68 f., 72, 123-125, 127, 176
Räubermutter 63, 66
Reflexion 154, 158, s. auch Spiegel

Reisende 29
Reitzenstein, Richard 74, 92
Relief 41 f.
Religion 50, 57, 83, 109, 167, 196, 203
religiöse Erfahrung 80, 121, 138, 173 f., 179
religiöse Funktion 116, 139
Risus 48, 51, 55
Rosen 56, 61, 165 f., 190 f.
Rosenkranz 61, 165, 191, 203

Sakramente 116
Salbe 56, 115-117
Schatten 25, 47-49, 52, 55, 62 f., 65, 68, 83, 87 f., 124-126, 129, 134, 136, 146 f., 160, 162, 181-183
Schilf 104 f.
Schimmel 24, 26, 59, 193 f.
schizophren 38, 101, 118, 140
Schlange 75, 87, 93 f., 132, 145, 157, 159, 181, 188, 197
Schmetterling 75
Schmetterlingsflügel 77
Schönheit 115-119, 122
Schopenhauer, A. 55
Schöpferische, das 86, 109 f.
Selbst, 20, 23, 26, 52, 73, 85-87, 97, 136, 158, 175, 178 f., 205
Selbst, Archetypus des 52, 125
Selbst, Realisierung des 25, 97, 157, 161-164, 182, 190, 202
Selbst, Symbole des 77, 97, 109, 121, 123, 128, 156, 158, 171, 203
Selbsterkenntnis 158 f., 190
Selbstmord 35, 68, 72, 145, 150
Seltmann, Charles 35
Seneca 142
Seth 10, 57, 124, 132, 149, 169 f., 178, 181, 197

Sexualität 21, 27, 34, 55, 57, 69, 99, 134, 179, 181
sexuell 9, 37, 42, 101, 141, 150, 179 f., 183
sexuelle Moral 34
Skarabäus 102, 189, 197
Sklave 18, 61 f., 128, 133-136, 142 f., 147 f.
Sklavenreaktionen 135
Skorpion 144
Sokrates (ermordeter) 24, 30-32, 36, 48, 50, 59, 70, 72, 181, 195
Sokrates (platonischer) 20, 22, 32 f., 36, 74
Sonnengott 93, 104, 168, 170 f., 178, 181, 190, 196-198
Sophia 91 f., 96, 182
Spiegel 157-159
Stagnation 99, 132
Stiefmutter 106, 147 f.
Strafen (mythologische) 123
Styx 108-110, 164
Symbol 61, 81, 95, 111 f. 128, 189, 203, 205
Sympathikus 132
Synchronizitätsprinzip 171 f.

Tanz 50, 139
Thelyphron 45-50, 59, 70, 72
Thessalien 24 f., 28, 38, 45, 193-195
Thiasus 150
Thot 149, 170, 178
Thrasileon 64
Thrasyllus 68, 124 f., 127
Tiefenpsychologie 10, 23
Tier 41 f., 56 f., 60 f., 65, 93 f., 102, 128, 150, 154, 157, 199
Tlepolemus 66 f., 73, 124-127, 131, 133
Tod 21-23, 41, 54, 82, 110, 154,

178, 189 f., 196 f., 199, 204 f.
Todeshochzeit 82
tollwütig 139 f.
Totenkult 54, 159
Trajan 18 f.
Traum, Träume 10, 12, 29, 36, 38, 47 f., 50, 68-70, 73, 84, 88, 98, 112, 116, 122, 125, 128, 133-136, 147, 156, 158, 162, 165 f., 171 f., 175, 178-180, 190, 192-196, 199-201, 203
Trauminterpretation 89, 194
Trieb 9, 58, 94, 150, 163
Trinität 167-169, 177, 184
Triptolemos 77 f.
Trunksucht, Trunkenheit 66, 76
Turm 110, 182

Unbewußte, das 8, 10, 17, 23, 32, 40, 58-60, 67, 72 f., 84, 89, 93 f., 103 f., 110-114, 116, 120, 132, 136, 158 f., 162, 170, 179, 186, 197, 203, 205
Unbewußte, das kollektive 11, 79, 81 f., 91, 95, 97, 101 f., 108 f., 122, 152, 169
Unterwelt 42, 46, 54 f., 82, 97, 159, 173 f., 197
Urin 130

Vegetation 170
Venus 35, 56, 72, 75, 79-82, 87, 91-93, 100 f., 103, 110, 115-118, 153-157, 164, 191
Vereinigung (der Gegensätze) 69, 73, 82, 90, 133, 168
Verwandlung 39, 56 f., 166, 181, 189-191, 195, 199
Vierte, das 167 f., s. auch Quaternität
Virgil 35
Vlies, goldenes 106
Voluptas 96 f., 117, 122

weibliche Psychologie 70
Weibliches, weibliches Prinzip 11, 26-28, 33-37, 47 f., 111, 119, 179, 181
Weiß 194 f.
Widder 104-107, 145
Widder von Mendes 106
Wiedergeburt 104, 108, 133, 171, 179, 181, 189 f.
Wiesel 45, 48 f., 145
Wolle 104, 106 f.

Xanthippe 32 f.

Zatchlas 46, 49
Zauberei 18, 29, 31, 38, 45, 47, 50, 53, 145, 194, s. auch Magie
Zeus 29, 35, 41, 63, 77, 108, 110, 115, 133
Ziegenhäute 40
Zosimos 187 f.

Marie-Louise von Franz

C. G. Jung

Sein Mythos in unserer Zeit
Überarbeitete und mit einem Register versehene Neuauflage
304 Seiten, gebunden mit Schutzumschlag

Als Schülerin und langjährige enge Mitarbeiterin von C. G. Jung ist Marie-Louise von Franz besonders berufen, den «Mythos» Jungs, wie er ihn selbst erlebte, zu betrachten. Sie zeigt in diesem lange vergriffenen Buch auf, daß die hinter Jungs Werk stehenden mythischen Urbilder auch heute noch wirksam sind. Und sie bringt sein Werk mit umfassendem Verständnis in Beziehung zu den Problemen der heutigen Zeit: Ihr Fazit: Nur wenn die Menschen zur Zusammenarbeit mit dem Unbewußten bereit sind, ist eine Lösung zu erhoffen.

Walter Verlag Solothurn und Düsseldorf